绩效改进的理论与实践
Theory and Practice of Performance Improvement

于文浩 著

上海财经大学出版社

图书在版编目(CIP)数据

绩效改进的理论与实践 / 于文浩著. -- 上海：上海财经大学出版社, 2025.1. -- ISBN 978-7-5642-4476-7

Ⅰ. F272.5

中国国家版本馆 CIP 数据核字第 2024YW7196 号

□ 责任编辑　温　涌
□ 封面设计　贺加贝

绩效改进的理论与实践

于文浩　著

上海财经大学出版社出版发行
(上海市中山北一路 369 号　邮编 200083)
网　　址：http://www.sufep.com
电子邮箱：webmaster@sufep.com
全国新华书店经销
上海新文印刷厂有限公司印刷装订
2025 年 1 月第 1 版　2025 年 1 月第 1 次印刷

710mm×1000mm　1/16　15 印张(插页:2)　215 千字
定价:88.00 元

目 录

第一章　绩效改进的起源、发展与趋势 / 001
 第一节　绩效改进的起源 / 002
 第二节　绩效改进的发展 / 003
 第三节　绩效改进的趋势 / 011
 第四节　本书的价值链模型 / 015
 参考文献 / 017

第二章　绩效改进的结果导向观 / 020
 第一节　绩效改进的结果导向观:考夫曼的组织要素模型 / 022
 第二节　结果导向观的理论基础:理论展开 / 023
 第三节　结果导向观的工具:理论展开的互动性和一致性 / 029
 第四节　结果导向观的理论价值与启发 / 033
 参考文献 / 035

第三章　绩效改进的因果观 / 038
 第一节　因果观的理论基础:3个核心概念 / 040
 第二节　因果观的理论核心:2个工程学模型 / 041
 第三节　因果观的实践工具:3个问题解决阶段 / 048
 第四节　吉尔伯特的理论价值与实践启示 / 053
 参考文献 / 058

第四章 绩效改进的系统观 / 060

第一节 绩效改进的系统观：朗姆勒的理论精髓 / 061

第二节 系统观的工具：朗姆勒的实践创新 / 066

第三节 朗姆勒的理论与实践给我们的启发 / 070

参考文献 / 072

第五章 绩效改进的学习观（一）：辩证中的学习与绩效 / 074

第一节 学习 / 075

第二节 绩效 / 081

第三节 学习与绩效的对立 / 083

第四节 学习与绩效的统一 / 087

第五节 综合：学习与绩效的螺旋桨 / 093

参考文献 / 098

第六章 绩效改进的学习观（二）：学习范式的嬗变 / 101

第一节 工作方式的演化 / 103

第二节 知识类型的演化 / 108

第三节 学习范式的演化 / 115

第四节 演化罗盘：工作—学习罗盘 / 123

参考文献 / 125

第七章 绩效改进的协同观 / 128

第一节 组织协同的概念内涵 / 129

第二节 绩效改进领域的组织协同 / 130

第三节 绩效改进视野下的协同价值 / 138

参考文献 / 141

第八章　业务生命周期视域下的人才管理 / 143

  第一节　组织的业务发展对培训的战略诉求 / 144

  第二节　业务生命周期 / 144

  第三节　3 类业务的人才战略 / 146

  第四节　3 类业务中的人才角色和胜任力 / 148

  第五节　3 类业务中的学习隐喻 / 150

  第六节　3 类业务中的培训与发展 / 153

  参考文献 / 157

第九章　绩效改进视域下的知识管理 / 159

  第一节　知识管理在绩效改进领域中的定位与联系 / 160

  第二节　绩效改进视角下的知识管理内涵 / 162

  第三节　绩效改进价值观下的知识管理 / 166

  第四节　绩效改进视角下知识驱动绩效的双层模型的构建 / 167

  参考文献 / 169

第十章　绩效改进视域下的项目管理 / 171

  第一节　作为实践领域的绩效改进 / 172

  第二节　绩效改进视角下的项目管理 / 172

  第三节　项目管理中的相关约束和平衡 / 178

  第四节　绩效改进项目管理的整合模型 / 179

  参考文献 / 181

第十一章　绩效改进视域下的变革管理 / 182

  第一节　绩效改进领域中的变革管理 / 183

  第二节　绩效改进项目实施中的变革管理 / 184

  第三节　从变革的视角解构绩效改进模型 / 189

第四节　绩效改进变革观 / 190

参考文献 / 191

第十二章　绩效改进的范式整合 / 193

第一节　绩效改进的传统范式 / 195

第二节　价值探索的起源 / 197

第三节　价值探索的理论基础 / 198

第四节　价值探索的方法和过程 / 201

第五节　价值探索范式下的绩效改进模型 / 205

第六节　价值探索范式与传统范式的比较 / 209

第七节　绩效改进范式的整合 / 211

参考文献 / 214

第十三章　实践案例：基于 DACUM 的管理者岗位分析 / 217

第一节　DACUM 的理念与程序 / 218

第二节　管理开发对 DACUM 法的挑战 / 221

第三节　项目实施的环节和措施 / 223

第四节　项目反思 / 230

参考文献 / 232

后记与致谢 / 234

第一章　绩效改进的起源、发展与趋势

如果你不参与自己未来的设计,那么你的未来只能由别人来为你设计。

——〔英〕爱德华·德·博诺

随着全球经济的动态发展,各行各业在面临丰富机遇的同时,也面临着严峻挑战。提升组织的核心竞争力愈发成为组织发展过程中的迫切需要。"人"作为重要的生产要素,如何保持和提升其高效益成为组织核心竞争力的关键,也成为绩效改进六十多年来快速发展的根本驱动力。

绩效是指个体、团队(群体)或组织所取得的成果或成就。"绩效"的概念强调效益的核心地位(张祖忻,2005;于文浩,2015)。绩效改进起源于20世纪60年代的美国,其前身被称为"人类绩效技术"(Human Performance Technology,HPT);80年代发展为一个受认可的专业领域,并对工商业和教育培训等领域产生了较大的影响(Stolovitch,2008)。绩效改进于20世纪90年代传入我国,自此之后受到我国专业人员的持续关注。后来为了避免受到技术主义的指责,并更具有组织的视野,在理论界和实践界,绩效技术这个概念逐渐被绩效改进所替代。为避免交叉使用带来的指向不统一,如无必要,本书中将统一使用"绩效改进"一词。

绩效改进的领域是多样化的,绩效改进的方法非常具有包容性,涉及多个领域,如管理学、工程学、心理学、传播学和教育学等。但绩效改进作为专业实践领域的一种系统方法,具有相对独立的知识体系。为了对该领域进行进一步的研究,需要了解其演化的历程(高文,2005)。而国内对于绩效改进的研究尚有不足,大多停留在基本概念和理论基础的辨析上,缺乏系统性的剖析。因此,本章旨在以绩效改进发展过程中的重大进展以及阶段性研究成果为主线,对其起源、发展和未来趋势进行系统梳理和讨论。

第一节 绩效改进的起源

绩效改进的缘起须追溯到绩效技术的起源。主流观点认为,绩效技术起源于20世纪60年代初的程序教学运动,B. F. 斯金纳(B. F. Skinner)的操作条件学说被认为是绩效技术的理论基础,斯金纳的学生托马斯·F. 吉尔伯特(Thomas F. Gilbert)被誉为"绩效技术之父",吉尔伯特于1961年和1962年编辑出版了《数学杂志》(*Journal of Mathetics*),吸引了许多来自学习研究实验室和军队的关注,有力地推动了组织培训领域的发展(张祖忻,2005)。

美国教育心理学家斯金纳提出了程序教学法,并推动了程序教学运动的发展。程序教学的基本原则是积极反映原则、小步子原则、及时反馈原则与自定步调原则,具有浓厚的行为主义色彩。与学习过程相比,程序教学更关注最终的学习结果,进入20世纪60年代,这种以最终结果为驱动力的教学有力地吸引了大批学习培训领域的专业人员,他们从行为心理学的角度出发,研究如何提高学习者的学习效果。1962年,出于对程序教学法的重视,在众多心理学家和教育家等程序教学早期研究者的推动下,在美国成立了"全国绩效和教学协会"(National Society for Programmed and Instruction,NSPI)(Davis,2012)。这是绩效改进演化过程中的一个里程碑,标志着绩效改进开始向专业化方向发展。

还有另一种绩效技术起源说认为,20世纪初的泰勒(F. W. Taylor)关于工人的研究是绩效技术的源头,代表了绩效技术演化过程中的认知主义根源,现在很多绩效领域的专家仍在沿用泰勒原创的培训理念。在培训中,泰勒提出,工人的绩效水平要与奖惩相联系。第二次世界大战爆发期间,美国需要快速培训大量的精良士兵,于是利用视听材料,结合行为主义心理学,通过培训活动将专业知识与技能传授给士兵,使其尽快满足战场上的要求。第二次世界大战结束后,退役的士兵进入学校或工厂,培训活动由此延伸到学校和企业中。

程序教学运动为绩效改进引入了各种专业人才,促进了专业机构的建立;与此同时,程序教学中教学资源的开发设计遵循系统化理论,这在一定程度上丰富并完善了绩效改进的教学系统方法。此时的学习研究仍关注知识与技能的获取和传递,关注重点是如何使用教学机器提高教学效率,让学习者进行自定步调的自主学习。

第二节 绩效改进的发展

20世纪60年代,全球经济的发展推动了绩效改进理论与实践的进一步完善,绩效技术协会也随之逐步发展壮大,来自各学科领域的研究人员开始从不同的角度解决绩效问题,提高组织的有效性。如图1.1所示,我们根据不同时期研究人员关注的重点对象,将绩效改进的发展分为3个阶段:第一阶段,研究者主要关注分析个人绩效问题,缩小绩效差距;第二阶段,研究者主要关注和诊断组织的整体系统问题;第三阶段,研究者更聚焦组织的流程和结构,整体设计分层干预。

一、第一阶段:关注绩效问题,致力缩小差距

绩效改进是解决问题的系统方法。在绩效改进发展的初级阶段,研究者主要关注对问题的诊断和分析,此时的研究从不同理论视角分析绩效问题产生的深层机制,其中系统理论给绩效分析带来了较大的影响。绩效改进研究者对于绩效问题的分析和诊断致力于缩小期望绩效与现实绩效的差距,其中的里程碑是前端分析模型、需求分析模型以及行为工程模型。这些绩效分析工具通过厘清现实状态与理想状态之间的差距,为后续明确干预措施奠定了坚实的基础。20世纪60年代后期,吉尔伯特(Gilbert)、马杰(Mager)、哈里斯(Harless)、朗姆勒(Rummler)等众多心

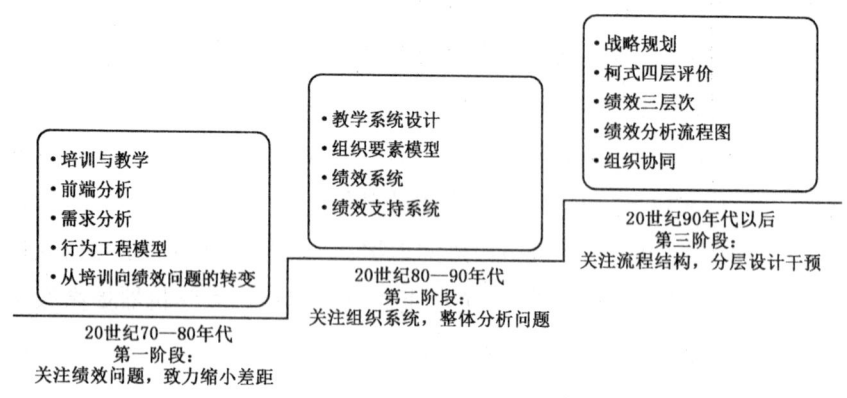

图1.1 绩效改进的发展阶段

理学专家和教育培训人员在教学与培训中发现,仅仅聚焦于学习和培训的范围不能解决实际工作中遇到的所有绩效问题,很多问题还可能受到环境因素、组织因素和动机因素等带来的不同程度的影响。于是,学者们的关注点开始从教学问题的范围扩大到更大的绩效问题范围,从行为主义扩展到认知主义的视角,重新审视对绩效改进问题的研究。

在研究与分析绩效问题过程中,系统理论对绩效分析产生了巨大的影响,系统理论逐渐演化为绩效改进理论的核心。系统理论需要利用整体性分析,确定分析问题、解决问题的一系列步骤与方法。美国心理学家哈里斯认为,绩效改进领域的专业人员利用系统理论和方法对组织中的问题进行系统且深入的分析,并引入了"绩效系统"这一概念。绩效系统是系统理论在工作场所中的分支之一,是针对人的绩效问题形成的概念体系,包含了各种影响绩效水平的因素,它为绩效问题的分析和绩效系统的开发提供整体的框架和视角。

哈里斯在20世纪70年代正式提出了"前端分析"(Front-end Analysis)的概念(Harless,1975)。"前端分析"是指在培训之前先明确要解决的问题,厘清问题的实质,再选择合适的干预措施,是一种针对问题本质的深层次分析方法。该分析方法通过收集数据来识别期望状态与实际状态之间的差距,明确差距的本质,依据深层原因设计解决方案来缩小差距,但该方法对实践的要求较高。

1972年,"绩效技术"成为对该领域的一个新称谓,为了显示对绩效技术的重视,全美程序教学协会改名为"全国绩效和教学协会"(National Society for Performance and Instruction, NSPI)。该协会的主要的目的是促进绩效,但学习仍是绩效改进的基础。20世纪80年代前后,对于绩效问题的研究(绩效分析与绩效系统)持续了较长时间,推动了绩效改进的发展进程。罗杰·考夫曼(Roger Kaufman)在1978年提出了需求分析模型,从理想需求与现实状况的差距出发分析解决绩效问题。与"前端分析"不同的是,需求分析用来识别当前结果与理想结果之间的差距,相关人员通过缩小差距来改进绩效,该模型在军事、企业和学校中产生了较大的影响。

吉尔伯特在同年提出了追求"有效益的绩效"的概念,他在1978年出版的《人的能力:建构有效益的绩效》中提出了行为工程模型(该模型将在因果观一章中详细介绍),该模型以行为主义为基础,展现了与绩效相关的因素(于文浩、伍艳,2021),并提到了绩效改进的目标是追求有效益的绩效。因此,在绩效问题的研究过程中,应当将关注点从具体行为转向有价值的成效(Gilbert,1996)。在行为工程模型中,绩效问题分为环境和个人两个层次,与信息、手段和动力三个行为因素一起构成了一个2×3矩阵(详见第三章)。行为工程模型至今仍具有很大的影响力,与绩效工程模型一起,组成了吉尔伯特工程学的重要理论基础(Gilbert,1982)。

绩效改进适用于个人和组织的各个层次。前端分析模型、需求分析模型和行为工程模型都是绩效系统下用于绩效分析的工具,旨在了解现实状态与理想状态之间的差距。绩效改进人员可将这些工具作为原因分析的前提,结合组织的具体情况,确定最有效益的绩效改进策略,继而在组织中实施。

二、第二阶段:关注组织系统,整体分析问题

20世纪80年代前后,研究者主张对组织整体的绩效负责,关注组织的使命与责任。系统理论受到重视,并在此基础上形成了教学系统设计,成为绩效改进的主要分析框架,此框架强调将系统的组成要素看作一个相互关联的整体,从整体的角度分析组织系统。这段时期,组织要素模型、绩效系统和绩效支持系统获得了进一步发展。该阶段主张从系统的宏观角度看待组织存在的问题,结合组织内外因素制定干预措施,提升组织整体的绩效水平。

考夫曼在1979年提出了"组织要素模型"(Organizational Elements Model,OEM),该模型有助于绩效分析中的问题识别。组织要素模型包含5个要素,分别是输入、过程、产品、输出和成果(Kaufman & English,1979);前4个要素在组织内部,最后1个要素在组织外部(Kaufman & Stakenas,1981)。组织的行动以及组织对外界带来的改变就是组织的社会影响(该模型将在第二章中详细介绍)。组织要素模型区分了目的和手段,体现了绩效改进的结果导向和组织的社会责任。因此,我们可以从最终成果出发,追溯其原因并选择和实施恰当的输入及过程。

随着学习理论和传播理论的持续发展以及技术的不断变革,专业人员们发现,仅靠教学不能应对教学过程中出现的所有问题,孤立地对新理论和新技术进行应用研究的结果总是不尽如人意,于是产生了教学系统方法,将组成系统的要素结合成一个相互关联的整体,从系统的角度分析问题。这一新的问题解决方式为绩效技术的发展注入了新的活力,也成为绩效技术早期发展的重要里程碑之一。

20世纪80年代,马杰等人提倡一般系统理论在绩效改进中的应用,并在此基础上形成了一种广泛应用于学校教育、工业培训和军事训练的问题解决办法——教学系统设计(Instructional Systems Design,ISD)。教学系统设计的基本步骤,即分析、设计、开发、实施和评价,构成了绩效技术方法的框架,强调从整体角度分析教学过程中的问题和教学设计。马杰和派普在1983年合著的《分析绩效问题》中分析了教学技术和绩效技术的关系,即绩效技术包含教学技术,教学技术是改进绩效的重要方法之一,同时指出,首先要找到绩效差距,然后分析产生差距的原因,改进绩效就要针对不同问题的不同原因采取不同的干预措施。该书也成为绩效改进的经典著作之一。

朗姆勒从系统论的观点出发看企业组织存在的问题,他认为,从企业与环境的关系上看,企业是一个开放的系统,其处于社会环境这个更大的系统中,企业从外界环境中获得输入,并将输出递送至环境中。因此,社会环境,如政策和文化的变化会对企业产生影响,故企业需要主动获取外部动态,将自身放在社会环境中,需要从宏观(大的系统)角度分析问题,制定合适的干预措施。绩效改进研究者的视角不能仅停留在系统组成成分层面,更要深入其中的"粘合剂"(尤其是那些无形的"跨职能"或"跨部门"的过程),这是连接个人绩效与组织绩效的关键(Rummler & Brache,1992)。

20世纪80年代后期,互联网技术的革新为绩效技术的研究提供了新的路径——电子绩效支持系统(Electronic Performance Support Systems,EPSS)。格里认为,电子绩效支持系统提供了一个集成的电子环境,综合了行为与认知因素,以数字化的方式为员工提供个性化的干预措施,在一定程度上可以提高工作者的效益(朱从娜等,2002)。

该阶段最主要的变化是转为关注组织系统,从整体角度分析问题,发生该变化的主要原因是教学系统设计的发展,使得绩效改进领域更加关注组织与系统。其中,组织要素模型、绩效系统和绩效支持系统都是从组织角度出发,整体分析系统存在的问题并进行教学设计,组织要素模型体现了绩效改进的联动结果,弥补了传统模型的单一性,而人的绩效系统在此基础上进一步完善,强调系统内所有要素都会对绩效结果产生影响。技术的进一步发展促进了电子绩效系统的产生,运用技术手段对学习者进行综合性考察,为学习者提供个性化支持,提升整体绩效水平。

三、第三阶段:关注流程结构,分层设计干预

随着研究的不断深入,绩效改进研究重点进一步细化,关注系统的结构与层次,并依据绩效分析结果,分层设计干预措施与评价方式。在此基

础上，绩效改进的发展趋于完善，战略规划、学习评估、绩效改进三层次等理论的提出促进了各类绩效系统模型的发展。

1991年，考夫曼使用战略规划（Strategic Planning）来描述组织发展的顶层设计。在组织要素模型的指导下，他将规划分为3个层次，分别是战略规划、战术规划和运营规划。其中，战略规划面向外部环境和社会，战术规划面向组织内部，运营规划面向组织中的个人。这种全局性思维为设计分层干预提供了新的视角。

柯克帕特里克（Krikpatrick，简称"柯氏"）的四层评价在该领域也被广泛使用，其评价分为反应层、学习层、行为层和结果层4个层次（Kirkpatrick & Kirkpatrick，2006）。其中，反应层是对学习者感受的评价；学习层是对学习者学习表现的评价；行为层是对学习者实施教学内容程度的评价；结果层是关于项目组织的受益情况。柯氏的四层评价虽然涵盖了多个维度，但仅局限于教学类干预。1995年，考夫曼在其基础上进行了改善，以组织要素模型为理论框架，弥补输入层次和愿景层次的评价，提出了五层次评价模型（Kaufman et al.，1996），增加了对社会影响的考量。

同年，朗姆勒（G. A. Rummler）和布拉奇（A. P. Brache）合著的《改进绩效：如何管理组织系统图上的空白处》，把组织看作一个系统，内部的所有要素都是互相关联的，以提升组织以及个人绩效为目的，对其所有层次进行了整体分析，并构建了绩效三层次，从组织层、流程层和工作人员层次剖析影响绩效的因素，并从绩效三层面出发提出如何进行绩效改进，这是绩效改进发展过程中的一个重要里程碑。工作人员级别的绩效层次与吉尔伯特模型中的个人层次相似，然而，该模型强调组织的整体观点，以及3个主要界面之间保持一致的必要性。

组织层次强调组织和市场的关系以及组织的主要职能部门的"骨架"，这个层次上关键的绩效因素是组织的战略、目标、组织结构和绩效测评等。流程层次是以一种整体的超越职能界限的眼光，在组织层次的"骨架"基础上理清各个职能的交叉型流程，以及是怎样生产产品或提供服务的。流程层次关注流程的设置、目标和测评是否以客户和组织的需求为驱动,流程是否快速有效地运作等。工作人员层次代表了组织机体的"细胞",流程是由从事不同性质工作的人员执行和管理的。在干预选择和设计阶段,朗姆勒的三层次绩效提供了为绩效改进的干预选择框架(于文浩,2013)。三层次的绩效改进不仅可以在各层次上找到绩效差距的根本原因,而且可以使各种原因形成清晰的层次性和优先级,从而有利于在下一阶段做出合理的干预选择决策。

朗姆勒对微观的工作/执行人员层次上的绩效也运用系统观进行剖析,提出了"人的绩效系统"(Human Performance System)的概念,更系统地体现了执行人员与其所在的组织环境和流程作业之间的关系:工作人员层次的绩效是对组织和流程层次绩效的巩固和加强。朗姆勒对工作人员层次的绩效采用"输入—过程—输出—结果—反馈"的系统观的视角,认为人的绩效系统由投入、执行人员、产出、激励和反馈5个成分组成(Rummler & Brache,1995)。投入是指促使人员进行工作的原材料、表单、任务以及客户需求等;执行人员是指那些将投入转化为产出的个体或团队;产出是指由执行人员生产出来的产品;激励是指由执行人员在创造产出时所带来的正面和负面的影响;反馈是指那些告知执行人员做什么以及做到什么程度的信息。

进入20世纪90年代以后,绩效改进的研究者们在企业实践中发现,提高个人和组织的绩效仍难以取得良好的效益,应当更加关注绩效而不是培训本身,因此绩效改进获得了世界各国的关注(Reiser & Dempsey,2012)。

1997年,马杰和派普在《分析绩效问题》(第三版)中提出了一个新的绩效分析流程,堪称绩效分析的经典。在选择干预措施时,既要考虑到可操作性,又要尽可能降低成本。如果干预措施不奏效,可以将问题继续分解,逐步解决或解决部分问题,优先考虑亟待解决问题的群体(Mager & Pipe,1997)。

1999年,斯托洛维奇(Stolovitch)和基普斯(Keeps)在《人的绩效技术手册》中构建了绩效改进模式。他们认为,绩效改进是一种工程方法,以达到理想效益为目标,确定绩效差距,采用低成本、高效益的干预措施。他们还认为,外部环境中的机会、压力、事件和资源会影响组织的战略规划以及组织内部的要求(Stolovich & Keeps,1999)。组织对其中的个体提出了具体要求,个体的行为以及行为结果不仅会受到外部环境的影响,也会受到组织环境中信息、资源、奖励、文化以及职位要求等的影响。个人绩效若达不到组织要求,应重新调整行为,直至达到期望的绩效水平。

2000年,朗顿(Langdon)在《调整绩效:改进人员、系统和组织》(*Aligning Performance: Improving People, Systems, and Organizations*)一书中提出了工作语言模型,强调在工作行为、工作标准、工作支持和工作和谐四个层次上考虑组织的绩效改进(Langdon,2000)。该模型是一个三维模型,其中,每个层次都为一个平面,每个平面都由输入、条件、流程、输出、结果和反馈这6个横向的绩效要素,以及业务单元、核心流程、个体和工作组这4个纵向的绩效水平组成,4个层次形成逐层叠加的立体结构。这一模型帮助组织从绩效要素和绩效层次来明确绩效改进干预措施,以一种系统协同的视角实现整体的绩效改进。

与之前的绩效改进模型相比,这些模型的相同点是,都遵循系统理论的整体原则、相互联系原则及动态性原则;不同点在于,之后的模型还考虑到了组织内部要求与环境及组织外部环境对个人绩效的影响。个人绩效、团队绩效和组织绩效相联系,由简单的线性流程发展到更复杂的相互作用的网状流程,以协同的视角看待组织的绩效改进。另外,绩效改进的其他专业组织,如美国培训与开发协会(American Society for Training and Development,ASTD)、国际培训与开发组织联合会(International Federation of Training and Development Organizations)等均活跃在绩效改进领域,共同推动绩效改进的纵向发展。

绩效改进模型可分为两类:一类是行为模型,另一类是认知模型。两类模型理论基础存在差异,具有各自的特点以及优势。行为模型的优势在于它的整体性和务实性,该类模型被有效应用时,通过在纵向、横向和员工个人层面上协调组织的努力,可以改善组织的结果。行为模型的知识库主要依赖于广泛的案例研究工作和模型的连接,但其观点缺乏实验证据,定义和实现一个全面的绩效解决方案通常需要一组不同的从业者观点和技能。行为模型的第二个潜在限制是一刀切的观点,其取向的一个基本假设是,可以通过对环境的修改来设计绩效,而很少考虑个体工人或任务差异如何与修改相互作用,这种假设可能导致建议不考虑工作任务性质的关键差异或个体工人动机和技能的差异。认知模型旨在预测、解释和积极影响组织结果。此外,认知方法处理一些与行为模型相同的绩效因素——最显著的是绩效标准(目标)、反馈和激励。此外,这些模型结合了工作环境和内部心理过程之间的相互作用。基于内部心理过程和外部环境因素之间相互作用的理论是认知模型区别于行为方法的特征之一,行为视角假设员工反馈通常会对工作产出产生积极影响。为了成功,反馈的设计和传递必须将注意力引向任务,而不是自我。在处理目标、反馈和激励等绩效因素时,认知模型会询问它们如何发挥作用,以及如何根据它们的作用机制适应性地实施它们。认知科学的发展对绩效分析起到了重要影响,企业开始关注员工的心理状态、态度、满意度、动机等因素,从员工认知和心理出发,考虑绩效差距的产生原因并拟定合理的干预措施(Rossett,1999)。

第三节 绩效改进的趋势

绩效改进领域在理论维度与实践维度都在持续演进。第一个趋势是在理念范式上,人本主义的发展驱动了绩效改进对以人为本的强调,其理念范式也从由差距分析渐渐转向价值探究的趋势;第二个趋势是实践场景,绩效改进的应用场景不再仅限于企业,将越来越拓展到企业、学校、军队和政府,实践范围不断扩大;第三个趋势是更加重视社会影响,绩效改进领域中,可持续发展日益取代效率至上成为追求的目的,绩效改进对提高社会包容性和为组织发展提供可持续发展的路径提供了视角;第四个趋势是不断深化的数字化转型,信息技术提升了人们的工作效率,促进了学习方式以及工作方式的深刻变革,绩效改进由技术参与逐渐导向系统化的数字化转型。

一、理念范式:从差距分析到价值探索

价值探索(Appreciative Inquiry,AI)是一种新兴的咨询范式,在变革管理和整个绩效改进实践中具有巨大的潜力。以往观察绩效不佳的组织时,主要关注期望的绩效和实际绩效,并填补存在的差距。价值探索通过消除这种基于消极情绪的本能,观察过去和现在的最佳状态,关注组织内部固有的积极方面创造动态环境与适宜的氛围,使来自所有层次的投入得到重视和肯定,推动组织走向理想状态。价值探索为基于绩效改进的组织变革提供了另一种理念。绩效改进通常是基于需求或问题,通过解决差距来解决问题。布莱斯欧(D. M. Brethower)提出,需要将绩效改进视为人和组织的整体,它不仅可以提高企业效益,也可以提升人的工作与学习能力,从而实现企业与员工的双赢(Brethower,1995)。价值探索致力于增强个人或在组织或文化中的利益,从个人或组织中找到有利的一面,扬长避短,发挥其特长。价值探索围绕积极的主题,聚焦现有的积极事物并作出合理且美好的假设(Cooperrider & Whitney,2000)。这将改变人们的心理与行为,使得人们更有信心面对即将需要解决的问题,这在某种程度上改变了群体动力和氛围,提升了组织绩效。

二、实践场景:从单一到多元

随着绩效改进理论与实践的不断发展,越来越多的不同领域的人加入绩效改进的研究。以往绩效改进的研究领域主要集中在各类企业,近些年来研究领域逐渐扩大,学校、军队以及政府逐渐成为绩效改进的研究场景。从应用的场景来说,绩效改进的应用广泛,既可以是对个体的工作改善,也可以是针对集体的改进。

绩效改进的趋势之一是对学校教育和教育管理的改进。学校作为一个系统,绩效改进理念、过程、程序和认证加强了对学校系统的改进。学

校管理的不断改进可以满足更多的教育需求。教育工作者更新自身角色,创新课堂教育,如个性化和定制学习、虚拟和物理学习、非线性和协作、基于问题的学习、参与整个大脑的发现学习,通过对绩效改进的实质性理解来优化教育,建立和维持高质量的教育。

军队也逐渐成为绩效改进理念与工具的践行者。以色列军队实施绩效改进理念,并运用现代化对绩效支持系统来提升军人的绩效水平(Gal et al.,2017)。美国军队更是绩效改进的全面推进者,不仅在军官个人考核的基本过程中实行绩效考核评估,支持军队的人才选拔(刘彬、王文利,2010);同时关注团队绩效的测量和提升,注重军事团队战斗力的提升(屠志浩等,2019);并建立了规范化、制度化的国防部绩效管理体系,将绩效评估贯穿于国防部战略规划和绩效考核全过程中(刘云、王文平,2008)。

时代在朝着知识化、信息化高速发展,政府也在改善执政方式,通过精简化,提升政府的管理质量。国外对于政府绩效研究的时间较早,澳大利亚研究者使用澳大利亚3个司法管辖区的9个政府机构的预算和年度报告等文件来分析针对目标的绩效。结果发现,绩效评估会推动所研究机构的绩效改进,并试图探究改善其评价模式,提升政府绩效水平。美国发布了《政府绩效与结果现代法案》,建立了相对完整的政府绩效管理体系,实现了不同行政层次之间的协同运作,促进更高水平、更高效率的政府绩效(陈光、徐志凌,2021)。中国某地方政府借鉴有限理性理论和组织行为理论,进行绩效管理改革,使用"荣誉榜"和"耻辱榜"作为绩效反馈方式,提高基层政府对公民的询问、要求和投诉做出回应的质量(Wei et al.,2023)。

三、社会影响:从效率至上到可持续发展

绩效改进的核心要素是有效和持续性的变革,其在促进社会的可持续发展方面也可起到关键作用,首先,绩效改进可以有效地激发人的潜力,获得人能力发展上的突破,人相关能力的发展是推动社会进步的最佳实践原则,而绩效改进是此过程中的基础(Kelly et al.,2012);其次,组织

可及时迭代针对可持续发展的绩效系统。干预措施的设计与开发不仅要保证合理,还要能够创造可持续的组织绩效改进,并把如何建立可持续发展的变革措施与变革措施的流程设计放到同样重要的地位。

从全球范围看,我们希望看到更多使用"绩效改进"来促进教育、经济以及组织适应变革的努力。经济全球化的发展使世界贸易变得火热,为越来越多的人提供了就业机会,绩效改进专业人员将支持社会机构的发展以及世界各地的技能、知识和能力的发展。绩效改进专业人员可以为全球范围内的知识和技能发展提供指导,支持跨国企业的本土化进程。可持续发展为绩效改善专业人员提供了越来越多的机会和挑战。

四、技术整合:从技术参与到数字化转型

信息技术的快速发展使得绩效改进领域发生了剧烈的变化。绩效支持系统已由初步基于印刷品的技术文献发展到电子绩效支持系统(EPSS),学习者可以访问来源更广、形式更为多样的信息。同时,在线数据库支持员工之间实时协作,进一步提高了绩效(Riera et al.,2009)。电子绩效支持系统可供组织内的成员获取、处理、存储并利用该组织内的各类资产,这使得个人可以随时随地获取所需信息,信息技术在这个过程中提供支持。与传统培训相比,电子绩效支持系统具有两大优点:第一,电子绩效支持系统根据成员的需要提供信息,为成员的绩效提升给予针对性支持;而非传统培训中为成员全盘倾倒大量信息,每位成员还须再结合自身情况斟酌筛选,费时费力。第二,电子绩效支持系统能将培训人员的学习过程融入工作过程,员工可随时随地学习,技术使得学习不受时间和空间的限制,成为连接工作和学习的桥梁。

移动技术的发展使得学习不再受时间和空间的限制,越来越多的人通过移动设备学习新知识。电子绩效支持系统进一步升级,移动绩效支持系统(Mobile Performance Support Systems,MPSS)产生,移动设备特别适合为不在办公室的员工提供培训支持,他们可以超越课堂,在真实的工作环境中使用绩效支持系统,整合理论知识与实践知识,获得工作场所

专业知识的实践指导(Medzini,2015)。

数字智能技术所促成的万物互联的高速率世界加速了组织的数字化转型。数字化转型的最终目的是通过各种数字化手段提升公司绩效,新型的通信技术附着于各类平台系统,采集员工的各类行为数据,进行分类汇总以及进一步分析,根据分析结果为员工智能推送各类资源,定制专属个人的"材料包",并定期对个人成果进行全方位评估,数字技术全方位伴随成员在企业中成长以及获得行业能力的提升。以中国电信股份培训事业部为例,该部门全面启动了组织学习的数字化转型,深化数据治理与应用,通过智慧学习数据,不断明确员工的学习画像和学习资源供给,促进组织和员工的绩效提升(胡盈滢等,2023)。

绩效改进的理论基础具有跨学科性,干预措施类别具有多样性。绩效改进通过整体性、系统性和协同性的规划及实施来改进组织、团队和个体的绩效,其作为一种系统方法,关注重点经历了绩效问题、组织系统、流程结构3个阶段。绩效改进作为一个有生命力的领域,其在理论和实践方面都在不断发展。绩效改进的未来发展将更以"人"为中心,顺应数字化时代的潮流,在范式、场景、影响和技术4个维度上不断发展完善。这些趋势将不断推进绩效改进领域的影响力和创新力,并对组织的业务模式、组织结构和流程、组织学习系统、组织文化和智力资产等产生深度的影响。

第四节 本书的价值链模型

绩效改进是系统思维在解决问题中的应用,绩效改进秉承中立立场来分析影响预期绩效的所有变量。从应用的价值来说,绩效改进使用多样的干预措施,消除绩效障碍,鼓励期望的绩效行为,从这个意义上看,绩效改进是一项终生的修炼。

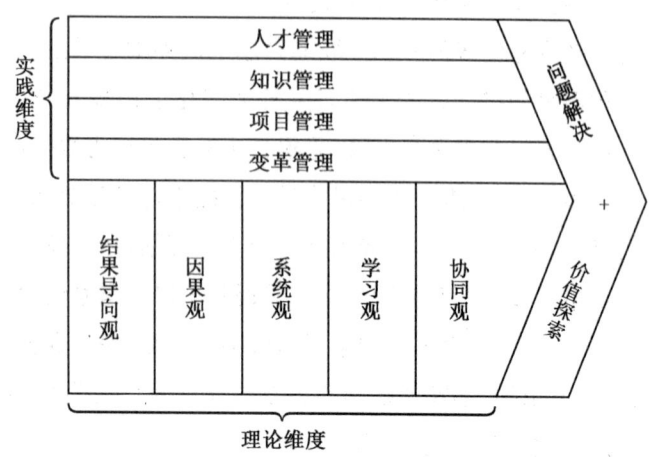

图 1.2 该书组织逻辑的价值链框架

本书以该"价值链"为组织逻辑主要结构框架,该价值链的结构模型中的要素分别对应以下 11 章,学习观对应 2 章(第五章和第六章),其他每个要素分别对应 1 章(见图 1.2)。该价值链的下方是绩效改进的理论维度,为绩效改进的 5 个理论观,从左向右分别为结果导向观、因果观、系统观、学习观和协同观。其中,结果导向观以考夫曼的"组织要素模型"为核心,体现了主动适应的理念。因果观以吉尔伯特的行为工程模型和绩效工程模型为核心,探寻现实结果与理想结果产生偏差的根本原因。系统观以朗姆勒的三层次绩效模型为核心,探寻个人绩效和组织绩效之间的联系。学习观的第一部分阐释了组织中学习与绩效之间的辩证关系,并构建了组织中学习与绩效的螺旋桨模型;学习观的第二部分根据 5 种工作方式,构建了"工作—学习罗盘",该罗盘凝练了 4 个维度并具有跨维协同性,罗盘中每环的跨维协同都是一个价值创造、价值传递和价值实现的闭环。协同观构建了包括组织、运营、工作的组织协同模型,以实现组织协同。5 个理论观是绩效改进的基础,贯穿各个过程,5 个理论观从界定组织结果到学习观中的范式嬗变(自外而内),再到绩效改进的内部协同。

价值链的左端是绩效改进的实践维度,自上而下分别为人才管理、知识管理、项目管理和变革管理。其中,第八章从业务生命周期的视角,对在组织中战略性打造培训体系提出发展性的动态观点;第九章用绩效改进价值观分析知识管理的本质,提出了能表征知识驱动各个层次上绩效的双层模型;第十章对权威的绩效改进项目的过程模型进行修正,并提出了绩效改进的项目管理的整合模型;第十一章基于对变革管理的4个基本因素的探讨,从变革的视角解构了绩效改进模型。这些基础理论支持了绩效改进的各类实践,自人才开始,因为人的胜任力和能动性是核心,继而是站在组织视角的知识管理,再到对绩效改进项目的管理,最后为变革管理,任何一个绩效改进项目的实施,本质上都是一场或大或小的组织变革。

右端的箭头代表绩效改进的范式,即问题解决和价值探索的整合,对应第十二章。问题解决的范式起始于对问题的界定,而价值探索起始于对"积极的核心"的探索,两种范式的整合更有利于绩效改进项目的整体成功。另外,本书在最后的第十三章附上一篇基于实践咨询项目的案例反思。

参考文献

1. Brethower, D. M. Specifying a Human Performance Technology Knowledge-base. *Performance Improvement Quarterly*, 1995, 8(2): 17—39.

2. Cooperrider, D. L., & Whitney, D. A. Positive Revolution in Change: Appreciative Inquiry. In *Handbook of Organizational Behavior, Revised and Expanded*, Routledge, 2000.

3. Gal, E., Meishar-tal, H., Non, R. B., Ben-Basat, A., and Paikin, L. Applying Tablet-based Performance Support Application for Technicians' Training at the Israeli Air Force: A Case Study. *Performance Improvement Quarterly*, 2017, 30: 121—136.

4. Gilbert, T. F. *Human Competence: Engineering Worthy Performance*. International Society for Performance Improvement, 1996.

5. Gilbert, T. F. A Question of Performance. Part 1: The Probe Model. *Training &*

Development Journal,1982,36(9).

6. Harless, J. *An Ounce of Analysis is Worth a Pound of Objectives*. Harless Performance Guild, 1975.

7. Kaufman, R. What Works and What doesn't: Evaluation beyond Kirkpatrick. *Performance and Instruction*, 1996,35(2):8—12.

8. Kaufman, R. A., & English, F. W. *Needs Assessment: Concept and Application*. Educational Technology, 1979.

9. Kaufman, R., & Stakenas, R. G. Needs Assessment and Holistic Planning. *Educational Leadership*, 1981,38(8):612—616.

10. Kelly, S. J., Coughlin, P. C., and Mari Novak, M. Making a Difference: The Future of HPT in Sustaining Best-practice International Capacity Development. *Performance Improvement Quarterly*, 2012,25(1):85—98.

11. Kirkpatrick, D., & Kirkpatrick, J. *Evaluating Training Programs: The Four Levels*. Berrett-Koehler Publishers, 2006.

12. Langdon, D. G. Aligning Performance: The Ultimate Goal of Our Profession. *Performance Improvement Quarterly*, 2000,39(3):22—26.

13. Mager, R. F. & Pipe, P. *Analyzing Performance Problems*. Center for Effective Performance, 1997.

14. Medzini, A., Meishar-Tal, H., & Sneh, Y. Use of Mobile Technologies as Support Tools for Geography Field Trips. *International Research in Geographical and Environmental Education*, 2015,24(1):13—23.

15. Reiser, R. A., & Dempsey, J. V. (eds.). *Trends and Issues in Instructional Design and Technology*. Pearson, 2012.

16. Riera, C. G., Senoo, D., & IIjima, J. A Study of the Effect of Knowledge Creating Capabilities on Corporate Performance. *International Journal of Knowledge Management Studies*, 2009,3(01—02):116—133.

17. Rossett, A. Analysis for Human Performance Technology. *Handbook of Human Performance Technology*, 1999,(02):139—162.

18. Rummler, G. A., & Brache, A. Transforming Organizations through Human Performance Technology. *Handbook of Human Performance Technology: A com-*

prehensive Guide for Analyzing and Solving Performance Problems in Organizations,1992:32—49.

19. Rummler,G. A. ,& Brache,A. P. *Improving Performance：How to Manage the White Space on the Organization Chart.* San Francisco,1995.

20. Stolovitch,H. D. ,& Keeps,E. J. What is Human Performance Technology. *Handbook of Human Performance Technology*,1999,(02):3—20.

21. Wei,W. ,Wang,C. ,Zhai,W. ,& Li,W. "Honor List" and "Shame Roll"：Quasi-Experimental Evidence of the Effect of Performance Feedback under Political Control. *Journal of Public Administration Research and Theory*,2023,33(1):122—138.

22. R. A. 瑞泽、J. V. 邓普西主编：《教学设计和技术的趋势与问题》(第二版)，华东师范大学出版社2008年版。

23. 陈光、徐志凌：《美国政府绩效管理体系中的目标管理机制分析》，《全球科技经济瞭望》，2021,(06):33—45。

24. 高文：《教学系统设计(ISD)研究的历史回顾——教学设计研究的昨天、今天与明天(之一)》，《中国电化教育》，2005,(01):17—22。

25. 胡盈滢、巩园园、王猛、于文浩：《四维数智融合：企业学习数字化转型的变革模式》，《终身教育研究》，2023,(05):66—73+83。

26. 刘彬、王文利：《美国陆军军官职业发展管理制度考察》，《军队政工理论研究》，2010,(04):119—121。

27. 屠志浩、李海立、何静文、赵后雨、瞿靖芮、沈兴华：《美军团队绩效测量研究对我军的启示》，《第二军医大学学报》，2019,(03):330—335。

28. 于文浩、伍艳：《绩效技术的因果观：吉尔伯特的工程学模型》，《现代教育技术》，2021,(03):34—41。

29. 于文浩：《绩效技术的系统观：朗姆勒的理论与实践》，《现代教育技术》，2013,(11):11—16。

30. 于文浩：《绩效技术的结果导向观：考夫曼的理论与实践》，《开放教育研究》，2015,(01):80—88。

31. 张祖忻：《绩效技术概论》，上海外语教育出版社2005年版。

32. 朱从娜、杨开城、李秀兰：《电子绩效支持系统及相关概念探究》，《中国电化教育》，2002,(08):13—17。

第二章 绩效改进的结果导向观

物有本末,事有终始。知所先后,则近道矣。

——《大学》

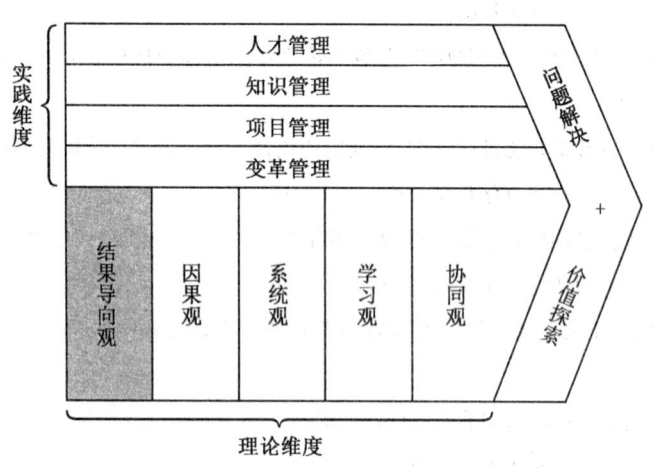

本章以考夫曼的"组织要素模型"为核心,从"需求评估""战略规划"和"评价"3个维度对考夫曼的理论进行了系统分析和阐释,并在每个维度的分析中都运用了"成果—输出—产品—过程—输入"五要素的基本分析框架。考夫曼提出的"大系统规划"是一个主动适应的理念,其出发点首先是社会的需要。本章在此基础上确定了其理论的三位一体结构,又从实践操作层面对考夫曼的需求数据的使用模型和战略规划的过程模型进行阐释及分析,这两个模型在实践中贯彻了其主动规划的理念。

关注结果(Focus on Outcomes or Results)是绩效改进的第一要义。

绩效是行为的结果,绩效的概念本身包含了行为和价值两个方面(张祖忻,2005),绩效是指个体、团队或组织所取得的成果、结果或成就(罗思韦尔等,2007)。以上两个在国内外具有广泛影响的有关"绩效"的阐释都明确了结果的重要性。绩效改进的实践需要对干预的结果进行测量,并优先关注客户所考虑的成就和结果。对结果的关注意味着需要清晰地阐明期望的结果,从而为所涉及的利益相关者之间的协作提供标准和方向。鉴于此,绩效改进认证标准的第一条原则就是关注结果(Standards,2012),而绩效改进的核心原则 RSVP 中的第一个字母"R"即为 Results(结果)的缩写,而其他的绩效改进原则,如系统观(Systematic)、增值观(Value-added)和合作观(Partnership),也都是在结果观的前提下运用和展开的。

罗杰·考夫曼(Roger Kaufman,1932—2020)是佛罗里达州立大学教学系统系的荣誉教授。长期以来,他在绩效改进领域做出了卓越的贡献。考夫曼受过多学科的教育和训练:在加州大学伯克利分校获得了心理学博士学位,在纽约大学获得了传播学博士学位(Dean & Ripley,1997)。作为公认的绩效改进奠基人之一,考夫曼出版了近四十部著作并发表了上百篇论文,他曾担任国际绩效改善协会(International Society for Performance Improvement,ISPI)主席,并在 1997 年获得了 ISPI 的托马斯·吉尔伯特终身成就奖。考夫曼长期以来以号召绩效改进实践者对社会的积极影响而享有盛誉,他的研究和理论对"绩效"进行了道德层面和社会层面上的思考。很多绩效改进模型(如朗姆勒、吉尔伯特、马杰等)关注的是对组织、流程、产品和输入的影响,而考夫曼的理论帮助我们把这些层面的影响与对社会的影响联系起来,并倡导绩效改进项目效果的长期性和可持续性。在考夫曼的结果观中,他提出了 3 个层次的结果:愿景/成果层次(Mega),指的是组织能为外部客户和社会带来的价值增加(或减少);宏观/输出层次(Macro),指的是组织的绩效任务目标,也就是组织能为外部客户或社会输出的结果;微观/产品层次(Micro),指的是组织内部的团队(或个人)的行动目标,这些目标指向组织内部能够产生的产品(Moore et al.,2011)。

第一节　绩效改进的结果导向观：考夫曼的组织要素模型

考夫曼在1979年提出了关于"目的和手段"的理论（Kaufman & English, 1979；黄林凯等，2012），他称之为"组织要素模型"（Organizational Elements Model, OEM）。组织要素模型是针对传统系统模型的缺陷而创生的，传统的系统模型一般依据"输入—过程—输出"的范式进行运作，而组织对组织之外所实现的社会影响关注甚少。这就为建构一种将组织的绩效目标与其对社会的影响联系起来的理论提供了空间。

组织要素模型可以帮助组织确认和解决绩效问题。组织要素模型规定了5个要素，分别为输入、过程、产品、输出和成果（Kaufman, 1982；Kaufman, 2005）。表2.1分别对这5个要素进行了界定和举例。5个要素中的输入、过程、产品和输出在组织内部，成果在组织外部。

表2.1　"组织要素模型"的要素及界定

要素	界定	例子
成果（Outcomes）	对外部客户和社会所形成的效果和影响	持续发展、节约能源、增加诚信和用户满意度等
输出（Outputs）	组织可以在组织之外所实现的结果	交付的汽车或计算机等
产品（Products）	组织内部生产的单元式的结果	完成的报告、提供的服务、获得的技能等
过程（Processes）	组织内部使用的手段、活动、程序和方法等	培训、程序、操作、质量管理等
输入（Inputs）	组织能使用的人力、物力和财力等资源	现有的人员、预算、物资、场所等

该模型分为"我们使用什么""我们做什么"和"我们实现了什么"。其中，输入和过程构成了组织投入，即我们使用什么；产品和输出的组合构成了组织结果，即我们实现什么；而输入和过程的结合产生产品和输出。组织的所作所为以及对外界所形成的变化就是组织的社会影响（Kaufman,2002)。因此,我们看到了该模型中的结果链,即"输入→过程→产品→输出→成果"。根据这个结果链,我们可以从成果出发,回溯其源头,选择并实施适合的过程和输入。图2.1展示了这5个要素之间动态的交互关系。这个结果链是考夫曼理论的核心,在接下来的阐释中,该模型将作为对各个维度进行分析的逻辑框架。

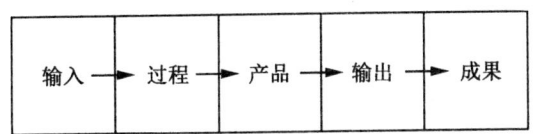

图 2.1　组织要素模型中的要素之间的关系

另外,组织要素与组织成员的层次也具有一定的相关性。中层和基层人员更多地只是遵从分配的任务和确保完成工作的效率,即输入、过程和产品;中高层关注如何确保组织的有效性,即产品和输出;而执行高层更关注组织当下和未来的影响,并关注如何调整组织政策,才能更好地增强组织对组织边界之外所形成的影响,即输出和成果。

第二节　结果导向观的理论基础:理论展开

考夫曼(Kaufman,2005)提出了问题解决过程的6个环节,分别为需求评估(基于需求确定问题)、需求分析(确定解决方案的具体的需求,以及备选方案)、手段的选择(从备选方案中选择一套)、实施、评价和必要的修改(对每一步的持续改进)。

从理论上来说,我们认为结果应该与规划、执行、评价和持续改进联动,从"结果的层次"可以反推出"规划、执行、评价"的层次。考夫曼开发了"组织要素模型"作为需求评估、规划和评价的实践框架。考夫曼主张,我们不能仅仅关注手段或资源,更需要重视预期的结果,结果对于定位以及相应的联动都具有重要的影响,对"做什么"的考虑应先于对"怎么做"的考虑。通过对考夫曼的理论文献的总结和综合,将以"组织要素模型"

为核心,从"需求评估""战略规划"和"评价"3个维度对考夫曼的理论进行系统的分析和阐释(见图2.2)。

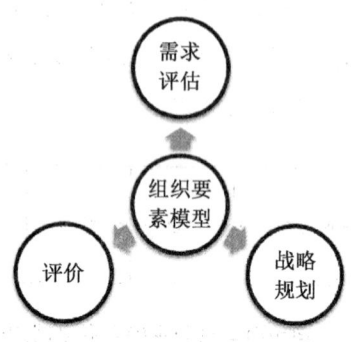

图 2.2 考夫曼的理论脉络

一、需求评估:问题在哪里?

对问题的确定是建立在分析基础之上的,在绩效改进过程中,分析阶段就是诊断出问题的位置和根源。正如罗思韦尔(2007)所言,分析的目的在于精确诊断问题或情况,并为选择、实施和评估合适的解决方案提供必要条件。

通过差距分析可以找出存在绩效改进机会的类型,从而为原因分析、干预选择和实施奠定基础。因此,很多绩效改进的领军人物把差距分析和需求评估视为同一过程,考夫曼也隶属于这一行列。"需求"(Needs)这个词是名词而非动词,在考夫曼看来,需求是结果、影响或成就上的差距,而需求评估(Needs Assessment)是一种用来确认当前结果与期望结果之间差距的工具,从而能根据忽视差距和消除差距所形成的成本差异来对这些差距进行优先性排列(Kaufman,1998)。需求评估为问题的有效解决提供了方向,从需求评估中可推演出需要达到的重要目标。

考夫曼的研究中摒弃了"培训需求评估"的称谓,因为这种称谓本身就预设了答案,即"无论问题是什么,培训都是解决方案"(Watkins & Kaufman,1996)。正如他在国内学者方圆媛和刘美凤(2012)对他的采访中所谈道的:"我特别强调项目初始的需求评估……培训仅仅是提高绩效诸多办法中的一种可能有效的措施。"

考夫曼强调,并非所有的差距都是需求,需求是结果上的差距(Kaufman,1981),这是一种典型的"以终为始"的思维范式,即不是先问"我们需要哪些资源",而是先问"我们想为社会做些什么"。结果的3个层次(愿景/成果层次、宏观/输出层次和微观/产品层次)分别与组织要素模型中的产品、输出和成果3个要素相对应,每个层次又可根据"当前状态"(是什么,what is)和"期望状态"(应当是什么,what should be)划分为两个层面(见图2.3)。

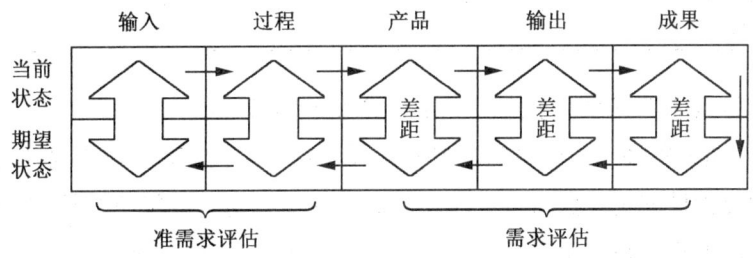

资料来源:根据 Kaufman(1987)改编。

图 2.3　5 个要素之间的差距张力

在考夫曼看来,需求评估不包括对"输入"和"过程"两个要素的差距分析。相反,他用"准需求评估"描述输入、资源、过程、操作等方面的差距。图2.3中,"当前状态"层面上的"输入→过程→产品→输出→成果"和"期望状态"层面上的"成果→输出→产品→过程→输入"依然是两条内嵌着的发展流,这两条发展流通过末端的成果差距连接。同时,各个要素内部也都保持着期望状态与当前状态之间的张力,而对期望结果的评估为组织发展提供了源源动力。

如表2.2所示,在模型创建之初,组织要素模型的5个要素与需求评估之间并非线性关系。对"成果"要素张力的评估属于外部需求评估,对"输出"和"产品"要素张力的评估属于内部需求评估,而对"过程"和"输入"要素张力的评估则属于"准需求评估"。近年来,考夫曼及其合作者(Kaufman & Guerra-López,2013)又根据结果的层次对需求评估进行三层次的划分。

表2.2　　"组织要素模型"的要素与需求评估的关系

要素	需求评估的层次 (Kaufman,1987)		需求评估的层次 (Kaufman & Guerra-López,2013)
成果	外部需求评估	需求评估	愿景层次上的需求评估
输出	内部需求评估		宏观层次上的需求评估
产品			微观层次上的需求评估
过程	准需求评估		准需求评估
输入			

与其他需求评估模型和理论,如吉尔伯特(Gilbert)、罗塞特(Rossett)、朗姆勒(Rummler)和马杰 & 派普(Mager & Pipe)不同,考夫曼的组织要素模型正式提出了需求评估需要从组织对社会影响开始,并逐次自上而下到宏观层次和微观层次。该模型可帮助我们对各个要素进行比较,并做出合理的决策。

二、战略规划:如何解决问题?

战略规划是一种对组织发展进行顶层设计的过程。在早期讨论中(Kaufman & Herman,1991;Kaufman,1991),考夫曼使用"战略规划"(Strategic Planning)这个术语来描述该规划体系。他认为,战略规划是一个确定组织前进方向、确定为何向该方向前进以及确定如何抵达目的地的过程。考夫曼(Kaufman,2006)基于所面对的主要客户和受益者的区别,把规划分为3个层次,即战略规划、战术规划和运行规划。组织要素模型也为组织制定发展规划提供了指导框架。在考夫曼的研究中,规划的层次与结果的层次是联系起来的。如表2.3所示,3个规划层次分别与结果的3个层次(愿景层次、宏观层次和微观层次)和组织要素模型中的3个要素(成果、输出和产品)相对应。

表 2.3　　　　　　"组织要素模型"的要素与规划的关系

要素	结果的层次	主要的客户和受益者	规划的类型	相关的目的表述
成果	愿景层次	社会和外部客户	战略规划	理想的愿景
输出	宏观层次	组织本身	战术规划	使命
产品	微观层次	个体和团队（或部门）	营运规划	基于绩效目标的职能和任务

资料来源：根据 Kaufman(2005)和 Kaufman(2006)整合而成。

在这 3 个规划层次中，战略规划面向社会和外部客户；战术规划面向组织自身；营运规划面向个体和团队。在后来的讨论中(Kaufman，2004，2005)，考夫曼用"大系统规划"(Mega Planning)一词对"战略规划"进行了替代。这次称谓转换一方面突出了该规划体系的独特性，另一方面也更好地区分了整体规划与愿景层次的规划。

从关注范围看，这 3 个规划层次逐次降低，即营运规划关注的仅为"输入""过程"和"产品"，战术规划关注的是"输入""过程""产品"和"输出"，而大系统规划的关注范围应涵盖所有 5 个要素。为了保证组织变革在内部和外部都有效，对组织及其与社会的关系进行全局性的掌握是非常必要的，然后再对局部进行关注。这种全局性的思维方式能够帮助组织确定，它的努力可使其在整个大环境下生存下去并有所作为。大系统规划着眼于如何让组织为社会创造价值和做出贡献，这与当下人们对组织社会责任的渴望相契合。

三、评价：问题解决得如何？

结果与评价是一枚硬币的正反两面，评价是对实施解决方案的结果进行展示的过程。当我们讨论考夫曼的结果观时，无法绕过其在评价方面的建树以及相关的见解。

在绩效改进、培训与开发和人力资源开发的领域，柯氏的四层评价法已风靡近半个世纪，虽偶受诟病，但仍在专业实践中被广泛接受。柯氏的四层评价法分4个层次,分别为反应层、学习层、行为层和结果层(Kirkpatrick,1994)。其中,反应层是关于学习者对培训项目如何感受的评价;学习层是关于学习者在培训现场上学习表现的评价;行为层是关于学习者实施或迁移所学内容程度的评价;结果层是关于因这个项目的组织受益情况(可以组织绩效或投资回报率的形式)。柯氏的评价框架虽然反映了评价的重要方面,但仅局限于教学类干预。

考夫曼的评价理论同样也以组织要素模型为核心框架,并以对流行的柯氏评价的比较式批判开始,可谓"以破为立"。如表2.4所示,在以组织要素模型为框架的评价层次中,柯氏评价对微观层次的干预还是有效的,但是柯氏评价没有关注到愿景层次和输入层次。

表2.4　　　　　　　　"组织要素模型"(OEM)下的评价层次

要素	结果层次	组织关注点	柯氏评价层次
成果	愿景层次	(5)社会影响	(缺失)
输出	宏观层次	(4)组织结果	结果
产品	微观层次	(2)"获取" (3)"成功应用"对应个体或团队的得益	行为、学习
过程	过程层次	(1b)对应过程的可接受性和效率	反应
输入	输入层次	(1a)对应资源的可用性和品质	(缺失)

考夫曼等在组织要素模型基础上拓展了柯氏评价,提出了绩效改进干预的五层次评价模型(Kaufman, Keller & Watkins, 1995)。例如,表2.4的"组织关注点"中,该评价模型的第一个层次分为两个部分:第一个部分(1a)对应"输入"要素,指人力、财力和物力等资源的可用性和品质;第二个部分(1b)对应"过程"要素,指方法、手段以及过程的可接受性和效率,对应柯氏的"反应层"。第二个层次(2)"获取"是指个体和团体的掌握和胜任力;第三个层次(3)"成功应用"是指个体和团体在组织中的使用情况;第四个层次(4)"组织结果"是指组织的贡献和收益;第五个层次(5)"社会影响"是指对社会和客户的关心、贡献以及报偿结果。对于第五个

层次的"社会影响",沃金丝和考夫曼(Watkins, Foshay & Kaufman, 1998)等认为很难评估,因此他们建议使用投资回报分析(ROI)或成本—结果分析来解决任何形式的干预评估问题。

第三节 结果导向观的工具:理论展开的互动性和一致性

通过对考夫曼有关"需求评估""战略规划"和"评价"3个维度的分析和阐释,我们可以在整体上把握考夫曼理论的脉络。组织要素模型可以帮助组织层层"倒推",以最终为社会和客户创造价值作为决策的基点。由于组织要素模型是各个维度观点的基础结构,因此,以此方法论为基础,绩效咨询过程中的战略规划、需求评估、干预的选择与开发以及评价过程都可以保持整体的一致性。在需求评估、战略规划和评价的过程中,各环节的层次与结果的层次建立起互动式联系,而需求评估、战略规划和评价则形成了三位一体的结构(见图2.4)。

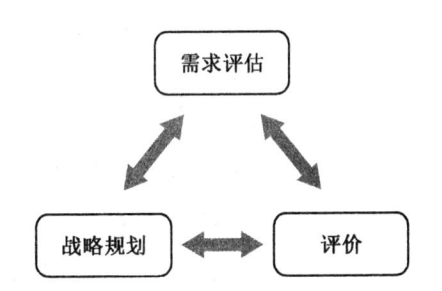

图2.4 需求评估、战略规划和评价之间的三位一体结构

在讨论了考夫曼的理论框架之后,我们不禁对如何在实践中应用,或如何改进我们的项目实践进行思考。考夫曼在实践中承担了佛罗里达州和新泽西州的重点大学的技术协会的管理任务,为美国本土和国际多家经济政治组织提供咨询服务。考夫曼在多年实践中不断开发出多个操作框架,如需求评估的操作程序(Kaufman, 1987)、战略规划的阶段框架(Kaufman & Herman, 1991; Kaufman, 1991)和为组织成功的需求评估

（Kaufman & Guerra-López,2013）。下面我们通过对考夫曼的使用需求数据确定优先性和干预措施模型以及战略规划的过程模型的分析,更全面地理解其理论的落地情况,从中我们也可以看出需求评估、战略规划和评价之间三位一体的一致性。

一、需求数据的使用模型

需求评估是整体系统方法的一个组成部分。考夫曼（Kaufman,1987）确定了进行需求评估的10个步骤:从需求评估中规划要用的数据；选择需求评估和规划的层次；确定需求评估和规划的参与者；邀请相应的参与者；获得对需求评估和规划的认可度；收集内部和外部的需求数据；列举确定下来的需求；将需求按优先性排列；统一"分歧"；列举问题并征得合作方的赞同。

在需求评估中,收集到的数据可分两大类:一类是参与者的主观知觉；另一类是基于实际的和可观察到的结果。因此,考夫曼认为,在应用需求数据的过程中,需要把这两类数据整合起来（见图2.5）。他把第一类称为"软"需求感知数据,把第二类称为"硬"需求评估数据。对于"软"需求感知数据,我们可以通过问卷调查、会议、咨询指导等方法获取；对于"硬"需求评估数据,我们可以通过人口统计情况、绩效指标情况、研发结果和评估等来源来获取。这两类数据的整合可帮助需求评估者确定对需求有共识的领域和有异议的领域,从而为确定优先性和干预措施的选择提供参考依据。通过比较,需求评估者需要在不同的数据来源间寻找具有基本一致性的领域,从而确保需求评估的结果可被合作方的参与者们接受和认同。

考夫曼的这种使用多种资料收集方法和多个资料来源的方法论可以形成有效的"三角验证"（Triangulation）,从而增加了需求评估的可靠性。当两类数据出现分歧时,既反映了现实复杂性,也为深入挖掘绩效改进潜力提供了机会。当两类数据出现不一致时,需求评估者需要重现对数据进行收集、分析和确认,从而为后期的项目规划和开发提供可靠的依据。

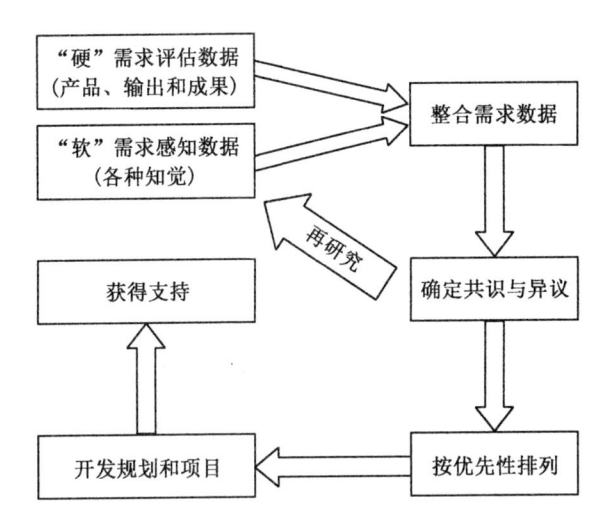

```
                ┌─────────────┐
   "硬"需求评估数据 ──→│             │
   (产品、输出和成果)  │  整合需求数据  │
                │             │
   "软"需求感知数据 ──→│             │
   (各种知觉)         └──────┬──────┘
         ↑                  │
         │ 再研究             ↓
         │            ┌─────────────┐
   ┌─────────┐        │ 确定共识与异议 │
   │ 获得支持 │        └──────┬──────┘
   └─────────┘               │
         ↑                   ↓
   ┌──────────────┐   ┌─────────────┐
   │ 开发规划和项目 │←──│ 按优先性排列  │
   └──────────────┘   └─────────────┘
```

资料来源：Kaufman(1987)。

图 2.5　使用需求数据确定优先性和干预措施

二、战略规划的过程模型

考夫曼的"战略规划的过程模型"强调客户团队的共同参与。如图 2.6 所示，该过程模型分 4 个阶段，即调研范围、数据收集、规划和实施。在第一个阶段，组织要素模型提供了基本的规划框架，3 种调研范围或规模都有价值，其中最容易被忽视的是最重要的愿景规划。3 个层次分别面对不同的客户对象，因此组织需要根据客户情况，选择分析的主要层次和次要层次。

在数据收集阶段，组织首先需要确定各合作伙伴的信念和价值观，从而在行动前围绕基本信念达成共识；在确定愿景的过程中，规划人员对未来和机会进行确定和记录，根据"我们希望我们的孩子或孙子辈生活在什么样的社会或组织中"的原则来确定愿景；接下来确定当前的使命，以便所有参与者知晓我们已经达到什么程度；根据这种结果上的差距确定组织的需求，确认需求的过程需要结合内外扫描的各种数据，包括硬数据（如事实和数字）和软数据（如信念和情感）。

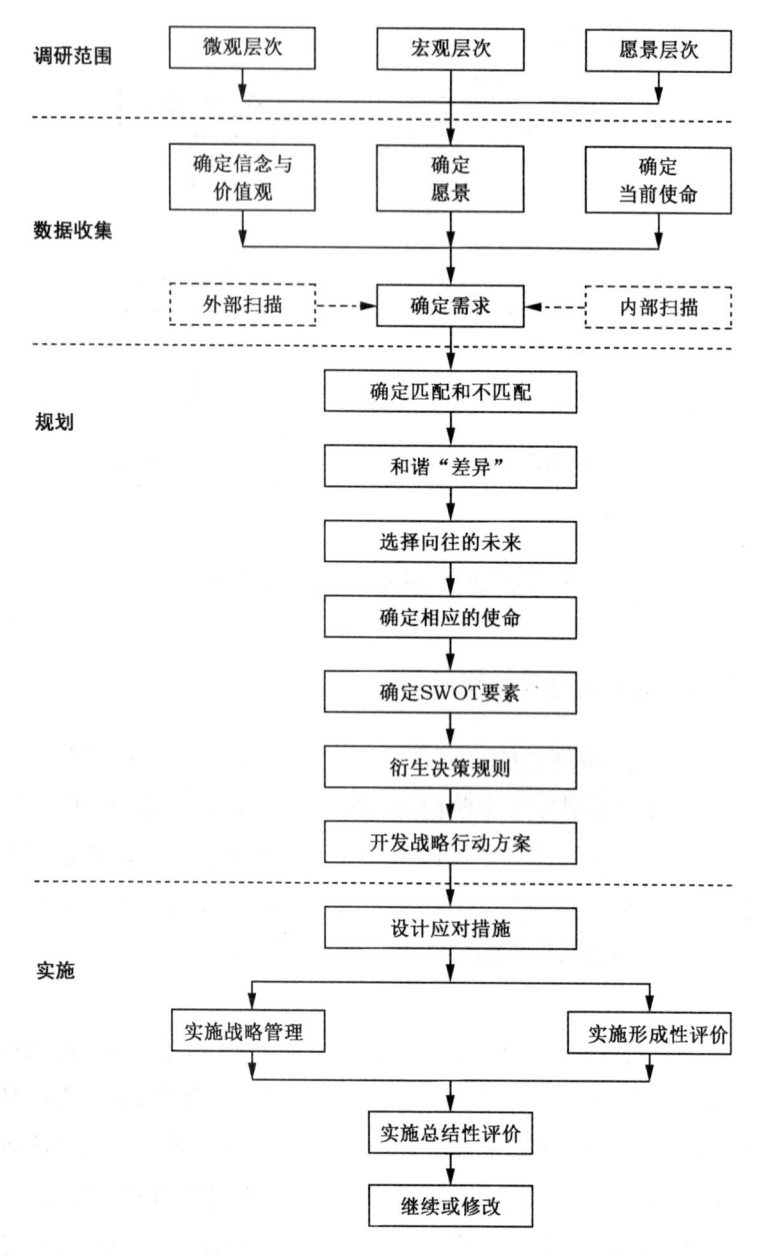

```
调研范围    微观层次    宏观层次    愿景层次

数据收集    确定信念与价值观    确定愿景    确定当前使命
            外部扫描 --→ 确定需求 ←-- 内部扫描

规划        确定匹配和不匹配
            和谐"差异"
            选择向往的未来
            确定相应的使命
            确定SWOT要素
            衍生决策规则
            开发战略行动方案

实施        设计应对措施
            实施战略管理        实施形成性评价
            实施总结性评价
            继续或修改
```

资料来源：改编自 Kaufman(1991)。

图 2.6 战略规划的过程模型

在规划阶段,规划人员第一步需要对信念、价值观、需求以及当前使命进行整合,从而确定共性和分歧,而参与者的积极参与至关重要;和谐"差异"即基于现实寻找共同基础,可以利用先前的数据和信息,并通过协商对"何为应为之事"达成共识;基于既有信息,所有参与者对向往的未来社会或未来组织进行选择,对未来选择的过程就是一个对未来承诺的过程;通过以上的产出,生成一个书写的具有衡量标准的使命目标;规划人员对组织进行SWOT分析,确定组织的优势、劣势、机会和威胁;为了让各方做决策时具有相应的秩序和愿景,这里需要所有参与者衍生出决策规则;本阶段的最后一步,规划人员需要整合以上所有信息,回答具体的关键问题,规划者在这时需要确定结果、相应的输出和产品、运营性的过程、实施的里程碑,并考虑相应的策略和方法。

最后的实施阶段是真正实施战略规划并得到所需结果。这个阶段包括设计应对措施(开发干预、方法和材料等)、实施战略管理、实施形成性评价、实施总结性评价,并基于评价情况对是继续执行还是进行修改做出决策(Kaufman,1991)。考夫曼强调,战略规划是一个连续的过程,所有的规划伙伴需要认识到,在组织生命周期的过程中,战略规划的指导作用必不可少。

该模型是一个充满主动性的战略规划模型,是一个对当下和未来进行扫描并生成有价值的战略和战术的动态过程,而在这个过程中的战略思维本身比行动方案更重要。

第四节　结果导向观的理论价值与启发

考夫曼的研究和理论对"绩效"的道德和社会层面进行了思考。考夫曼强调组织对"社会的贡献和责任"。对于组织而言,其对社会的责任已不再是可有可无的,而是必须要有的。组织的社会责任包括对股东、客户、政府和供应商等的关注,因此,组织也在越来越追求经济、社会和环保三方面的"三重底线"。很多组织的上层管理层虽有社会责任之心,却苦于无法转化为具体的相应行为,我们有理由相信,考夫曼的组织要素模型在这方面能起到重构的效果。

考夫曼的理论十分强调对目的和手段的区分,作为以结果驱动的组织系统,如果不能做好这种区分,组织有可能会被手段的魅力所迷惑,而忘记自身追求的目的和结果;抑或是认识的结果层次不够,即使解决了暂时的困境,却引来了长期的烦恼。这与"奥卡姆剃刀定律"的本质所见略同,"切勿浪费较多东西去做用较少的东西同样可以做好的事情",考夫曼理论指导的实践应做到"最小的自给自足",即我们需要由结果倒推出投入,而非一味抱守"做大做强"的思维,不浪费资源本身就是对社会的贡献。绩效技术经常会被批判为机械的行为主义和非人性化,而考夫曼的理论主张及其影响对这种批评进行了有利的反驳,只要对目的和手段进行清晰区分,绩效改进即可达成兼济天下的"善"。在绩效改进的学者中,考夫曼是敢于对"战略规划"层面进行探讨的首屈一指的专家。这一观点可在范·提姆等(Van Tiem et al.,2000)对绩效改进专家的贡献列表中和绩效技术手册(Pershing,2006)的结构安排中得到佐证与支持。

考夫曼强调"以终为始"和"主动应对"。在图2.3中,对期望的社会结果的评估为组织的发展提供了源动力,通过由后往前的结果链促进各个要素内部都保持"期望状态"与"当前状态"间的张力,组织发展的动力来源于建设"更好的社会"的愿景与梦想,从而实现社会发展与组织发展的平衡。这与"价值探索"的核心理念不谋而合(于文浩,2013)。绩效改进过程中,组织需要把"组织愿景"塑造成共同的持久承诺。通过协商对话和梦想设计,使共同愿景成为其个体愿景的延伸和拓展。绩效改进的过程是一个增加价值的过程,价值的形式主要是前期变革规划时制定的绩效改进目标,可以是工作效率的提升或顾客满意度的提高,也可以是财务上的收入和利润等(于文浩,2008)。考夫曼强调"主动应对",而非被动反应,即"头痛医头,脚痛医脚"的事后弥补。组织的可持续性建立在系统性、整体性的战略规划基础之上,针对系统结构的改良胜于针对个体的事件处理。考夫曼提出的"大系统规划"的概念是一个主动适应的理念,其出发点首先是社会的需要,然后努力实现那些对个体、组织、客户和整个社会都有益的结果(张祖忻,2005)。大系统规划倡导用"理想的愿景"(ideal visioning)引导我们为创造美好的世界而改进组织绩效。我们认为,大系统规划理念是创造社会可持续发展与组织可持续发展的基本思维范式,这种思维范式可引导社会与组织共同向"善"的演化。

我们还需要拓展对组织的理解:实证主义假设,组织是理性和目的导向的,作为一种固态性组织机器,组织是为某种预定目的而存在的同质性实体。组织的主要作用就是把输入转化为输出,具有"有限理性"的个体处理着转化过程中的信息小碎片,而组织则是由这些不完美的个体组成。现象学主义假设,组织是一个超有机体,具有各自的历史、心智模型以及其他的集体特征。行动者是由个体和集体行动建构的相互联系的系统中的一部分,组织动态适应性地展现了不同的主观意义,而隐性意义是通过体验周期性和递归性的对话网络而获取和建构的。因此,对于绩效改进的深入研究,研究者必须拓展自身对组织理论、行为理论、管理理论以及系统科学的理解。

纵观绩效改进的演化历程,我们可以发现,绩效改进的关注范围一直在扩展,从最初对教学改进的关注到对组织发展的关注,再到对组织成功的关注,直到对组织所能创造的社会价值的关注。综观考夫曼多年的理论和实践研究,他建立起了这样一个能贯穿绩效改进全程,并保持高度一致性的理论框架。在考夫曼理论体系的逻辑中,组织的社会责任与组织的可持续发展是紧密联系的,理想的愿景是组织存在的价值和意义,组织是实现愿景的方式和形式,愿景可以帮助组织主动应对环境中的变化,甚至创造性地为组织打开一片未被开拓的蓝海市场,从而提供能满足客户潜在需求的产品或服务。因此,我们认为组织的社会责任不是一个选择性的义务,而是一种生存哲学、立足之本和立世之道。

参考文献

1. Dean, P. & Ripley, D. *Performance Improvement Pathfinders*: *Models for*

Organizational Learning. The International Society for Performance Improvement, 1997.

2. Kaufman, R. & Herman, J. Strategic Planning for a Better Society. *Educational Leadership*, 1991, 48(7): 4—8.

3. Kaufman, R. & Guerra-López, I. *Needs Assessment for Organizational Success*. American Society for Training & Development, 2013.

4. Kaufman, R. *Identifying and Solving Problems: A System Approach* (3rd ed.). University Associates, 1982.

5. Kaufman, R. *Strategic Thinking: A Guide to Identifying and Solving Problems (Revised)*. The International Society for Performance Improvement and the American Society for Training & Development, 1998.

6. Kaufman, R. A. & English, F. W. *Needs Assessment: Concept and Application*. Educational Technology Publishers, 1979.

7. Kaufman, R. A. A Mega Thinking and Planning Primer. *Performance Improvement Quarterly*, 2005, (18): 5—15.

8. Kaufman, R. and Forbes, R. Does Your Organization Contribute to Society? *2002 Team and Organization Development Sourcebook*, NY: McGraw-Hill, 2002: 213—224.

9. Kaufman, R. Need Assessment and Holistic Planning. *Educational Leadership*, 1981, (05): 612—616.

10. Kaufman, R. A Needs Assessment Primer. *Training and Development Journal*, 1987, 41(10): 78—83.

11. Kaufman, R. Strategic Planning Plus: An Organizational Guide. *Thousand Oaks*, CA: Sage, 1991.

12. Kaufman, R. Mega as the Basis for Useful Planning and Thinking. *Performance Improvement Quarterly*, 2004, 43(9): 35—39.

13. Kaufman, R. Mothers, Visions, & Validity. *Performance Improvement Quarterly*, 2006, 45(10): 5—8.

14. Kaufman, R., Keller, J. & Watkins, R. What Works and What doesn't: Evaluation beyond Kirkpatrick. *Performance and Instruction*, 1995, 35(2): 8—12.

15. Kaufman, R. Defining and Delivering Measurable Value: A Mega Thinking

and Planning Primer. *Performance Improvement Quarterly*,2005,18(3):6—16.

16. Kirkpatrick,D. L. *Evaluating Training Programs: The Four Levels*. Berret-Koehler,1994.

17. Moore,S. L. ,Ellsworth,J. B. ,and Kaufman,R. Visions and Missions: Are They Useful? A Quick Assessment. *Performance Improvement Quarterly*,2011,50(6):15—24.

18. Pershing,J. A. *Handbook of Human Performance Technology: Principles, Practices,and Potential*（3rd edition）. San Francisco: Pfeiffer,2006.

19. Van Tiem,D. M. ,Moseley,J. L. ,Dessinger,J. C. *Fundamentals of Performance Technology: A Guide to Improving People,Process,and Performance*. International Society for Performance improvement,2000.

20. Watkins,R. & Kaufman,R. An Update on Needs Assessment and Needs Analysis. *Performance Improvement Quarterly*,1996,35(10):10—13.

21. Watkins,R. ,Leigh,D. ,Foshay,R. & Kaufman,R. Kirkpatrick Plus: Evaluation and Continuous Improvement with a Community Focus. *Educational Technology,Research and Development*,1998,6(4):90—96.

22. 方圆媛、刘美凤:《美国绩效技术:定位、现状与人才培养》,《开放教育研究》,2012,18(1):60—67。

23. 黄林凯、钟志贤、宋灵青:《个体、组织、社会与教育技术——Roger Kaufman教授访谈》,《中国电化教育》,2012,(05):1—4+3。

24. 威廉·J.罗思韦尔、卡罗琳·K.霍恩、斯蒂芬·B.金:《员工绩效改进:培养从业人员的胜任能力》,杨静、肖映译,北京大学出版社2007年版。

25. 于文浩:《绩效技术在组织实施中的成败关键:变革管理》,《现代教育技术》,2008,18(9):15—18。

26. 于文浩:《绩效技术的范式变迁:走向价值探索》,《现代远程教育研究》,2013,(06):24—32。

27. 张祖忻:《绩效技术概论》,上海外语教育出版社2005年版。

第三章 绩效改进的因果观

> 原因与结果、手段与目的、种子与果实是无法割裂开的。因为结果孕育在原因之中,目的事先存在于手段之中,果实隐含在种子之中。
>
> ——〔美〕爱默生

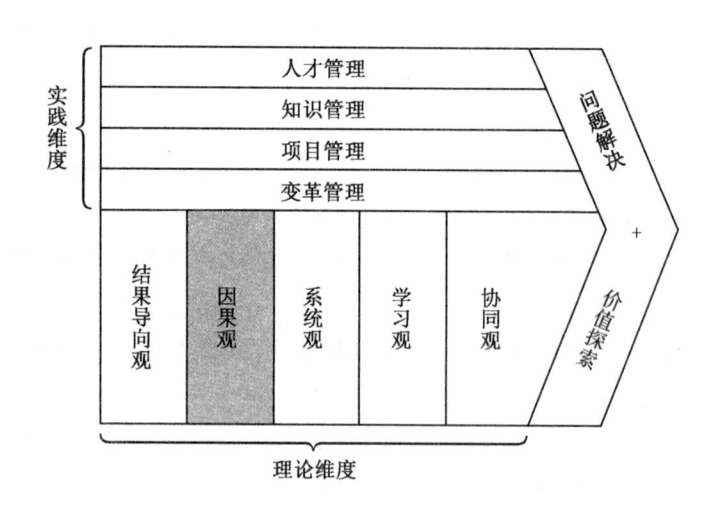

全面的绩效改进需要考虑所有影响绩效的因素,绩效改进的全过程需要秉承中立立场来分析影响预期绩效的各类变量,因果关系是贯穿绩效改进实践的逻辑主线。在绩效分析阶段中找对原因是绩效方案设计时对症下药的关键,在绩效改进的各种模型中,原因分析阶段是其特有的过程,原因分析旨在识别出形成绩效差距的所有环境和人员方面的可能原因,从而发现造成某种结果(绩效差距)的相互关联的因素。

对绩效改进的因果观贡献最大的当属托马斯·吉尔伯特(Thomas

F. Gilberta,1927—1995)教授,吉尔伯特也是绩效改进领域的重要奠基人之一。在20世纪60年代早期,吉尔伯特与一些被学习科学所吸引的专家们一起推动了全国绩效和教学协会(NSPI,国际绩效改进协会的前身)的建立和专业学术刊物《绩效改进季刊》(*Performance Improvement Quarterly*)的出版发行。吉尔伯特师从著名的心理学家斯金纳,在哈佛大学的行为学习实验室从事了多年的研究,在此期间,吉尔伯特具备了丰富的行为主义的实践经历,成为程序教学的热情支持者和参与者。程序教学是斯金纳通过他对教学机器的研究和开发产生的,吉尔伯特吸取了斯金纳的原理并将其引入工作场所。同时,他也深受泰勒(Frederick Taylor)和莱温(Kurt Lewin)的学术思想影响。这些要素为其后来研究行为与绩效的关系奠定了扎实的理论基础。

吉尔伯特先后在亚拉巴马大学和佐治亚大学担任教授,在此期间,他在1978年出版的《人的胜任力:建构有效益的绩效》(*Human Competence: Engineering Worthy Performance*)被誉为绩效改进领域的经典著作。他认识到,绩效改进可以采用工程学的研究方法,因此,他从工程学的视角创立了行为工程模型和绩效工程模型。吉尔伯特理论的核心体现是他的因果观,他强调,若想获得理想的结果,就需要在面对纷杂的事件问题时,从设想的结果出发,找寻出现实结果与理想结果产生偏差的根本原因。因此,他着重分析了行为与绩效的关系,并建议从工程视角看待现实中的绩效问题。在之后的研究中,他逐步完成了从心理学家向绩效工程专家(Performance Engineer)的转型。吉尔伯特基于工程学的视角创立了行为工程模型和绩效工程模型,层层剖析了绩效问题出现的原因和结果之间的联系。

本章以"绩效改进的因果观"为主线,对吉尔伯特理论体系的3个核心概念(有效益的绩效、绩效改进潜力和管理成本)、2个工程学模型(行为工程模型和绩效工程模型)以及实践中的3个问题解决阶段(模型、评估和对策阶段)进行了梳理、分析和评价。

第一节　因果观的理论基础：3个核心概念

吉尔伯特专注于对"行为与绩效的关系"的研究，提出绩效改进的最终结果是促使组织具备"有效益的绩效"（Worthy Performance）（Gilbert，1978），这是吉尔伯特理论体系的第一个核心概念。为此，他对绩效（Performance）、行为（Behavior）和成就（Accomplishments）三者之间的关系进行了深度的思考，并提出这三者之间的关系公式为：

$$W = A/B$$

这个公式用文字可表述为：有效益的绩效（W）是有价值的成就（A）与有成本的行为（B）的比值。在这个关系公式的启发下，要想提升绩效的效益（W↑），则需要在降低行为成本（B↓）的同时，持续提高成就的价值（A↑），以确保投入在降低行为成本（B↓）上的时间、精力和资金是"物有所值"的。对组织而言，吉尔伯特认为组织应该对提升有效益的绩效（W↑）进行奖励，单纯对行为的奖励（B↑）是对低效益的鼓励（W↓），单纯对成就的奖励（A↑）而忽略投入成本也是不完整的评估系统。例如，某单位专门对行政岗位设置了加班补贴，接下来一种有趣的现象发生了，一些员工在上班时间有意低效工作，而把主要工作留到下班后再去操作。根据这一观点，人们关注的焦点应该是行为所产生的有价值的"输出"，而不是仅仅关注行为本身。绩效的目的是提升人力资本，这个概念本身包含行为和成就两个方面，行为和成就这两者之间既有区别，又有紧密的交互作用。吉尔伯特提出，行为是人们工作时被看见的，成就是人们停止工作时所留下的。他提出了成就需要满足的3个标准，即可测量性、可观察性和验证可靠。

吉尔伯特理论的第二个核心概念是绩效改进潜力（Potential for Improving Performance，PIP）。他提出，绩效改进潜力指数的计算公式为：

$$PIP = W_{ex}/W_t$$

即绩效改进潜力等于标杆绩效（Exemplary Performance）与典型绩效

(Typical Performance)的比值(Gilbert,1978)。吉尔伯特将标杆绩效定义为能够被合理获得,并能持续产生最有效益的绩效;也就是说,他将最好的绩效工作者当做一个标准,典型绩效可理解为一般员工的正常或平均水平的绩效。绩效改进潜力作为一种绩效测量标准,通常来说,越大的 PIP 值说明个人或组织将有更大的绩效改进空间。吉尔伯特还为测量 PIP 值设计了一套称为"绩效审计"的流程,可将 PIP 转化为经济潜力。吉尔伯特强调,在选择组织中的绩效改进方向时,要将改进后的经济潜力当做选择标准,确保最后的绩效改进结果能产生理想的收益。因此,在绩效改进潜力指数的基础上,绩效改进实践者还应通过标准化的测量选择那些能为组织目标增加价值的干预措施。

吉尔伯特理论的第三个核心概念是管理成本。吉尔伯特(Gilbert,1978)提出,对于任何给定的成就,其绩效上的缺陷总可以在个人行为上或环境中,或两者之间找到直接原因,但其根本原因仍可归咎于管理系统上的缺陷。吉尔伯特坚信,为了通过行为改变来提高人的绩效,绩效改进人员可以改进环境层次中的因素,或者直接调整个人层次上的因素,或者两者兼有。通过对一系列问题的诊断和评估,管理层可以找到根本原因,并排除绩效故障,降低绩效改进潜力指数,缩小绩效成就上的差距。这与组织管理中的"降本增效"的理念是一致的,"降本"和"增效"不一定只是此消彼长的对立关系,还可能是两者同时达成的因果关系。

第二节 因果观的理论核心:2 个工程学模型

组织的绩效现状往往和理想的(或期望的)绩效有所差距,为了缩小这种差距,对绩效差距出现的根本原因的诊断是后续绩效改进的关键。吉尔伯特从工程学的思维视角创立了行为工程模型和绩效工程模型,这两个工程学模型分别从行为和成就两个方面,对绩效差距的问题进行原因分析,即行为工程模型是从行为角度分析差距的原因,绩效工程模型是从成就角度分析差距的原因。

一、行为工程模型——分析行为差距的原因

行为工程模型(Behavior Engineering Model, BEM)是吉尔伯特于20世纪70年代中期逐渐创立的(Gilbert, 1978)。时至今日,该模型已成为众多绩效改进模型中最有声望且经久不衰的一个分析框架。行为主义聚焦于环境刺激和行为反应之间的规律性关系,强调"针对某种行为反应的强化过程"和"可观察的客观行为改变"。基于行为主义的基本原理,吉尔伯特将刺激细分为差别刺激(S^D)与加强刺激(S_r),并提出了行为的3个成分:辨别性刺激(Discriminative Stimuli, S^D),告知行动者该做什么的信息;反应(Response, R),行动者对辨别性刺激产生的某种反应;强化刺激(Reinforcing Stimuli, S_r),促使作为反应的行动获得强化的刺激。这3个成分构成了一条说明行为机制的"刺激—反应—结果"连续链,与每个行为对应的"刺激—反应—结果"构成一个完整的有目的行为过程。

行为工程模型中绩效问题被分为两大层次,即环境层次(Environment)和个体层次(Person's Repertory),环境层次由工作环境中的绩效支持类因素构成,个体层次由个体内部的行为储备类因素构成。这两类绩效问题层次与3个行为成分交叉组成了行为工程模型,该模型中的3个行为成分又称为信息(Information)、手段(Instrumentation)和动力(Motivation),这个"2×3"矩阵反映了与行为相关的6个方面(见表3.1)。吉尔伯特(Gilbert, 1978)称:"除非行为的6个方面都出现,否则绩效根本不可能存在。"

表 3.1　　　　　　　　　行为工程模型中的行为成分

	信息(S^D)	手段(R)	动力(S_r)
环境层次(E)	数据	工具	激励
个体层次(P)	知识	反应能力	动机需要

资料来源:改编自Gilbert(1978, 1996)。

在该模型中,当绩效需要改进时,从信息成分出发,我们可以改进绩

效所需的数据和个体吸收信息的能力；从手段成分出发，我们可以改进工具和人操作工具的才能；从动力成分出发，我们可以更有效地应用激励和提升人的动机需要。这6个方面在同一次个体与环境间交互作用的行为过程中是相互依赖的，而非彼此割裂的。行为工程模型把影响行为改变的主要变量划分为6个方面，吉尔伯特强调做此区分的唯一目的是，厘清如何高效地施加影响才能产生期望的行为改变。正如吉尔伯特（Gilbert，1978）在书中所说的那样："在投资培训之前调查这六方面的因素，可以为组织节省下来可观的培训费用。"

如表3.2所示，行为工程模型为考察行为提供了一种有序的方式。当把行为工程模型作为一个诊断工具时，该模型先解决组织层次（E）上的权变关系，然后在个人层次（P）上解决关键的权变关系，从而给出了诊断行为的顺序：数据、工具、激励、知识、反应能力和动机需求。当我们试图为绩效建立更好的行为条件时，行为工程模型可帮助我们确定行为的哪些方面是最有缺陷的。这个模型以一种更为简单的方式提出问题，我们将更容易得到正确的答案。每个方面相应的问题内容如表3.2所示，每个方面单元格内的问题越具体，问题的解决方案也就越清晰。

表3.2　　　　　行为工程模型的诊断顺序及相应内容

环境数据（1）	环境工具（2）	环境激励（3）
·关于绩效适当性的相关和经常的反馈 ·对所期望绩效的描述 ·为合适的绩效提供明确、相关的指导	·设计科学的与人体工程相适合的工作工具和材料	·基于绩效的合理货币奖励 ·非货币奖励 ·职业发展机会
个人知识（4）	个人反应能力（5）	个人动机需求（6）
·科学地设计系统化的培训，使其与标杆行为要求相匹配 ·安排岗位	·为配合员工的工作高峰状态而灵活安排时间 ·为增强能力而使用的辅助手段 ·身体锻炼 ·适应性变化 ·好的选拔措施	·对员工工作动机的测评 ·招募符合真实工作条件的员工

资料来源：改编自Gilbert（1978，1996）。

吉尔伯特(Gilbert,1978)认为,通过这样的诊断顺序最容易找到绩效工程中的最大杠杆效应点。从提高人的工作效率的角度来看,这个顺序的实现难度是由容易到困难的,改变环境因素往往比较容易,而改变个体因素则相对困难。改变环境因素带来的组织成效远远大于改变个体因素带来的成效。因此,吉尔伯特强调,绩效诊断通常先诊断环境支持因素。当环境支持的因素被提供后,员工就可能表现出理想的水平。而当这些支持因素没有被提供的时候,即使员工接受了专业的培训,表现也难以达到预期的水准。考克斯等(Cox et al.,2006)基于行为工程模型中的影响因素设计了调查问卷的题目,并进行了实证调研,他们的研究结果同样支持吉尔伯特的观点,即改进环境因素比改进个人因素对绩效提升的贡献更大。

二、绩效工程模型——分析成就差距的原因

根据上文提到的吉尔伯特的"有效益的绩效"公式,我们假设投入了同样的行为成本,取得成就的价值大小就是绩效效益的差距来源,有效提升成就的价值就是提升绩效的效益。为了取得有价值的成就,我们有必要了解价值的形成过程。为了统一价值判断的沟通频道,吉尔伯特(1978)提出了"优势位置"(Vantage Point)的概念,即优势位置是确定观察范围的分析工具,可将价值关键点区分并凸显出来。基于此,吉尔伯特从宏观到微观确定了6个优势位置层次(Levels of Vantage Point),即哲学层次(Philosophical)、文化层次(Cultural)、政策层次(Policy)、战略层次(Strategic)、战术层次(Tactical)和执行层次(Logistic)。他还提出:"我们可以从多个普遍性的层面来审视人的成就,并在每个层次上,根据其上一层来对这些成就赋予价值。"这些优势位置层次为我们提供了整体审视组织的不同视角,对于这六个优势位置层次上成就变量的相关描述如表3.3所示。

表 3.3　　　　　　　　　优势位置层次上的成就变量

优势位置层次	目的	对成就变量的相关描述
哲学层次	存在的目的	超越了特定文化或政治,并与生活品质相关的理想,这个理想的实现需要特定的目的
文化层次	理想的实现	特定文化中的目的,它赋予绩效以内涵,目的的实现需要政策
政策层次	具体文化目的的达成	确定组织基本目的和子文化的使命,使命需要行动纲领
战略层次	使命的完成	能确定组织中成员角色的职责,履行职责需要规划
战术层次	职责的履行	为履行角色的职责所需完成的责任,完成责任需要执行工具
执行层次	责任的执行	为执行(责任所需的)任务所需的资源供应

资料来源:改编自 Gilbert(1978,1996)。

每个优势位置层次上的成就变量的变化也将影响所收集信息对绩效分析与改进的价值。根据这 6 个优势位置层次的成就变量,我们可以对组织内出现的成就,在不同层次上进行价值上的辨别和测量,从而保证不同层级的所有员工协同一致地朝着组织目标成就工作。因此,保证各个层次之间的组织协同性是非常有必要的。

根据优势位置层次上的成就变量,我们可以从中抽象出一个绩效协同的关键链,即"理想—目的—使命—职责—责任—供应",其中"理想"指向的是"我们为什么做","目的—使命"指向的是"我们做什么","职责—责任—供应"指向的是"我们如何做"。这个关键链自上而下,由抽象逐渐具体,从无形逐渐有形。上一个层次是下一个层次的指导目的,下一个层次是上一个层次的落实手段。这条关键链的差异性构成了组织独特的定位和竞争优势。

从咨询的过程来看,绩效分析是绩效改进的关键。吉尔伯特赞成把一般的分析过程分为 3 个阶段:模型(model),是指模型指导下的理想绩效状态,在模型阶段,绩效改进工作者的首要任务是确定成就目标,即期望的最佳绩效水平,确定成就目标是建立标杆标准的基础;评估(measures),是指判断绩效现状与理想状态的偏差,在评估阶段,绩效改进工作者分析绩效现状,通过与标杆标准的比对,判断期望绩效与实际绩效之间存在的差距;对策(method),是指纠正绩效偏差的手段,在对策阶段,绩效改进工作者再根据绩效差距的原因提出有针对性的干预措施。这个过程划分是众多经典绩效改进模型的鼻祖,这3个阶段构成了绩效分析模式的核心要素。

吉尔伯特结合6个优势位置层次和分析过程的3个阶段,设计了绩效矩阵(Performance Matrix)。绩效矩阵作为一种组织咨询工具,可以帮助检查6个不同层次的绩效水平,而每个层次又有3个相关的组成部分(即模型、评估和对策),两个维度组合交叉而成18个范畴,这些范畴可助力绩效矩阵精准定位组织中的绩效现状和理想状态,帮助管理者解决绩效困境,最大化组织的价值。绩效矩阵是一个指引成就顺序的工具,可在这个矩阵模型的引导下找出成就差距发生的位置。为了便于指导实践中的绩效改进,吉尔伯特将这个矩阵做了简化处理,并将简化后的绩效矩阵称为"绩效工程模型"(Performance Engineering Model,PEM)。吉尔伯特(1978)强调绩效工程模型是一个指引成就顺序的工具,而不是关于分析行为顺序的工具。该模型代表了绩效决策的逻辑顺序,可帮助追踪绩效工作中做出的每一项决策及其前后相关的决策。

如表3.4所示,绩效工程模型只包括3个优势位置层次,即政策层次、战略层次和战术层次,在实践中改善组织的运营情况时,这些是最需要详细分析的层次,3个层次的使用顺序是自上到下,只有这个顺序才能保证从更高层次上找到问题的根源,战略层次上的某个问题往往是由政策层次上的设定而引起的。从根本上找出原因、寻求对策,才是最有效的改进。

表 3.4　　　　　　　　　　吉尔伯特的绩效工程模型

阶段 层次	成就的模型	机会的评估	改善的对策
政策层次 (组织系统)	组织模型 • 组织的文化目的 • 主要使命 • 需求和评估单元 • 标杆标准	利益分析 • 绩效评估 • 绩效改进潜力 　(PIPs) • 利益 • 关键角色	项目和政策 • 环境规划(数据/工具/激励) • 人才规划(知识/选拔/招聘) • 管理计划(组织/资源/标准)
战略层次 (岗位体系)	岗位模型 • 工作任务 • 主要职责 • 需求和评估单元 • 标杆标准	岗位评估 • 绩效评估 • 绩效改进潜力 • 关键的职责	岗位策略 • 数据分析 • 培训设计 • 激励计划 • 人的因素 • 选拔系统 • 招聘系统
战术层次 (任务系统)	任务模型 • 职责的任务 • 主要责任 • 需求和评估单元 • 标杆标准	任务分析 • 绩效评估或观察 • 绩效改进潜力 • 详细的差距 • 项目成本	战术工具 • 反馈 • 指导 • 培训 • 强化

资料来源:Gilbert(1978,1996)。

绩效工程模型中的 3 个阶段是成就的模型、机会的评估和改善的对策,3 个阶段的使用顺序是自左到右。吉尔伯特(1978)在该模型中提出:"成就的模型"阶段的三大事务是确定成就、确定重要需求和评估单元、建立标杆标准。"机会的评估"阶段的三大事务是确定绩效评估体系、分析绩效改进潜力、确定能给改善带来巨大机会的关键绩效改进潜力。在该阶段,对于成就的评估关键不在于评估现状如何,而在于评估现状是如何偏离了理想的成就模型(或标杆标准)。"改善的对策"阶段需要应用行为工程模型(BEM)去分析追求成就的各种方式,改善对策主要关注环境方面的规划、人才方面的规划和管理计划,旨在提升方式的效率。

第三节　因果观的实践工具：3个问题解决阶段

行为工程模型和绩效工程模型为我们提供了一种看待"绩效系统"的方式，这些理论的价值体现在帮助设计绩效体系和排除工作系统中的故障上。吉尔伯特的理论奠定了绩效改进领域的基石，也在实践中衍生出了操作性的工具。吉尔伯特提出一种绩效分析顺序，该顺序遵循绩效矩阵的3个阶段，逐个层次地树立成就目标、评估绩效改进的机会以及确定实现这种潜力的对策。在复杂的绩效系统中，有缺陷的任何一部分都可以得到显著的改进，而故障排除的顺序可以有利于确认系统的诸多细节。吉尔伯特从绩效分析的3个阶段分别提出相应的问题解决工具，进而形成问题解决的逻辑序列，实现绩效分析体系在绩效改进过程中的价值。

一、"模型"阶段中的问题解决——检验成就的ACORN测试

"模型"阶段的关键是为标杆绩效确定成就、确定需求和评估单元以及建立标杆标准。错误设定成就目标的代价非常大，无论人们在追求这些目标的过程中如何努力，绩效仍会存在缺陷。正确执行的前提是确定了正确的成就目标。吉尔伯特（1978）设计了ACORN测试，该测试是在政策层次对组织使命提出5种资格约束条件，旨在确保组织确立了合适的成就，以及能对成就进行适当的描述。ACORN测试提出的5个问题如表3.5所示。

表 3.5　　　　　　　　ACORN测试的5个问题

成就 （A, Accomplishment）	是一种对成就的描述，还是一种对行为的描述？如果仍是使用行为术语来描述任务，那么成就还没有确定好。
控制 （C, Control）	那些有任务在身的人对绩效有主要的控制吗？还是说好的绩效表现主要取决于别人？
目标 （O, Objective）	这是一个真实的整体目标，或仅仅是一个子目标？

续表

协调 （R，Reconciled）	这项任务能与机构的其他目的协调一致吗？还是与其不相容？
测量 （N，Number）	能给任务加上一个数字吗？也就是说，这个任务是可测量的吗？

资料来源：Gilbert(1978,1996)。

在 ACORN 测试中，第一个问题(A)强调对成就与行为的区分，不要被行为的表象所迷惑；第二个问题(C)是从独立性上判断任务分配的合理性；第三个问题(O)是关于目标的层次，整体目标可涵盖工作角色的全部子目标；第四个问题(R)关注角色之间的协同性，避免结构设计上的冲突；第五个问题(N)关注的是任务的可测量性，只有可测量的绩效才能有效管理。ACORN 的五个测试问题对评估任务的描述情况很有帮助。吉尔伯特还指出，ACORN 测试中的成就测试、控制测试和测量测试同样适用于对子目标的评估。

二、"评估"阶段中的问题解决——寻找绩效改进的机会

"评估"阶段的关键是确定目标达成的程度，这个程度的确认需要依赖于实际数据。吉尔伯特称，从数据成功转化后的信息能帮助绩效工作者合理地利用精力和资源来提高绩效，但过度重视数据也会破坏信息的传达。为了避免浪费精力和资源，"评估"阶段需要一种将数据转换为有用信息的方法。通常来说，为了确认某个潜在的成就，需要测量质量（精确度、等级、新奇度）、数量（速度、时间、工作量），以及成本（劳动力、材料、管理）这 3 个维度的有关数据。基于绩效改进潜力指数，吉尔伯特认为，需要在绩效工程模型的 3 个层次上分别利用数据来确定各自绩效改进机会（PIP）的经济潜力，为此需要分别对应设置不同种类的绩效测量，分别为政策层次上的系数（比率）、战略层次上的指数和战术层次上的指标。

如表 3.6 所示，吉尔伯特在各个层次上决定了可测量的绩效因素变量后，将测量种类结合到 3 个分析层次上，并将"模型"阶段的 3 个因素

和问题解决的过程按层次整合在一起。绩效测量数据能够简单而直观地展示观察的结果。吉尔伯特认为,绩效观察的目的是将组织的精力引向最有成效的方向。对组织的绩效改进需要足够的系统性观察,并对所选对象进行量化,通过比较后做出决策。在此期间,需要知道组织现状与标准的差距是多少,才能明确地将这个偏差(或差距)转化为可能的财务收益。

表 3.6　　　　　　　　　　评估层次与问题解决

层次	成就	需求	评估单元	测量种类	结论
政策层次（组织机构）	销售额	(a) 销售量 (b) 费用成本	收益/销售成本 收益/配额 成本/预算	系数 系数 系数	例如：收益/配额比率太低；收入太低
战略层次（岗位职责）	意向客户等	(a) 比率 (b) 质量	意向客户/周 客户质量评价	指数 指数	例如：意向客户质量不够好
战术层次（工作任务）	潜在客户列表、服务数据、潜在客户分类	(a) 比率 (a) 比率 (b) 质量	每周的潜在客户 直接上级的判断 直接上级的判断	指标 指标 指标	例如：潜在客户分类不清晰
行为工程模型			销售人员不知道如何根据产品需求建立客户档案		

资料来源：改编自 Gilbert(1978,1996)。

表 3.6 中的分析逻辑是自上而下的路径(见案例)：在政策层次上,分析发现收益/配额比率太低,追溯原因为收入太低(收益/配额比率太低→收入太低)；在战略层次上,根据"客户质量评价"的数据,追溯原因为"意向客户质量不够好"(收入太低→意向客户质量不够好)；在战术层次上,根据直接上级对"潜在客户分类"的判断,把原因归为"潜在客户分类不清晰"(意向客户质量不够好→潜在客户分类不清晰)。最后,应用"行为工程模型",将问题归于"销售人员不知道如何根据产品需求建立客户档案"这个个人知识类原因。各个层次上的绩效改进潜力指数(具体的系数、指数和指标)形成了一个问题解决的逻辑算法,在绩效分析中遵循问题解决的逻辑算法,将更精准地确定绩效改进的杠杆点。这个评估数据体系也成为绩效工程模型和行为工程模型之间的连接纽带。这个自上而下的归因路径同时也为解决措施(或干预措施)的有效性提供了自下而上且可逆

的评估路径。

后来,在管理学界中名声大噪的平衡计分卡(Kaplan & Norton,2004)作为一种全面的绩效评估工具,把财务、客户、内部运营、学习与成长4个层次有机地整合起来,并将产出指标与产出指标的动因通过因果关系链结合起来。因果关系可以说是平衡计分卡的核心精髓,这与吉尔伯特所设计的评估层次中内嵌的因果观有异曲同工之妙。

三、"对策"阶段中的问题解决——实现绩效潜力的方法

"对策"阶段的关键是有目的性地改变人的行为,吉尔伯特提出行为工程模型可以成为这个阶段的一个指南。行为工程模型提供了两大类改变绩效的方式:改变行为本身或改变影响行为的环境。当人们分析行为时,主要问题是发现那些微小却能引起重要绩效变化的行为,即寻找绩效系统中的"杠杆解"。

绩效改进工作者在实践中需要不断地与他人沟通和协作,从而确定为了改善绩效必须要做的事情。吉尔伯特认为,与他人沟通之前首先需要厘清有关绩效系统的目标、使命和职责,需要厘清建立在标杆绩效基础之上的需求和标准,需要厘清绩效改进的最佳机会以及相应的利益。第一个厘清是我们要达成什么样的成就;第二个厘清明确了对绩效标准的评估方式,而非针对行为的评估;第三个厘清为了事先建立评估体系。在以上3个关于"成就"的厘清基础上,才可以考虑在"行为"方面寻求支持和信息。吉尔伯特为了更好地发挥行为工程模型的指导作用,在实践中开发了一套针对模型中6个方面的诊断问题,如表3.7所示。吉尔伯特认为,如果不能对这些有关"行为"的问题作出肯定的回答,绩效改进人员则既需要在有缺陷的方面寻求支持和协助,还需要对可能的投入进行再次确认,明确这种投入是否值得。

表 3.7　　　　　　　　行为工程模型 6 个方面的诊断问题

环境数据	• 员工是否知道对其工作的期望成就是什么？成就的标准是什么？ • 人们是否被经常且及时告知自己的绩效如何？ ……
环境工具	• 工具和材料是否以符合人的方式被科学设计？ • 能否有更好的可使用的工具？ ……
环境激励	• 对于员工来说，是否存在某种激励他们好好工作的因素？ • 这些激励是否是根据员工绩效表现而定的？员工是否知道？ ……
个人知识	• 员工会不会即使在他们具备了足够的数据、工具和激励的条件下，仍然达不到标杆绩效的标准？ • 那些展现出标杆绩效的员工是否知道一些其他人不知道的东西？
个人反应能力	• 是否有确凿的证据可以证明一个人必须至少具备特别的能力、智商、语言能力、敏捷的身体等，才能表现出可接受的水平？ • 证据是否十分可靠，以至于没有任何实际上的例外？
个人动机需求	• 即使提供的激励非常诱人，绩效系统本身是否呆板、缺少嘉奖并惩罚过多，以至于员工必须具备特别的动机需求才能成功地达到目标？

资料来源：改编自 Gilbert(1978,1996)。

基于行为工程模型的诊断问题，吉尔伯特(1982)进一步开发了用于分析绩效差距原因的 PROBE 模型，该模型开发了多个探究式问题，用以对工作人员行为进行具体的描述，并探索产生绩效差距的深层次原因。从文献的时间发展性来看，这种分类思维的洞察力对当时的专业领域发展非常具有领先性。略有遗憾的是，受当时该领域的发展所限，吉尔伯特并没有根据问题类别设计具体的相应对策集合。马杰和派普(Mager & Pipe,1997)设计了一个系统的、结构化的绩效分析流程，该流程在组织实践中得到了推广应用。马杰和派普的分析流程从确定一个具体的、可测量的问题开始，通过对多个线性串联"决策点"的回答(是/否)不断推进诊断流程，并提供相应的建议行动。该流程的核心决策点即行为工程模型的 6 个方面，都内嵌着"不同原因不同对策"的逻辑。相对于马杰和派普的具体情境分析流程的思路，吉尔伯特所提出的工程学模型更具综合性，更适合对一个企业组织的整体进行审视。

一个以成就为导向的绩效体系有助于建立一种自我管理的氛围。在一个良好的绩效体系中，岗位职责被明确确定和评估，执行结果会反馈给员工，员工会觉得更开心和更值得做，与此同时，监管行为的需求也会降低。绩效体系需要避免出现奖"恶"罚"善"的政策导向。吉尔伯特认为，只有当一个良好的绩效体系已经确立起来但还是存在行为缺陷时，培训才可能是一种有用的对策。在设计不良的绩效体系中，天赋、能力和特殊技能将变得越来越重要，缺乏培训使得快速学习者比其他人有更大的优势，而优秀的培训将极大地缩小快速学习者和普通人之间的差距。培训专家需要确定培训的内容、成本和可能的回报。

吉尔伯特总结道："如果一个绩效系统的成功主要依赖于对人才的选拔，那么这个系统肯定不能实现绩效的巨大潜能。"当时的稳定性环境和管理体系还处于发展期，该观点是合理的；但在当下业务内外环境不断变化的情况下，新兴业务非常强调员工在组织发展中的能力使用度和人才的效用性，人才选拔时强调人才能力与任务需求之间的高匹配度。对于非传统行业的很多企业，迅速的组织调动能力已部分地替代了培训的作用。

第四节 吉尔伯特的理论价值与实践启示

吉尔伯特所专注之事开拓了绩效改进领域的知识体系。在绩效改进发展的初期，吉尔伯特为其奠定了诸多理论框架，他的作品具有很高的创造性和实用性。吉尔伯特基于工程观而创建的理论与实践，得到了众多绩效改进专家的认可，他的模型在实践中也已经得到了大量应用。在其逝世后，国际绩效改进协会出版了他的经典著作的纪念版，在该书的"致谢"（Tributes）部分，有 47 位杰出的绩效改进专家对吉尔伯特先生的贡献做出了公开的称赞。在吉尔伯特逝世后的第二年（即 1996 年），国际绩效改进协会为纪念他对绩效改进领域的卓越贡献，特别把"杰出专业人员成就奖"更名为"托马斯·吉尔伯特杰出专业人员成就奖"，以示缅怀纪念。

吉尔伯特认为,好的理论需要满足3项标准:(1)简洁性,好的理论能简洁解释的东西要避免繁杂;(2)优雅性,好的理论的每一部分和片段都应该紧密联系,而非混乱地糅合在一起;(3)实用性,一个好的理论应当能方便使用,即便不能在现实世界中发挥作用,也应该有利于科学的发展(Dean & Ripley,1997)。吉尔伯特的理论和实践则在此3项标准下,试图实现知行合一。他在1967年成立了一家名为Praxis Corporation的公司,并且终身保持着与罗伯特·马杰(Robert Mager)和乔·哈里斯(Joe Harless)的合作(梁林梅,2009)。

一、工程模型的理论价值延续

在组织层次上,行为工程模型提出关于"刺激"的问题:工作环境是否提供了有关工作如何执行的必要输入信息;在组织层次上,该模型提出的关于"反应"的问题是工具和物质资料等资源的适宜性;关于"结果"的问题:该模型主要探索工作环境中激励的类型,包括以货币或非货币形式的基于绩效的激励方案。而在个人层次上,行为工程模型针对"刺激—反应—结果"这一关键链,主要解决了人们在执行工作过程中,为什么不知道(知识)、为什么不能做(能力)、为什么不愿做(动机)这3个问题。

实践中使用行为工程模型的复杂性也带来了理解上的困难。吉尔伯特提出的原始的行为工程模型将其结构归功于斯金纳的行为主义,他也承认了斯金纳对我们理解行为和影响行为的贡献。然而,宾德(Binder,1998)却发现,当行为工程模型用于真实的工作情境时,不去提及其与斯金纳的联系(行为主义的专业术语)以及对该模型进行一些语言上的调整,更有利于组织内的沟通。于是,出现了改善后的模型后代——影响行为的"六盒模型",包括期望和反馈、工具和资源、结果和激励、技能和知识、能力(选拔和配置)、动机需求和偏好。宾德认为,六盒模型更好地解释了行为各部分的影响,并能够使得管理人员和非专业人士更好地理解和沟通。

谢弗里亚(Chevalier,2003)对行为工程模型进行了更新,更新后的模型对6个方面的描述更为详细。谢弗里亚认为,吉尔伯特的行为工程模型是一个有价值的工具,可以系统地识别个人和组织绩效的障碍。他在此基础上设计了作为工作帮助工具的绩效分析工作表,这份工作表将差距分析、原因分析和力场分析的所有要素整合在一起,可以用来指导绩效改进专业人员对客户的引导和评估过程。

马克(Marker,2007)结合考夫曼和朗姆勒等人的绩效层次分类理论,对行为工程模型进行了拓展。马克认为,行为工程模型没有对环境层次进行层次细分,可能造成环境分析数据和组织内原因分析数据的割裂,因此,他提出的同步分析模型(4×3矩阵)纵向上分为工作者、岗位、组织和组织外部4个层次,横向上仍保留信息、手段和动力3个成分,该模型旨在整合环境分析过程和原因分析过程。马克认为,该模型能更准确地显示绩效问题每个原因所在的组织层次,可以为实践者提供更大的效率和有效性去发现产生问题的根本原因。

根据"有效益的绩效"的关系公式,假设取得了同样的成就,有效降低行为的投入成本也是提升绩效的效益。行为工程模型假设大多数人是有能力的,而且是愿意干好工作的(Rothwell et al.,2005)。该模型强调,相对于改变个体(知识、反应能力和动机需求),改变个体的工作环境(数据、工具和激励)更容易且成本更低。因此,该模型主要用于改善员工的工作环境而非员工本身。整个行为工程模型是建立在行为主义基础上的,并强调环境对于提升(行为所产生的)绩效的重要性。他的行为工程模型促使我们采取一种缜密且基于观察的方式来审视提升绩效的各种因素。朗姆勒和布拉奇(Rummler & Brache,1995)基于对人的绩效系统的认识,确定了6个影响人的绩效系统效果的因素,包括绩效说明、任务支持、激励、反馈、技能和知识以及个人能力这6个因素。人的绩效系统中,前4个因素是支持性环境中的要素,后2个因素反映了执行人员的能力(于文浩,2013)。当我们把朗姆勒等的"人的绩效系统"模型同吉尔伯特的行为工程模型相比较时,我们会发现这两个经典基础模型的内核都是"输入、输出和反馈",行为主义的专业术语(如刺激、反应、结果和反馈等)被用于描述各个成分。克罗斯曼(Crossman,2010)通过对消防员工作环境的调研,再次证实了吉尔伯特的观点,并发现了环境因素之间的相互依赖关系。

基于"有效益的绩效"可以做出两个推论:第一,我们需要先检查成就,再检查行为,不能颠倒顺序;第二,除非出于特殊目的,行为的定量表达往往是对绩效的误导指标。而量化成就评估标准往往与经济衡量相关联。这两个推论可以成为展开绩效分析或故障排除的原则。他的绩效工程模型和行为工程模型的衔接使得绩效分析这一复杂的过程变得有据可循。这两个工程学模型都强调了规则和顺序,遵循从上至下、从左至右的顺序。对于绩效工程模型来说,绩效分析的过程必须从高层级到低层级,从政策层到战术层。混乱的分析过程会影响绩效分析的实际结果。对于行为工程模型,吉尔伯特称,分析顺序也必须从上至下、从左至右,若是上一个因素存在缺陷,那么后面的因素都将受到影响。因此,没有按照顺序进行绩效分析的过程,是很难精确定位出绩效系统的缺陷以及相应原因的。

吉尔伯特的行为工程模型可以用来对组织进行功能性分析,他曾断言,只有当分析和相应的干预超越了传统的层次结构级别时,绩效才能最大化。行为工程模型的基础假设是通过揭示关键的"刺激—反应—结果"来说明组织的当前绩效状况。在行为工程模型的指引下,负责绩效提升的绩效改进人员就可以针对绩效问题进行诊断,设置优先级和实施。利用行为工程模型来进行绩效诊断,其本质上是要找出支持绩效的缺失因素。这种分类相对于当时的研究范式而言是极具创新价值的。另外,吉尔伯特认为,很多时候培训并不是改进绩效的最佳方式。通常情况下,改变环境要比改变人容易,即环境中存在"杠杆点"往往可能性比较大。即便是在需要展开对人的培训时,吉尔伯特也强调运用知识类的需求分析来帮助降低培训的巨大成本,提高改进绩效的效益。

二、绩效改进实践中的因果观

绩效改进过程中的因果推论的准确性决定了绩效改进的品质。不同于教学设计中先入为主的假定知识和技能上的差距就是原因,绩效改进在前端分析时保持着开放性的理念,通过对绩效影响因素优先性的判断,干预手段产生了预期结果及影响。吉尔伯特围绕"因果观"提出的理论与实践对绩效改进工作给予了很多启发。根据行为主义的观点,绩效工作者需要分析绩效现状(反应),了解对它产生影响的因素(刺激),找出其因果关系(刺激—反应),进一步分析组织环境对人的现有绩效状况所采取的措施(奖励和惩罚等),从而剖析出绩效差距的根本原因,再有针对性地提出干预措施。对因果关系深度判断的准确性至关重要,稍有差池,就是对组织资源和机会成本的浪费,甚至会带来雪上加霜的影响。

归因的适当性决定了(绩效改进顾问和组织之间的)集体行动和干预措施的大方向,即对产生某种结果的原因判断是决定绩效改进项目的逻辑主线。对结果差距的原因分析所确定下来的原因因素(或类别),决定了哪类干预措施需要被设计出来和实施起来。负责任的绩效改进实践者在原因分析之前,会秉承"解决方案不可知"的立场,而不是先入为主地推销自己所擅长和熟悉的项目(方案)类型;在选择相关的干预措施时,他们也更加倾向于设计和实施一个解决方案的体系,而不是孤立地使用某种干预措施。因此,只有通过对现实症状的诊断分析来确定某类原因要素及其相互关系,"对症下药"的定制化设计才能真正为组织增加价值。

另一方面,因为吉尔伯特的理论与行为主义有很深的渊源,再加上其模型影响力极大,也带来一些对绩效技术的批判声音,所以认为绩效技术完全是行为主义的产物、不尊重员工个性的需求、没有顾及人类动机的复杂性、忽视了员工的主体意识和智慧等。针对这种偏见认识,斯旺森和霍顿(Swanson & Holton, 2009)指出,绩效技术领域经过多年的演化已非当年的机械主义导向,但这个起源标签很难撕掉。目前在绩效技术领域已经非常重视人的潜能和创造力的价值,并向人本主义的积极范式转变,强调组织中的积极核心价值。

尽管与吉尔伯特同一时代有很多在绩效改进领域工作的杰出研究者,如霍姆、朗姆勒、考夫曼和马杰等,而且他们的学术思想也彼此联系、相互影响。但不可否认的是,吉尔伯特在绩效改进领域的贡献是巨大的。即使在当下,吉尔伯特的工程模型不仅在一些标准化工业组织中有用武之地,在一些服务型组织中,其工程模型也成为测量和诊断工作环境的理论基础。总体而言,本章通过对吉尔伯特的理论与实践的梳理,希望有助于我们从绩效改进的起源理解其内涵变迁。

参考文献

1. Binder, C. The Six Boxes™: A Descendent of Gilbert's Behavior Engineering Model. *Performance Improvement Quarterly*, 1998, 37(6): 48—52.

2. Chevalier, R. D. Updating the Behavior Engineering Model. *Performance Improvement Quarterly*, 2003, 42(5): 8—14.

3. Cox, J., Frank, B. & Philibert, N. Valuing the Gilbert Model: An Exploratory Study. *Performance Improvement Quarterly*, 2006, 19(4): 23—41.

4. Crossman, D. C. Gilberts Behavior Engineering Model: Contemporary Support for an Established Theory. *Performance Improvement Quarterly*, 2010, 23(1): 31—52.

5. Dean, P. & Ripley, D. *Performance Improvement Pathfinders: Models for Organizational Learning*. International Society for Performance Improvement, 1997.

6. Gilbert, T. F. A Question of Performance. Part 1: The PROBE Model. *Training and Development Journal*, 1982, 36(9): 21—30.

7. Gilbert, T. F. *Human Competence: Engineering Worthy Performance*. New York: McGraw-Hill, Inc., 1978.

8. Gilbert, T. F. *Human Competence: Engineering Worthy Performance* (ISPI Tribute Edition). International Society for Performance Improvement, 1996.

9. Mager, R. F., & Pipe, P. *Analyzing Performance Problems, or, You Really Ought a Wanna* (3rd ed.). The Center for Effective Performance Inc., 1997.

10. Marker, A. Synchronized analysis model: Linking Gilbert' behavior engineering model with environmental analysis models. *Performance Improvement Quarterly*, 2007, 46(1): 26—32.

11. Rothwell, W. J., Hohne, C. K. and Stephen B. King, S. B. *Human Performance Improvement: Building Practitioner Competence*. Elsevier, 2005.

12. Rummler, G. A. & Brache, A. P. *Improving Performance: How to Manage the White Space on the Organization Chart* (2nd ed). San Francisco, CA: Jossey-Bass, 1995.

13. Swanson, R. A. and Holton, E. F. *Foundations of Human Resource Development* (2nd ed.). San Francisco, CA: Berrett-Koehler, 2009.

14. 梁林梅:《教育技术学视野中的绩效技术研究》,华南师范大学2004年博士学位论文。

15. 罗伯特·卡普兰、大卫·诺顿:《平衡计分卡:化战略为行动》,刘俊勇、孙薇译,广东经济出版社2013年版。

16. 于文浩:《绩效技术的系统观:朗姆勒的理论与实践》,《现代教育技术》,2013,23(11):11—16。

第四章　绩效改进的系统观

如果你让一个优秀的执行人员去与一个不符合要求的系统抗衡，那么几乎每一次都是系统获胜。我们曾花很多时间去"治愈"那些没有受伤的人，却没有花足够的时间去"治愈"那些受伤的组织系统。

——〔美〕朗姆勒 & 布拉奇

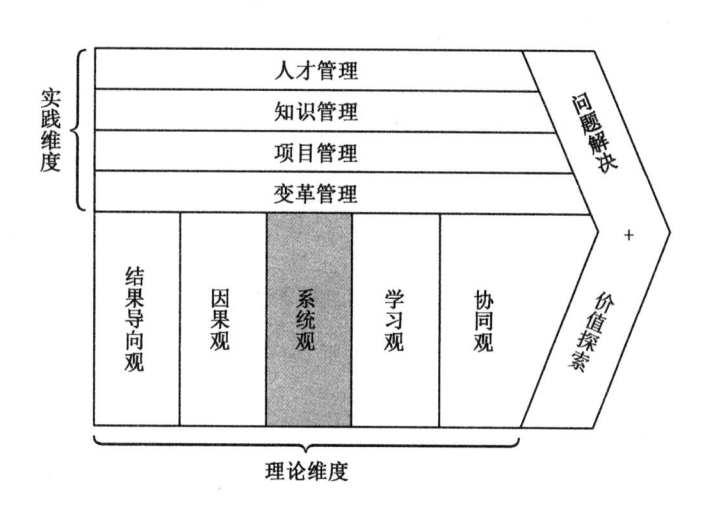

世界是由系统和子系统构成的，绩效改进人员必须采用一种系统的观点来审视组织中各组成部分之间复杂的相互联系，基本的系统模型是"输入—过程—输出—结果—反馈"，而在绩效改进实践时，应用系统观并没有那么简单，因为组织系统包含多种输入、各种子系统、多个过程和多种输出，任何一个微小的改变都可能破坏整个组织系统的平衡。如果采用针对症状的零散的方法，可能在短期内使组织的绩效得到好转，但使

这种治标的方法来解决问题,有时甚至比不解决问题更危险,因为我们在消耗组织资源的情况下,仅仅得到了症状性缓解,实际上却有可能在强化绩效差距的根本原因,因为这种治标的方法不但隐藏了绩效差距的根本原因,还会给问题的真正解答带来更为严重的副作用,使问题更难解决。因此,我们在进行绩效改进项目时,必须系统化地考虑问题。

系统观对于指导绩效改进的理论与实践至关重要,采用系统观是有效改进绩效的关键。绩效改进人员应用系统观认识企业组织,综合考虑它同外界的联系与制约及其内部各要素的相互联系与制约,采用系统观分析绩效差距及其原因,采用系统观设计和开发绩效干预措施。朗姆勒(Geary A. Rummler,1937—2008)正是采用系统观对组织系统进行层层透视,并把个人绩效和组织绩效联系起来。他的系统观成为绩效改进领域中倡导系统思考的代表。本章在分析系统观对于绩效改进领域的意义的基础上,分别从朗姆勒的理论和实践两方面介绍他对于绩效改进领域的贡献。

朗姆勒在绩效改进领域走过了四十多年的路程,他第一个把培训和绩效改进应用到组织中,并在实践的基础上探索了培训和绩效改进对组织的有效性。朗姆勒于1971年取得了底特律大学的博士学位,而后在公司从事培训和绩效咨询的经历为他的理论体系的形成奠定了基础,而他的理论观点成为后来大多数绩效模型的基本成分,迪恩(Dean)和里普利(Ripley)把他称为绩效改进的开创者(Wittkuhn,2006)。朗姆勒还与别人合伙创立了一家专门为企业或政府设计和开发组织绩效系统的公司。他的理论与实践丰富了绩效改进的理论基础和研究范畴。

第一节 绩效改进的系统观:朗姆勒的理论精髓

这里将按照从宏观到微观的顺序介绍朗姆勒有代表性的理论:系统组织观、三层次绩效模型、绩效剖析及其9个绩效变量以及人的绩效系统。这些理论体现了朗姆勒是如何使用绩效改进的系统观层层深入剖析组织的。

一、系统组织观——打破组织的"筒仓"

朗姆勒认为,传统的直线职能式管理往往导致各部门单独设定目标,各个部门间形成"筒仓"结构,各个部门努力达到它的目标,而这种部门的最优对于整体来说却是次优。他认为,要改进组织的绩效,就必须要从系统的角度了解一个组织的投入、流程、产出和客户等各个要素。他提出了将组织作为系统进行管理的理念(Brache & Rummler,1997)。

朗姆勒把组织看成一个自适应处理系统:它把各种资源投入转化成产品和服务,然后又将产出提供给市场,从而在大环境里实现组织的运营。他把自适应性作为衡量组织优劣的标准,认为"一个组织的成败在与它能否根据外部环境和内部环境的变化快速有效地做出调整"(Rummler & Brache,1995)。在实践中,他应用了可在大环境下分析各种类型组织的输入、输出、资源、客户等因素的"超级系统图"来分析作为一个处理系统的组织的自适用性。

如图 4.1 所示,朗姆勒进一步在实践中应用了系统组织观,通过他的系统组织观可以看出,组织中的各项工作是如何通过跨职能的流程完成的,也可以看透组织结构中的"空白地带",同时系统组织观还显示了组织内部的供需关系。他的系统组织观是绩效改进的基本认识框架。

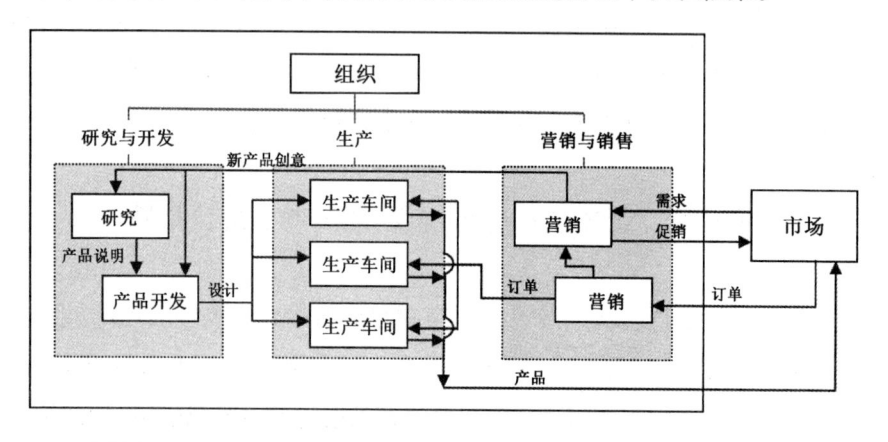

资料来源:根据朗姆勒的系统组织观(Rummler & Brache,1991)改编。

图 4.1 系统组织观

朗姆勒也十分重视内外部反馈在组织系统中的作用，对反馈的数量、质量、清晰度、准确性和及时性都做过细致的论述，因为正是反馈的协调作用才使得组织系统的内外得以保持平衡。

二、三层次绩效模型

朗姆勒试图寻找一种整体处理绩效问题的方法，这种方法要能建立微观的个人绩效和宏观的组织绩效之间的联系，并且要具有广泛的应用性。经过多年的研究和实践，他从系统观的视角提出了能剖析各个影响绩效因素的三层次绩效模型。

朗姆勒的三层次绩效模型把组织的系统结构分为组织层次、流程层次和工作/执行人员层次。这种层层透视的方法增强了绩效改进的可操作性，对于这三层次绩效的理解是绩效改进人员进行绩效分析和绩效改进的基础。三层次绩效模型是对组织绩效的解剖（见图4.2）。组织层次强调组织和市场的关系以及组织的主要职能部门的"骨架"，这个层次上关键的绩效因素是组织的战略、目标、组织结构和绩效测评等。

流程层次是以一种整体的超越职能界限的眼光，在组织层次的"骨架"基础上理清各个职能交叉型流程是怎样生产产品和提供服务的。流程层次关注流程的设置、目标和测评是否以客户和组织的需求为驱动，流程是否快速有效地运作等。

工作/执行人员层次代表了组织机体的"细胞"，流程是由从事不同性质工作的人员执行和管理的。这个层次的绩效因素包括招聘、工作职责与标准、反馈、薪酬以及培训等。

如图4.2所示，我们不仅可以在垂直方向上看到组织的多种职能，还可以在水平方向上观察组织的多条运行流程是如何"跨职能"地完成的。朗姆勒的三层次绩效模型可以帮助绩效改进人员准确地确定和理解影响组织绩效的问题。

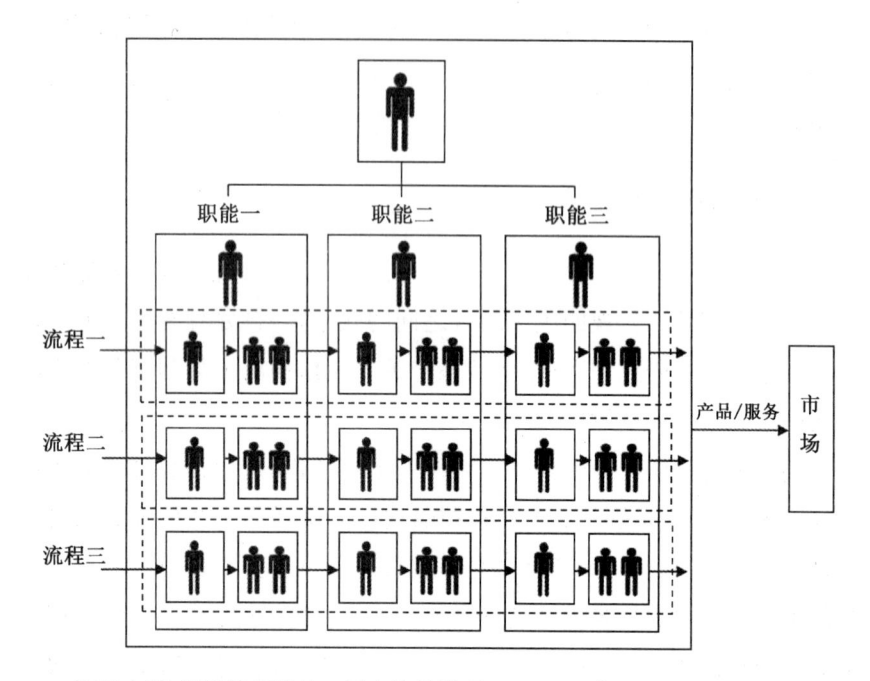

资料来源：根据朗姆勒的三层次绩效模型(Rummler & Brache,1992)改编。

图 4.2　三层次绩效模型

三、绩效剖析及其 9 个绩效变量

绩效的三层次构成了朗姆勒研究框架的一个维度，另一个维度则是由决定每一个层次有效性的 3 个绩效需求构成，这 3 个绩效需求分别为目标、设计和管理：目标是反映顾客对产品和服务在各个层次上的期望的专门标准；设计是为各个层次上的目标的有效达成而配置的结构；管理是各个层次上为了确保目标的更新和实现的实践（Rummler & Brache, 1995）。

3 个绩效层次与各个层次上的绩效需求联系起来就构成了绩效剖析的 9 个绩效变量（见表 4.1）。

表 4.1　　　　　　　　　　9 个绩效变量

绩效层次 \ 绩效需要	目　标	设　计	管　理
组织层次	组织目标	组织设计	组织管理
流程层次	流程目标	流程设计	流程管理
工作/执行人员层次	工作目标	工作设计	工作管理

资料来源：根据 9 个绩效变量的相关问题改编。

三层次的所有绩效变量都是以目标为导向的，组织目标是组织战略的具体表现，流程目标是为了支持和保证组织目标的实现，人员的工作目标在于实现流程目标的功能。组织设计是为了确保组织结构支持组织实现其战略，流程设计和工作设计是对流程和工作进行结构化设计和描述，从而确保流程目标和工作目标的实现。组织管理和流程管理都包括目标管理、绩效管理、资源管理和界面管理 4 个部分，但工作管理的内容与前两者不同，包括绩效说明、任务支持、激励、反馈、技能和知识以及个人能力 6 个部分。基于实践经验，朗姆勒认为，绩效改进的最大机遇在各个职能部门的连接界面上，因此他非常重视 9 个绩效变量中组织管理的界面管理和流程管理中的界面管理。

这里的一个关键问题是，如何保持各个绩效变量的一致性？以目标为例，组织层次上要有战略和相应的可操作的目标，流程目标应该与组织战略和目标相一致，而工作/人员层次上的目标和标准应该与流程目标相一致，各个层次之间的目标具有一致性，即工作目标支持流程目标的实现，流程目标支持组织目标的实现。为此，朗姆勒为每个绩效变量都设置了具体可行的相关问题，从而保证了 9 个绩效变量的一致性。

四、人的绩效系统

朗姆勒又进一步运用系统观剖析了工作/执行人员层次上的绩效，提出了人的绩效系统的概念，更系统地体现了执行人员与其所在的组织环境和流程作业之间的关系：工作/执行人员层次的绩效是对组织和流程层次绩效的巩固和加强。

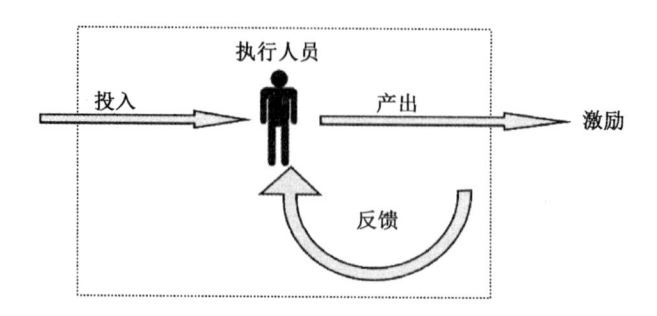

图 4.3　人的绩效系统

资料来源：根据人的绩效系统（Rummler & Brache，1988）改编。

如图 4.3 所示，朗姆勒对工作/执行人员层次的绩效采用了"输入—过程—输出—结果—反馈"的系统观的视角，认为人的绩效系统由投入、执行人员、产出、激励和反馈 5 个成分组成：投入是指促使人员进行工作的原材料、表单、任务以及客户需求等；执行人员是指那些将投入转化为产出的个人和团队；产出是指由执行人员生产出来的产品；激励是指由执行人员在创造产出时所带来的正面和负面的影响；反馈是指那些告知执行人员做什么以及做到什么程度的信息（Rummler & Brache，1995）。

基于对人的绩效系统的系统认识，朗姆勒认为，工作管理是对人的管理，也就是对人的绩效系统的管理，他还确定了 6 个影响人的绩效系统的效率和效果的因素，因此他提出 9 个绩效变量中的工作管理（有别于另外 2 个管理变量）应包括绩效说明、任务支持、激励、反馈、技能和知识以及个人能力这 6 个因素。其中，前 4 个因素是支持性环境中的要素，后 2 个因素反映了执行人员的能力。这 6 个因素与人的绩效系统的 5 个成分之间具有对应的关系。

第二节　系统观的工具：朗姆勒的实践创新

朗姆勒不仅是一位学者，还是一位学以致用的实践者。作为美国培训与开发协会的董事会成员,他领导了绩效设计实验室的工作,还和布拉奇(Alan P. Branche)合伙创立了一家专门为企业或政府设计开发组织绩效系统的名为 RGB 的公司。在创建公司之前,他曾担任密歇根大学商业程序学习中心的主任等多项职务。由于他对组织的持续绩效改进做出了杰出的贡献,因此获得了工作场所学习和绩效的个人杰出贡献奖。令朗姆勒骄傲的是,在他的绩效咨询实践中,他的模型基本上没有改过,经受住了实践的检验。例如,摩托罗拉公司把他的模型作为模板已经使用了十多年。虽然朗姆勒的模型几十年来没改过,但他一直不断地开发实施其理论的工具。

一、用三层次模型来诊断和改进绩效

绩效改进人员通过多种绩效干预措施来改进组织的整体绩效。这里的一个关键问题是,如何在复杂组织中识别绩效改进机会和选择干预措施?朗姆勒在绩效改进的实践中,应用他的"三层次绩效模型"来分析各层次上的绩效改进机会,然后有针对性地提出干预措施,从而系统地改进组织绩效。正如他所说,"绩效是组织中互相紧密联系的 3 个层次的函数"(Galagan,1992)。

朗姆勒的绩效改进流程(见图 4.4)是基于三层次绩效模型的,该图中不仅按次序列出了流程中的阶段和步骤,还用 3 个大的方框表明这些步骤与 3 个层次之间的关系。朗姆勒的绩效改进流程包括 5 个阶段 14 个步骤。第一个阶段是制定绩效项目的定义和改进计划;第二个阶段涉及在组织层次上测试绩效的差异;第三个阶段是使用关系图和流程图来确定过程层次上的差异;第四个阶段是在工作/执行人员层次上测试绩效改进的机会;第五个阶段是实施改进计划(古普塔,2007)。这里强调"涉及绩效回报的流程的识别"和"涉及绩效回报的工作的识别"这两个步骤:前一个步骤是连接组织层次和流程层次的纽带;后一个步骤是连接流程层次和工作层次的纽带。

在具体实施中,他还为"绩效改进流程"设计了操作工具:组织分析与

068 绩效改进的理论与实践

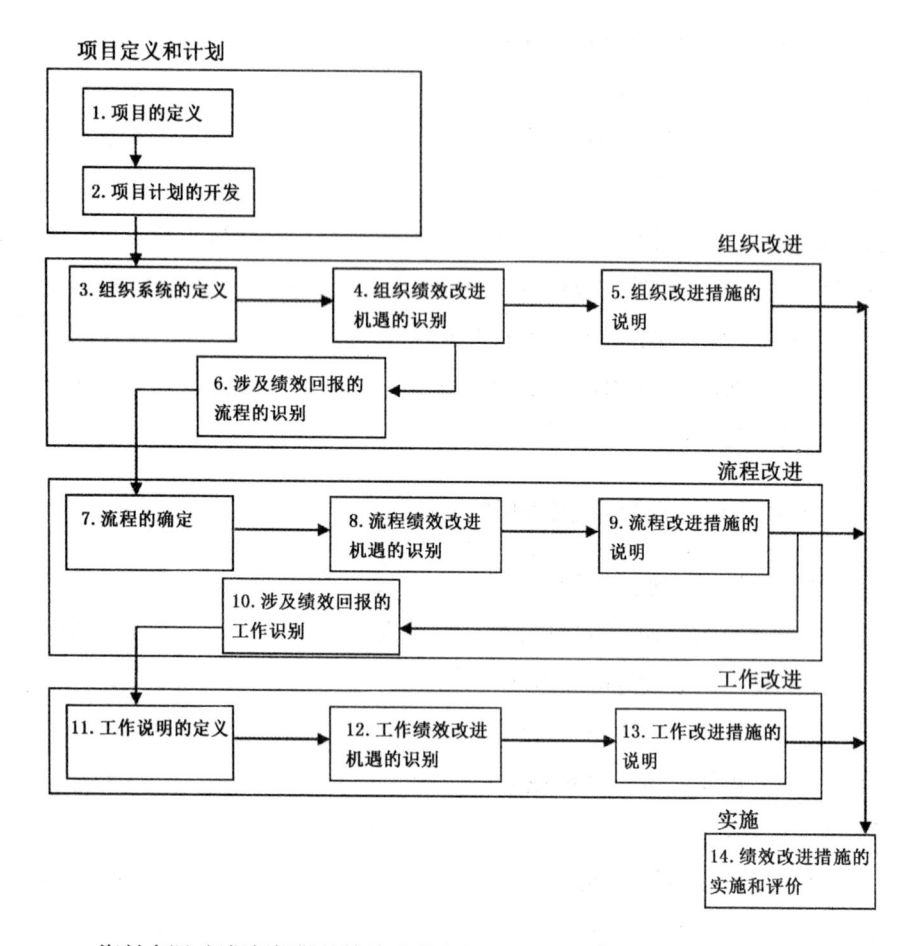

```
项目定义和计划
  1. 项目的定义
  2. 项目计划的开发

组织改进
  3. 组织系统的定义 → 4. 组织绩效改进机遇的识别 → 5. 组织改进措施的说明
  6. 涉及绩效回报的流程的识别

流程改进
  7. 流程的确定 → 8. 流程绩效改进机遇的识别 → 9. 流程改进措施的说明
  10. 涉及绩效回报的工作识别

工作改进
  11. 工作说明的定义 → 12. 工作绩效改进机遇的识别 → 13. 工作改进措施的说明

实施
  14. 绩效改进措施的实施和评价
```

资料来源：根据朗姆勒的绩效改进流程（Rummler & Brache,1995）改编。

图 4.4 绩效改进流程

改进工作表（指出在第 4、5、6 步中的工作摘要）、流程分析和改进工作表（总结第 8、9、10 步的工作）、工作模型（在第 11 步使用）、工作分析表（在第 12 步分析）和绩效系统设计表（在第 13 步设计）。这些工具之间是以它们所产生的成果相互联系的，这些工具是按具体步骤自上而下地使用的，而且一个工具的成果（输出）一般成为另一个工具的依据（输入），或者成为改进项目的最终交付成果。

本章认为，通过这个"绩效改进流程"来诊断绩效改进机会和制定干预措施有以下优点：首先，这个流程和各个步骤中提供的工具可以使绩效分析的过程系统化地逐步进行；既可以在各个层次上寻找绩效改进机会，还可以在朗姆勒设计的工具的帮助下对各个绩效改进机会进行优先次序的排列，从而有利于在有限的资源下采取更有效的干预。其次，使用这个流程可以在各个层次上解决绩效问题（绩效变量），在各个层次上缩小理想绩效与现实绩效之间的差距。最后，因为这个流程是自上而下地层层进行的，制定出的系统性的改进措施保证了改进措施与组织战略的一致性。

二、为三层次绩效的"反馈"而开发的测评系统

朗姆勒的绩效测评系统也是建立在三层次绩效模型的基础上的，并且采取了一套切实的改进工具，通过朗姆勒的绩效测评系统可以监督、控制和改进三层次上的系统绩效。

朗姆勒使用结果链建立绩效测评系统。一个完整的结果链由3个成分组成：关键工作问题（CJI）、关键流程问题（CPI）和关键组织问题（CBI）。这3个成分分别代表对于工作、流程、组织来说很重要的问题和机遇（Rummler & Morrill,2004），而且这3个成分具有以三层次绩效模型为框架的层级关系（见图4.5）。通过这个结果链，可以把三层次绩效整合到一个系统的测评网络中。

绩效改进人员通过建立一个"CJI—CPI—CBI"的由下而上的结果链，从消除工作层次上的差距到消除流程层次的差距，直到最后消除组织上的差距来改进组织绩效。他的结果链可以通过对每个成分设置关键指标来形成一个全面的绩效测评系统，这样就可以通过监控各个层次上的绩效数据来使组织、流程、人员层次都向同一个方向前进，从而实现组织的有效性。

在具体开发绩效测评系统时，朗姆勒提供了大量的具体实用的工作表，如流程角色/责任矩阵、职能模块、职能部门角色/责任矩阵和工作模块等，这些工作表使组织指标和个人指标得以联系起来，并且使整个绩效测评系统的建立更具有操作性。

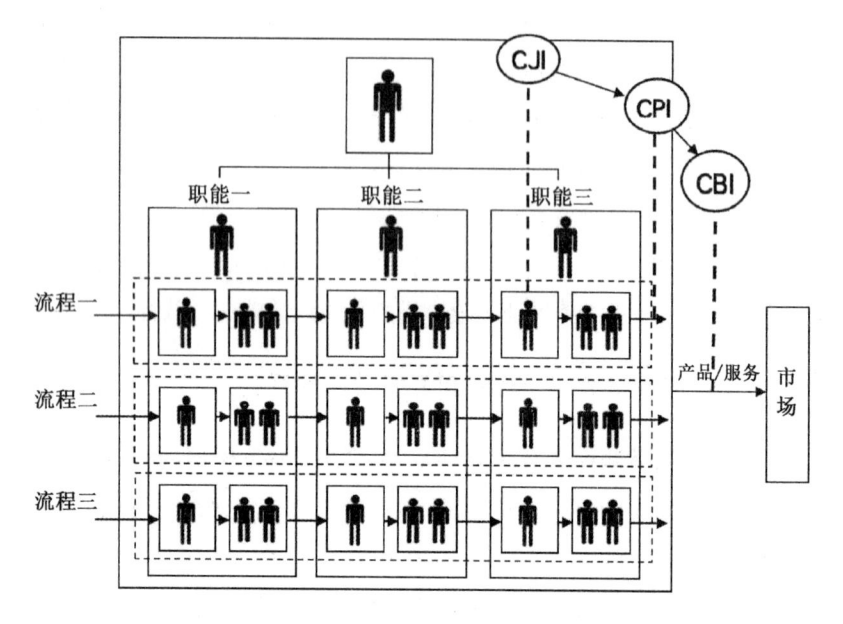

图 4.5　结果链的 3 个成分与三层次绩效模型的关系

第三节　朗姆勒的理论与实践给我们的启发

一、理论启发：朗姆勒的理论与实践对绩效改进模型的贡献

绩效改进是把商业目标和战略与为达到这个目标每个劳动力应负的责任联系起来的系统过程（Van Tiem et al.，2000）。朗姆勒的基于系统观的理论与实践不仅能改进组织各个层次上的绩效，而且把流程层次上的适应性作为绩效改进的来源。他认为，流程是联系组织战略与个人责任的纽带。朗姆勒的理论与实践对于大家所熟知的绩效技术模型（HPT Model）也是贡献巨大的。绩效技术模型分为绩效分析、原因分析、干预选择和设计、干预实施与变革以及评价 5 个阶段：

在绩效分析阶段，9 个绩效变量中的"组织目标"是组织分析的焦点，"组织设计"和"组织管理"是环境分析的范畴，"超级系统图"在这个阶段将是一个很有效的分析工具,因为超级系统图可以在大的环境下分析一个组织的输入、输出、资源、客户等因素,可以为组织战略和目标制定以及绩效差距的确定提供根据;三层次绩效改进流程也使绩效分析过程系统化地逐步进行。

在原因分析阶段,图4.4中的三层次绩效改进流程不仅可以在各层次上找个绩效差距的根本原因,而且可以使各种原因形成清晰的层次性和优先级,从而有利于在下一阶段做出合理的干预选择的决策。

在干预选择和设计阶段,朗姆勒的三层次绩效提供了为绩效改进的干预选择框架。干预措施种类繁多,面对绩效问题,如何选择适用的干预措施成了一个关系绩效改进效果的重要问题。使用朗姆勒的方法体系,会使我们对于各种干预措施的作用和应用范围有一个新的认识。例如,培训是一种有效的干预措施,并且培训只能解决工作层次上的技能和知识欠缺的问题,不能指望仅仅依赖培训就会带来流程绩效和组织绩效的全面改进。

在干预实施与变革阶段,对于每一项干预措施都要有系统组织观的思考,因为组织是一个自适应系统,我们在实施阶段中的每项干预措施都要考虑对组织系统的三层次的影响。朗姆勒在他的绩效改进/管理方法论中,十分强调用系统方法来实现持续的绩效改进;在实践中,他一直强调变革及其结果是由客户组织内部所决定的,因此外部的绩效咨询应通过咨询过程培训客户,最终达到客户独立运作的目的。

在评价阶段,朗姆勒的基于结果链建立绩效测评系统的方法,使得在各层次上的干预措施的效果被有效地反馈到绩效改进项目中,绩效改进人员通过建立一个"CJI—CPI—CBI"的由下而上的结果链,可以跟踪改进过程中的实际绩效和期望的绩效之间的差距,有效调整改进项目的进度、资源和内容。

三层次模型是一个绩效改进的一体化模型,组织层次、流程层次和工作/执行人员层次三者之间是相互依赖的,而流程正是连接个人绩效和组织绩效之间的纽带。绩效改进是一个在系统观指导下的过程,朗姆勒的三层次绩效模型强有力地支持绩效改进项目从组织的战略进行到流程的效果,直到落实到个人的绩效,从而形成一个系统完整的改进方案。

二、现实启发

通过以上对朗姆勒的理论和实践的描述与分析评论以及对他文献的系统研究,本章得到如下启发:

第一,朗姆勒的理论是在系统观指导下的绩效改进实践中提炼出来的一套方法体系,这套方法体系经受住了多年的实践的检验。我们在绩效改进的理论建设中如果有机会应尽量在实践中检验理论的有效性,从而令理论建设具有更加坚实的实践基础。

第二,绩效改进实践者需要使用系统观,从根本上消除绩效差距,使整个组织的各个层次支持组织的战略目标,实现持续的绩效改进。

参考文献

1. Brache, A. P., & Rummler, G. A. Managing an Organization as a System. *Training*, 1997, (34): 68—74.

2. Galagan, P. A. Manage the White Space: The Works of Geary Rummler. *Training & Development*, 1992: 8.

3. Rummler, G. A., & Brache, A. Transforming Organizations through Human Performance Technology. *Handbook of Human Performance Technology: A Comprehensive Guide for Analyzing and Solving Performance Problems in Organizations*, 1992: 32—49.

4. Rummler, G. A., & Brache, A. P. Managing the White Space. *Training*, 1991, 28(1): 55—70.

5. Rummler, G. A., & Brache, A. P. *Improving Performance: How to Manage the White Space on the Organization Chart*. Jossey-Bass, 1995.

6. Rummler, G. A., & Morrill, K. Result Chain: A tool for Serious Performance Consultants. *Training & Development*, 2004, (02): 26—34.

7. Rummler, Geary & Brache, Alan. The Systems View of Human Performance.

Training, 1988, 25(9): 45—53.

8. Van Tiem, D. M., Moseley, J. L., Dessinger, J. C. *Fundamentals of Performance Technology: A Guide to Improving People, Process, and Performance*. International Society for Performance Improvement, 2000.

9. Wittkuhn, K. D. Quantulumcunque Concerning the Future Development of Performance Technology. *Handbook of Human Performance Technology*, 2006: 1274.

10. 卡维塔·古普塔:《需求评估实施指南》,闫晓珍、张杰译,北京大学出版社2007年版。

第五章 绩效改进的学习观(一):辩证中的学习与绩效

教育技术是通过创造、使用、管理适宜的技术性的过程和资源,旨在促进学习和改进绩效而进行研究和合乎道德的实践。

——AECT 在 2006 年的定义[①]

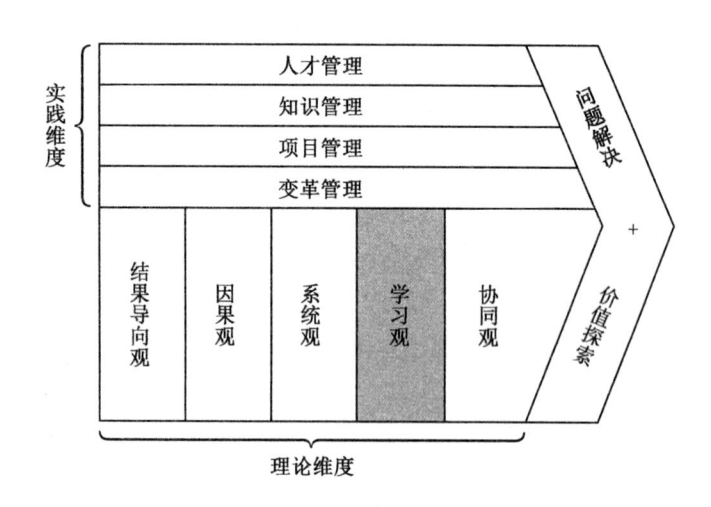

本章以学习和绩效为讨论对象,首先从个体和组织两个层面进行说明,分别对个体学习、组织学习、个体绩效和组织绩效的内涵进行了阐述;然后对组织中学习与绩效之间的辩证关系进行论述,包括两者间的对立关系和统一关系,认为学习与绩效之间的关系正在从对立走向统一;最后在综合前文讨论的基础上,构建了组织中学习与绩效的螺旋桨模型,并提

---

① 美国教育传播与技术协会(Association for Education Communications and Technology, AECT)2006 年对教育技术的定义。

出人的发展和组织的发展才是专业发展的最根本目的。

在这个快速发展的世界里,人是提高组织竞争力的关键因素,成为组织的"第一资本",而知识和创新则变为成功的货币。应对这种挑战的最好的解决方法就是在改进绩效的实践中学习,以发挥人们的天赋和创造性,使个人和组织得到双赢的发展。实践界正把我们曾经认为枯燥的理论视为"珍宝",并把这些理论与原理有声有色地应用于其提供产品和服务的过程中。新的对绩效而不是学习的强调,也可能影响教学技术的功能和定位(Seels & Richey,1994),本章的任务首先是探究组织中学习与绩效之间的辩证关系,这是专业人员必须面对的一个核心思考问题,有关学习和绩效的研究都具有多学科性和多层次性。如图 5.1 所示,本章从两个维度("个体—组织"和"学习—绩效"),对 4 个概念的关系做一个定位示意,本章前部分分别从个体和组织两个层面对学习和绩效进行阐释,分别就个体学习、组织学习、个体绩效和组织绩效的内涵进行阐述。(一般对组织分析习惯于从个体、团队(或流程)、组织 3 个层面进行,本章从个体和组织两个层面进行说明,略去团队层面,团队是组织的微系统,本章中为了方便说明,把团队作为组织的微型化,特此说明。)

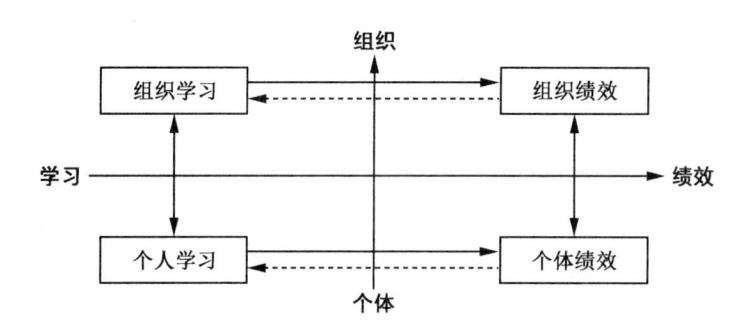

图 5.1　个体层面和组织层面中的学习和绩效

第一节　学　习

从进化的意义上来讲,学习是有机体适应环境的手段,有机体通过不断调整行为模式来适应环境的变化。学习是人类的基本功能和习性,人类的大脑有高度发达的额叶,从而使人类可以完成高级的有目的的行为,这些行为包括确定对象、设立目的、构思计划、组织资源并监督结果(Goldberg,2001)。人生来就是主动的学习者和行动者,学习是贯穿人一生的活动,学习可以有意识地出现在正规的教学情境中,也可以是偶然性地对人们的经验发生了改变。来自不同学科领域(如心理学、教育学、生物学、社会学、人类学、语言学、人工智能等)的学者们试图从行为、认知、文化、进化等各种不同的角度诠释学习的内涵,但我们仍只是在慢慢逼近"学习的本质"。学习是"一个人由于经验积累引起的在知识、行为(或态度)上所发生的相对持久的改变"(Mayer,1982;Gagné,1985)。德里斯科尔(Driscoll,2000)在研究各种学习理论的差异时认为,各种关于学习的理论在一些基本的、确定性的假设上是达成共识的,它们都指出,学习是人的绩效或绩效潜能的持久改变,这些持续改变必须是学习者的经验体与外在世界交互作用的结果。

关于学习的认知主义观点认为,当个人处理信息、发展意义和解释事件的方式改变时,学习便发生了,即思维过程中的改变就有学习的发生,而这个过程恰恰是不能直接观察到的。关于学习的行为主义观点认为,当行为或行动上有改变时,即使没有思维上的激发准备,学习也算是发生了。认知主义的学习观是一种个性化的诠释主义,它假设知识上的改变会最终反映在行为的改变上,行为主义的学习观也承认知识与行动之间的联系,但它更愿意把行为上的改变认同为有价值的学习。阿吉里斯和舍恩(Argyris and Schön,1997)对认知和行为的相互依赖性进行了探讨,并提出利用"行动的知识"来克服个体学习和组织学习的障碍。认知主义的学习观和行为主义的学习观都认为,学习是一种发生在学习者内部的过程。情境认知学派把关注的焦点从个体转移到社会文化情境中的活动上,该派认为,所有学习都是介于认知、行为与环境之间的一种持续的交互作用。莱夫和温格(Lave & Wenger,1991)通过参与实践共同体的情境观看待学习,认为学习是与他人、工具和物质世界互动的辩证过程。在这种观点下,学习是一个共同建构的过程,在这个过程中,所有参与者通过其行动及在世界中的关系而发生改变或被转化。

当学习者可以把知识和技能主动应用到实践中时,且产生了绩效上的改进,这时的学习可以称为深度学习。学习本身是一种难以观察的心理建构的活动,我们能测量的只是学习的结果,外部的学习情境构成学习条件对学习者发生作用,当学习发生后,学习的结果将以人的能力变化的形式得到表征,学习的结果通常可以在绩效(行为表现)中观察到。因此,我们对学习的研究更倾向于通过对学习结果的观察和测量来入手。教学目标用来说明教学结束后,学习者能够表现出来的才能,教学设计者常把外部学习结果作为教学目标,这与从学习结果来判断学习发生的范式是一致的。下面将从个体学习和组织学习这两个层面上进行讨论。

一、个体学习

大多数对学习的研究是从个体学习开始的,如格式塔理论、信息加工理论和认知发展理论等,学习的主体仍是个体,针对组织中学习对象的年龄特点,对成人学习的研究成果可以作为组织中进行教学设计的理论依据之一。对于学习的方式是正式的还是非正式的,组织中更在乎的是员工个体的能力,正是员工个体的能力使其个体能够持续发生。克罗桑(Crossan,1995)用认知和行为的改变来说明学习的发生,他从认知的改变和行为的改变两个维度来框定学习的状态,当认知和行为都发生改变时,称为"整合学习";当认知和行为都没有改变时,称为"没有学习",当认知和行为两者中只有一方改变而另一方没有相应的改变时,对于学习的判断就变得复杂而有趣了。认知失调所造成的紧张在一定程度上会决定学习状态转变的方向,有可能转向"整合学习",也有可能转向"没有学习"。因此,对于希望能促进学习发生的我们,当发现认知或行为改变了,应尽量扫除阻碍相应另一方的障碍因素,或尽量增加相应另一方的刺激与支持性因素,从而促进认知和行为向整合学习的共同转变。由此可见,学习是认知或行为的改变,但完整意义上的学习需要认知和行为都发生改变,即需要认知和行为的变化是相对一致的。

体验学习的积极推动者库伯(Kolb,1984)认为,学习是体验的转换并创造知识的过程,体验学习发源于杜威的"经验学习",库伯把学习看作结合了体验、感知、认知与行为4个方面整合统一的过程,他认为个体可以从经验中思考,从而获得情感的、实践的以及认知的学习结果。贾维斯(Jarvis,2006)把学习看作一种存在主义现象,并认为学习可以定义为:一个整体的人——身体(基因、肉体和生物)和心灵(知识、技能、态度、价值、情感、信念和感觉)——在某个社会情景中建构一种经验,并将其转化到认知、行为及情感领域,从而融入个人生活历史,最终导致个体改变(更富有经验)的整合过程。在贾维斯的定义中,学习不仅是知识、技能和态度的转变,而且是经验的转化;不仅是认知和行为的变化,还包括情感上的变化。

如图5.2所示,箭头(a)→(b1)/(b2)代表学习者经历的时间,整个图表示个体在某个社会情景中的学习过程,其中(a)→(b1)表示学习并没有发生,(a)→(b2)表示新的经验融入个人生活历史,学习确实发生了。当个人的生活历史与其对社会情景的感知理解还没有相互融合(分裂状态)时,有可能出现认知失调,此时也是兴趣、疑惑与创造性极高的时间点,个体会有比平时更大的可能性去根据社会情境对个人经验进行重新建构。"促进学习"的目的体现在能为学习者创造一种使其认知失调的情境,能在此时给予学习者必要的认知支持,能设计出有助于学习者解惑的学习内容,能对学习者的反应给以相应的反馈,从而使潜在的学习者转化为真正的学习者。学习者建构的经验不是学习者所处社会情景的简单反映,而是个体与情境进行的反思性对话,对话的形式不仅是认知上的交互,还包括行为上的调整和情感上的交融,从而使个体经验获得整体的更新,并与其环境(情境)相适应。学习的发生有很多不同的学习途径,而且每个框图在整个过程中的强度也是不同的。

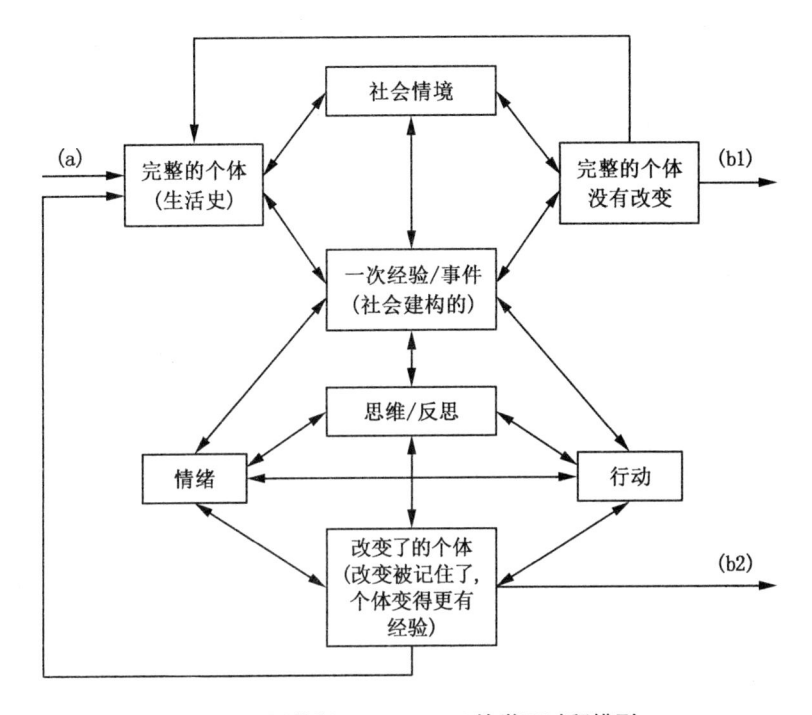

图 5.2　贾维斯(Jarvis,2006)的学习过程模型

二、组织学习

组织如何能利用学习把其变得适应性更强、更有智慧,这是人力资源开发、绩效改进和教育技术领域共同关注的课题。实践领域中习惯用"学习型组织"这个术语进行研究,而学术界更习惯用"组织学习"进行研究。组织是为了实现它预期的目标而存在的,组织本身不能学习,而是个体行为作为组织的代表产生了组织学习的行为。组织学习是学习在组织中产生的方式,组织学习需要鼓励各个层面的个体进行自主学习,当个体和团队在组织中通过探索来传播他们的知识时,组织学习便产生了。组织学习越有效,组织就越能创新并发现创新的障碍所在。组织学习需要结构化的概念和整合知识与信息,因此,休伯(Huber,1996)从知识管理的视角提出组织学习的定义,即组织学习就是知识的获取、分布、共享和诠释,

以及综合的组织知识的记忆和创造。我们可以说,组织学习的效果依赖于组织内部知识转化、保留和创造的层次范围。

阿吉里斯(Argyris,1990)认为,在被管理层构建的组织中,人们学会了以组织防卫的方式解决表面问题,却掩盖了组织学习的过程和组织中存在错误的问题。阿吉里斯深入研究了单环学习和双环学习,认为单环学习适合于惯例、重复性的问题,有助于完成日常工作,而双环学习更多地与复杂、非程序性的问题相关,并确保组织在今后会有更大的变化,单环学习和双环学习可以是个体的、团队的和组织层面的学习。阿吉里斯(Argyris,1999)还认为,学习并不是我们所说的某组织发现了一个新问题或创造了一个解决问题的办法时就发生了,而是当创造的办法确实发生时,学习才发生。他把行动和行动的后果作为学习发生的标准,并认为双环学习控制着组织长期的效率,决定着组织的最终命运。森格(Senge,1990)在学习型组织的概念体系中把"双环学习"发展为"生成性学习"(Generative Learning),这种学习可以通过不断地尝试和反馈来增强组织及其成员的创新能力。

马奎特(Marquardt,1999)认为,组织学习代表了通过组织全体成员的承诺和不断提升的机会,使组织的知识能力和生产能力得以增强。他分析了组织学习的3个层面:首先,组织学习是通过共同的见解、知识和组织成员的心智模式而产生的;其次,它是建立在以往的知识和经历基础上,即依赖于组织的学习机制;最后,组织学习代表了通过组织全体成员对持续改进的承诺,以此增强知识能力和生产能力。波普尔和利格尼茨(Popper & Lipshitz,2000)提出,组织可以构建起组织学习机制,"制度化、有组织、有步骤的学习安排能让组织进行非替代性的学习,即收集、分析、储存、发布和系统使用那些与组织及其组织成员的绩效相关的信息"。组织学习的关键是,如何在组织中的更大范围内利用和促动学习与实践的分享。克罗桑等(Crossan et al.,1999)把组织学习作为一个跨层次的动态过程进行分析,提出了包括直觉、解释、整合、制度化4个过程的组织学习框架。这4个过程连接了个人、团队和组织3个层次,直觉与解释是个人层次，解释与整合发生在团队层次，整合与制度化发生在组织层次，组织学习的动态驱动了同化新知识和应用已有知识之间的平衡。

大多数关于组织学习的研究认同，组织学习来源于员工的主动协作学习，个人所拥有的隐性知识是组织知识创造的基础。组织学习是基于已有的组织经验，组织学习必须保证协作学习的发生是以个人学习的过程和特征为基础的，组织学习还必须确保个体之间实践的共享，组织可以在员工发展的实践中应用个人学习理论，但如何整合个人学习与组织学习的研究就变得至关重要了。除了学习氛围，组织中的其他因素如文化、领导力、协作精神等也都是影响组织学习的主要因素。总之，个体学习是组织学习的基础。只有通过个人学习，组织才能学习；没有个人学习，就不会有组织学习。

第二节 绩 效

绩效是成果，即目的导向的行为活动所带来的结果，绩效需要学习者有应用新习得知识和技能的能力，这种对学习者更高的要求，需要教学设计更有利于学习者的学习迁移。绩效不是行为，而是行为的结果，即"绩效＝行为＋价值(行为的结果)"，因为绩效更关心人的行为对系统环境所带来的变化以及这些变化对于目的的贡献价值。绩效的价值属性体现在被誉为"绩效技术之父"的吉尔伯特(Gilbert,1978)的表述中，提出通过测量行为的效益来确定绩效的价值，从而确定了评估绩效改进项目对组织影响的框架。吉尔伯特认为，有效益的绩效是有价值的成效与有成本的行为之比($W=A/B$)。根据这一观点，没有产生价值的行为就是没有效益的绩效，因此，人们关注的焦点应该是行为所产生的有价值的"输出"，而非只是关注行为。斯旺森(Swanson,1999)强调对理论建设的深入研究，提出将绩效、组织战略和以研究为基础的实践联系起来，从组织目的和战略出发，他认为，"绩效是以产品和服务的形式体现的一个系统的产出价值……这些产品和服务的绩效单位通常是用质量、时间、特色标准来衡量的"。下面将从个体绩效与组织绩效的层面分别对绩效进行阐释。

一、个体绩效

个体绩效是指个人的技能、知识和态度所带来的结果。在个人层面，绩效代表一个人有目的的行为或活动所产生结果的有效性，也有人将其看作胜任工作的能力或"思考效果并付诸行动的能力"(Barrier & Pace, 1997)。毛夫(Morf, 1986)认为，个人绩效是"一种个人与其工作环境之间相互作用的函数"，并把个人绩效的定义用公式"绩效＝胜任力×工作环境"表示。这个公式的前提条件是：胜任力是最容易影响员工绩效的一个方面。朗姆勒提出了人的绩效系统的概念，更系统地体现了员工与其所在的组织环境和流程作业之间的关系，他认为，个体执行人员层次的绩效是对组织和流程层次绩效的巩固与加强。

如第四章的图4.3所示，朗姆勒对个体层次的绩效采用"输入—过程—输出—结果—反馈"的系统观的视角，认为人的绩效系统由投入、执行人员、产出、激励和反馈5个成分组成(Rummler & Brache, 1988)。基于对人的绩效系统的系统认识，朗姆勒认为工作管理是对人的管理，也就是对人的绩效系统的管理，他还确定了6个影响人的绩效系统的效率和效果的因素，包括绩效说明、任务支持、激励、反馈、技能和知识以及个人能力这6个因素(Rummler & Brache, 1995)。其中，前4个因素是支持性环境中的要素，后2个因素反映了执行人员的能力。这6个因素与人的绩效系统的5个成分之间具有对应的关系。

二、组织绩效

组织的绩效是指组织活动所带来的结果，根据组织使命、目标和战略，我们可以确定组织的绩效目标。绩效以产品和服务的形式体现一个系统的产出价值，这些产品和服务的绩效单位通常是用质量、时间、特色标准来衡量的。在商业组织中，绩效是与组织的盈利能力相联系的，如客户满意度、产品生产率、销量或员工流动率等。在非营利性组织中，组织绩效目标与组织的使命是相联系的。要改进组织的绩效，就必须从系统的角度了解一个组织的投入、流程、产出和客户等各个要素。组织被看成一个自适应处理系统，组织把各种资源投入转化成产品和服务，然后又将产出提供给市场，从而在大环境里实现组织的运营。一个组织的成败在与，它能否根据外部环境和内部环境的变化快速有效地做出调整。

如第四章的表4.1所示，朗姆勒等对组织绩效进行了解剖，绩效的层次构成了绩效变量研究框架的一个维度（组织层次、流程层次和工作/执行人员层次），另一个维度则是由决定每一个层次有效性的3个绩效需求构成，这3个绩效需求分别为目标、设计和管理。目标是反映顾客对产品和服务在各个层次上的期望的专门标准；设计是为各个层次上的目标的有效达成而配置的结构；管理是各个层次上为了确保目标的更新和实现的实践(Van Tiem et al.,2000)。3个绩效层次与各个层次上的绩效需求联系起来，就构成了绩效剖析的9个绩效变量。

3个层次上的所有绩效变量都是以目标为导向的，以目标为例，组织层次上要有战略和相应的可操作的目标，流程目标应该与组织战略和目标相一致，而工作/人员层次上的目标和标准应该与流程目标相一致，各个层次之间的目标具有一致性，即工作目标支持流程目标的实现，流程目标支持组织目标的实现。为此，每一绩效变量都涉及具体可行的相关问题，从而保证了9个绩效变量的一致性。

第三节　学习与绩效的对立

学习与绩效的对立根植于知识与经验的两分法，受人们关于"知识与经验的二分法"影响，很多人的观念中，学习与绩效仍是分离的，甚至有人认为，给予员工的学习机会是对员工的一种福利，员工学习是对组织资本的削减，作为决策者，他们很难看到学习的价值，而投资于学习的成本又是那么明显。于是在组织的感知中，学习与绩效成了两个相互分离的片段，正如某位培训主管在访谈中所说到的，"领导要数字（即绩效）还是要素质(即学习)是很关键的,很多时候他们迫于为组织(短期)提高数字压力而宁愿牺牲素质"。针对这一问题,需要我们把学习与绩效统合于一体,才能在个人发展与组织发展之间取得一个可持续的平衡。学习与绩效的对立也表现为组织中规划和设计学习项目或课程体系时,哪一个才是主要目的,是学习还是绩效？因为不同的目的会产生不同的行动,即使这些行为表面上看起来是相同的。

一、理念之对立:行为主义 vs. 人本主义

对于绩效改进的强调是一种实用主义的体现,对绩效强调的传统起源于第二次世界大战后的工业培训计划(Training within Industry Project),这项计划用于系统地帮助员工获得所需知识和技能的绩效要求,并从提高生产率和投资回报的角度对组织中的培训课程进行评估。贝克尔(Becker)的人力资本理论把"人"阐释为潜在的经济资源,知识工作者的思维能力是一切创造性劳动的来源,而创造性劳动才是经济增长的最终来源。在绩效观视角下,组织是为了提高人才的效用而对员工的学习进行投资,但这忽视了员工的主体性以及员工的多层动机结构。在此观点下,学习是为了实现组织目标的一种工具性手段,员工是按照组织的需要而"被规划和被发展"了。

一个简单但必须回答的问题是:为什么强调绩效？这是由学习发生和应用的客观组织环境所决定的。组织是一个用"绩效"说话的地方,是一个追求"绩效改进"的地方。在组织中学习项目的实施一定要注重绩效,因为绩效可以在组织效果和财务收益上向组织中的决策者证明学习的价值,从而争取到他们对学习的支持和进一步投资,领导者对学习的倡导与支持将会大大推动其在整个组织中的实施和影响(于文浩,2010)。另一方面,因为绩效改进的起源与行为主义渊源颇深,形成了诸多对绩效改进的批评,如认为绩效改进完全是行为主义的产物、不尊重员工的成长和个性需求等,组织中从事学习工作的人士也经常会被批评为利用条件反射和行为主义方法进行培训设计和绩效改进,而忽视了员工的主体意

识和智慧。

组织中强调学习的支持者通常来自教育领域,他们大多认同组织必须具有灵活性,组织需要更多的具有自主能力和创新能力的员工。这些支持者们把工作场所作为人的学习与发展的重要环境,强调对完成任务的过程和行为进行分析与反思,从而培养员工的学习能力。学习不仅仅是改进绩效的工具或手段,也不仅仅为实现组织的目标或战略而服务,学习还可以创造性地重构已有的思维模式,为组织打开新的发展视野。学习的支持者们批评,对绩效或组织利益的强调会导致过于机械的组织生活,从而使组织中的人不能发挥他们的潜能。对学习观的反面声音认为其不切实际,并且缺乏实证研究,错把组织的目的与学校的目的等同化。在组织中完全以人本主义的理念实施组织学习的规划和设计会障碍重重。

二、范式之对立:学习范式 vs. 绩效范式

组织中学习与发展有其内在的动力和内在的逻辑,实践者和研究者根据经验与概念提出自己的范式,学习范式与绩效范式的对立表现为各自的支持者秉持的主要行动目的和价值准则。这两个对立面的同一性在于如何看待"人力资源"的含义:学习范式认为,组织中培训与学习的主要目的是促进个人的发展,公司是人的资源,而人是为公司增加价值;而绩效范式则认为,其最终目的是提升组织系统的绩效,人是公司的资源。

如表 5.1 所示,个人学习流派把个人的学习看作目的,主要的理论是学习理论和教学设计理论;学习范式内部也有越来越多的人向绩效范式靠拢,于是出现了关注以绩效为基础的学习流派和组织学习流派,这两个流派仍然认为绩效的提升是学习的结果,学习仍然是主要的干预措施,但为了使通过学习改进绩效的成功性更大,他们也开始考虑建立组织化的系统。绩效范式中,一个流派关注个体绩效的提升,如早期的吉尔伯特的行为工程学研究;另一个流派关注组织整体绩效的改进,这就需要对不同层次上影响绩效的因素进行分析和改进,改进绩效的干预措施包括学习类和非学习类。

表 5.1　　　　　　　　　学习范式与绩效范式的对比

	学习范式			绩效范式	
类别	个人学习	以绩效为基础的学习	组织学习	提高个体绩效	改进组织绩效
目的	提高个人学习	通过学习提高个人绩效	通过学习提高多层次绩效	提高个人的绩效	改进多层次绩效
手段	个人学习	个人的学习；由组织系统支持的个人学习	个人、团队和组织的学习；由组织系统支持的多层次学习	正确的学习；非学习类的个人绩效系统方法	正确的多层次学习；非学习类的多层次绩效系统方法

资料来源：改编自 Swanson(2001)。

在绩效范式的构建中，学习并不是唯一影响绩效的因素，而是多个交互影响绩效的自变量之一，绩效是个人变量和环境变量共同作用的函数。绩效改进的基本假设是，绩效是学习的结果，并且可以从个体、团队和组织的角度进行审视。绩效范式扩展了学习范式的解决方案，绩效范式的支持者认为，绩效范式最有可能使组织中的学习实现其在组织中的战略作用，作为组织中的一个部分，学习必须为增强组织的有效性和改进绩效做出贡献。学习范式的支持者想在维护民主社会的基础上，通过个人的学习来完成个人对自身的超越，却不希望个人的学习受到组织的干预与控制。

理不辩不明，这种冲突对立的张力也构成了该领域实践者与研究者之间的对话，其结果是，各方不断探索和完善理论体系，随着实践与反思的不断深入，两派理论体系也越来越趋于彼此交融，互取对方体系中的合理成分。我们需要重视学习与绩效的对立关系，这种对立构成了该领域发展和演变的动力，这种内在矛盾也构成了该领域潜在发展的主要导向。无论你最初坚持的目的是什么，为了实践符合目的的理性行为的任务，还需要完成其他任务，实践中应然与是然之间的矛盾将不断产生新的问题和任务，我们对于目的本身的反思也将在学习与绩效间对抗，随着时间的推移，对组织中学习与发展的目的本身的追寻将以"正题—反题—合题"

的辩证形式,以螺旋式发展不断探索下去,并不断丰富和完善着理论体系。

第四节 学习与绩效的统一

上面谈到学习与绩效作为组织中学习与发展的目的上的对立,它们的对立也说明了两者具有同一性,两者都关注与工作相关的能力,即我们通常所说的胜任力或专业技能。"我们不在乎学习是正式的还是非正式的,我们在乎的是专家的能力和员工的能力,正是这些能力使学习能持续发生……"(Rossett & Hoffman,2006)。专业技能的发展是一个动态的过程,工作场所中的学习不仅仅局限于正式的、教室环境下的学习形式,还包括在非正式的工作环境下发生的偶发性学习,工作场所中的学习注重把员工的学习与其工作角色联系起来,强调对员工核心胜任力的培养,专业技能的习得离不开学习、实践和反思,这也正是绩效改进过程的期望成果。

一、组织——学习与绩效的统一体

学习与绩效共处于一个统一体中,这个统一体就是组织整体的系统,组织的运行也就是组织中人的能力组合。组织的发展以本身的资源和能力为基础,结合环境的需求与变化来为自己创造机会,组织中的学习并不是脱离组织的环境和组织的需求而独立存在。卡普兰等(2004)的平衡计分卡可以用来说明学习与绩效是如何统一在更大的组织系统中的。在平衡计分卡的4个层面中,学习与发展层面是内部流程层面、客户层面和财务层面的驱动之根,组织中对学习的成功投入会提升组织未来的绩效水平,组织的持续学习能力成为组织可持续发展的根本。从战略角度看,组织中人才的开发与使用是组织战略的根本与保障,因为团队层面和组织层面的学习会导致组织创新的增加,而创新可以引起绩效结果的提升,并为组织带来竞争优势。因此,对于组织而言,对组织中人才的输入(学习)

与输出(绩效)的研究是一项具有战略意义的价值工程,在组织整体的框架中,学习与绩效有机地联系起来了。

二、学习与绩效的一体化

组织中的学习与绩效,一方的存在是以另一方的存在为前提,在一定条件下可以相互依存、相互转化。我们通常所说的学习是绩效的驱动力,绩效是学习的结果,只是从一个方向思考学习对于绩效的意义,这种模式体现的是学习与绩效的单向观。这里强调的是学习与绩效的双向观,两者之间具有现实中的连续性,在更高层面的"合题"思维理解下,学习与绩效是整合在一起的,有价值的学习可以改进个体、团队和组织的绩效,绩效改进的成果可以为员工创造良好的学习环境而进一步投资,通过个人、团队和组织的学习与发展又可以改进各个层面上的绩效。学习与绩效相互转化,学习中包含绩效,绩效中包含学习(见图 5.3)。

图 5.3 学习与绩效的对立统一

理解学习与绩效一体化这一理念的前提是,假设人是具有自主控制能力、主动思考的学习者。人们是自愿工作的,愿意为工作付出努力,并且理解自己工作的重要性对于组织生存和成功的意义。班杜拉(2001)的社会认知论可以更好地理解工作中人的行为,人既不是仅仅依靠内部力量驱动的,也不是被外部刺激自动塑造和控制的,而是由行为、认知、其他人的因素和环境影响相互起作用决定的,人具有自我反思、自我监控和深谋远虑的能力。工作是一个目的导向的活动,工作对于个体而言,既具有工具性意义,又具有内在的价值,工作的绩效和成就与员工的满意度是正相关的(Kuchinke,1998)。如果这个假设成立(很多实证研究支持这个假设),那么单独的学习观(忽视了组织的发展需要)和绩效观(忽视了个体的主动性)都不能反映这些特征,因此,在快速变化的全球化环境中,我们需要一种整合性的视角来思考组织中的学习与发展。

学习与绩效都是主体经验与客观环境交互的不同过程,学习是主体经验从客观环境中建构自我的汲取过程,绩效是某个环境对于主体建构结果的评价和认可过程,主体会根据环境中的评价调整自我建构的趋向,而这个调整过程是一个循环过程。学习体现了环境对于个体由外而内的塑造作用,这种塑造外化为个体的行为活动,绩效则体现了这些活动对环境产生变化的后果与环境期望之间的一致性程度。主体经验的连续性与交互作用是纵横交织的,这也就决定了学习与绩效的一体化。

对于组织而言,学习与绩效的一体化预示着需要一个统一概念或中介概念来把这两者结合起来,这个中介概念就是"人力资本"和"智力资产"。学习与绩效是组织的无形资本和有形资本,组织为了短期利润,会强调从无形资本到有形资本的转移;为了长期盈利能力的构建,则需要兼顾有形资本对无形资本的投入。学习与绩效成为组织中的一对主要矛盾体,组织的可持续发展则需要在这两者之间把握好平衡,避免过分强调一方而造成组织元气的损伤,将组织战略对于人才的需求用来指导学习,将会在更大程度上加强学习与绩效的联系。

三、学习中包含绩效

组织中的学习并不是获取更多的信息,而是拓展提高工作绩效的能力。从国际绩效改进协会(ISPI)的绩效改进模型中,我们可以看出,绩效改进的过程是从期望绩效和现在绩效之间的差距分析开始的,即组织对于高绩效的追求成为其变革的动力,人们对于绩效的不满意产生了对于学习的需求与渴望。组织的目的通过组织结构把信息传达给组织中的个体,个体以组织目的的达到为导向,从而形成外在的学习动力与方向。学习本身也有消极与积极之分,学习并不总能使学习者产生理智的行为和提升的效果。因此,学习中必须包含绩效,才能保证组织中学习与绩效之间的资本良性循环。

因此,学习中包含绩效的因素,从过程来说,绩效应作为对学习进行分析、设计、实施和评价的中心标准。基于绩效的学习拓展和铺设了通往学习领导者的道路,学习领导者出场的直接结果是以追求组织发展为目的的人力资源开发的出现,以及促成了"首席学习官"这一职位的诞生。基于绩效的学习关注完成工作所需的知识和技能,为学习者提供真实的任务(案例)以及即时和频繁的反馈,从而有效提高个体的绩效水平。基于绩效的学习避免了学习被无关的内容所分心,而把精力聚焦于工作场所中卓越绩效所必需的学习上,从而将有限的资源投入可以为组织获得成功的关键学习领域。另一方面,面对变化迅速的市场,组织不能保证完全感知和把握市场的信息,即绩效提高的标准不能完全由组织静态的规定,而需要动态的调整,学习模式也需要由课堂学习扩展到包括正式学习和非正式学习在内的混合学习。

促进学习向绩效转化的关键问题莫过于学习的迁移,国内培训业中普遍存在的"听听激动,想想感动,回去没法动"的现象正说明了学习迁移的缺失。珀金斯(Perkins,1992)认为,学习是为了对知识和技能进行记忆、理解和有效应用,在研究中主要存在 3 种有关学习迁移的理论,分别是同因素理论、激励推广理论和认知迁移理论。同因素理论认为,学习空间与绩效空间中的高逼真度更有利于学习的知识和技能向高绩效的迁移。如图 5.4 所示,促进学习的目的决定了需要运用有效的学习策略和恰当的学习过程,需要通过增强学习空间与绩效空间的逼真度,使学习者在学习空间中的绩效与工作空间中的绩效具有更强的一致性,从而增加员工个体绩效改进的可能性。

激励推广理论强调最重要的特征和一般原则的学习,强调学习者在不同于学习空间的绩效空间中应用知识和技能的能力。认知迁移理论认

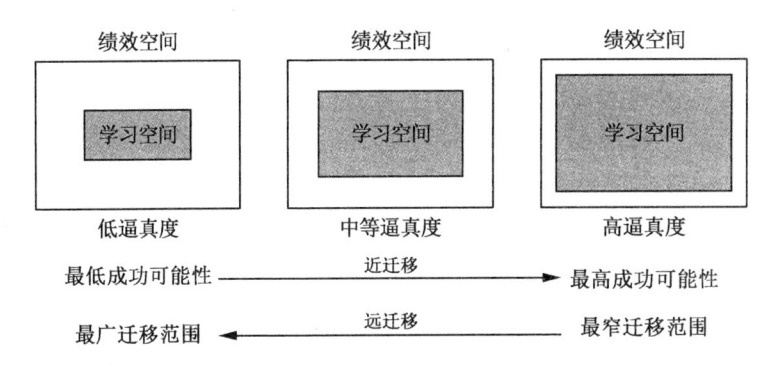

```
     绩效空间              绩效空间              绩效空间
  ┌──────────┐         ┌──────────┐         ┌──────────┐
  │  ┌────┐  │         │ ┌──────┐ │         │┌────────┐│
  │  │学习│  │         │ │学习空间│ │         ││ 学习空间 ││
  │  │空间│  │         │ │      │ │         ││        ││
  │  └────┘  │         │ └──────┘ │         │└────────┘│
  └──────────┘         └──────────┘         └──────────┘
    低逼真度             中等逼真度             高逼真度

  最低成功可能性 ─────近迁移─────▶ 最高成功可能性
  最广迁移范围 ◀────远迁移──────  最窄迁移范围
```

资料来源:根据 Branch & Deissler(2008)改编。

图 5.4　学习者从学习空间迁移到绩效空间的过程

为,可以通过为学习者提供有意义的内容来提高他们把工作中的情境与所学能力相结合的可能性,从而增强学习向绩效的迁移。关于迁移的研究,主要是以同因素理论为基础的,一方面,努力为深度学习提供技术支持的学习经验,让学习者充分体验真实的环境;另一方面,利用技术支持促进新习得的技能向解决真实问题的能力转化。不论坚持哪种理论,目的都是让学习者更好地将知识与实际能力结合在一起,成为一名行动者。为了有效地和深度地学习,教学设计的研究应关注如何促进从学习到绩效的迁移。

以绩效为导向的学习将使学习者在所在的学习空间中,与不同的个体(同事、上级或下级)并使用不同的媒体进行多种交互而产生更加有目的性的学习活动。学习中以绩效为导向,更有利于学习向绩效的转化,使学习能集中使用有限的资源(时间、资金)来获得更多的回报,为组织中对学习的投资争取更多的投入,从而使学习与绩效之间形成良性的资本循环。

四、绩效中包含学习

"绩效中包含学习"体现了学习者内在认知与外在行为的整体性。在本章开始的分析中,学习是人的绩效或绩效潜能的持久改变,是一种发生在学习者内部的过程,体现了绩效的内在性。绩效不是行为,而是目的导向的行动所带来的结果,绩效是外在标准对于人的行为的评价,体现了学习结果的外显性,作为目的的绩效与作为结果的绩效之间的联系是由学习本身的内在连续性完成的。学习本身是一种难以观察的心理建构的活动,当学习发生后,学习的结果通常可以在绩效中观察到,改进的绩效本身就是学习。当然,学习与绩效之间也存在不一致,学习的结果不一定表现出外显的行为。

作为"被实践检验"的学习,是个体与环境交互的产物。从"促进学习"扩展到"改进学习者的绩效",体现了对于目的认识的深刻性和对学习认识的全面性,首要的关注点是在真实任务中的学习过程,强调学习者应用新习得才能的能力。个体在组织中兼具学习者与实践者的双重身份,首先,我们对于组织中员工的学习的发生必须给予承认,无论它是以正式的还是非正式的形式发生的。成人发展的理论普遍认为,人在成年以后,生理、心理、认知能力和社会能力等方面的发展仍会持续,这种发展贯穿人的一生。其次,学习本身就是一种劳动,学习为可持续的将来做准备,学习本身就是从事创造性活动所需知识的核心。博耶特(Boyett,1996)断言,真正有效的学习应作为工作的一部分,而不是在无效的培训环境或孤立的环境之中。被认为有价值的、正确的行为的先决条件是关于事物的认识,绩效中包含学习与"从做中学"的理念相一致,员工在完成组织任务的实践过程中,不断提高个人的专业技能,甚至在实践中可以打破常规,尝试创造解决实际问题的新方法。

绩效包含学习,体现了对"人作为行动主体"的全面性认识,学习并不是唯一影响绩效的因素,绩效是个体和环境交互的结果。威尔(Wile,1996)综合了30年来绩效改进的理论发展,归纳了7类影响绩效的因素,分别是组织系统、激励、认知支持、工具、物理环境、员工的知识技能以及其内在能力。在此基础上,本章认为,学习并不能针对所有影响绩效的因素,它只能解决某些因素的问题,或者部分解决某些因素的问题。如图5.5所示,虚线所包含的部分代表学习能影响的绩效因素,这也正是绩效改进的理论与实践发展的基本原则。一个组织的决策者在学习措施之外,还可以找到很多措施来改进组织的绩效,我们不可能期待绩效改进人员在所有方面都成为专家,我们需要绩效改进人员有能力诊断问题的根源,并找到一系列可能的解决方案,从这个意义来说,绩效改进人员必须与其他的专业人员合作来共同解决绩效问题。

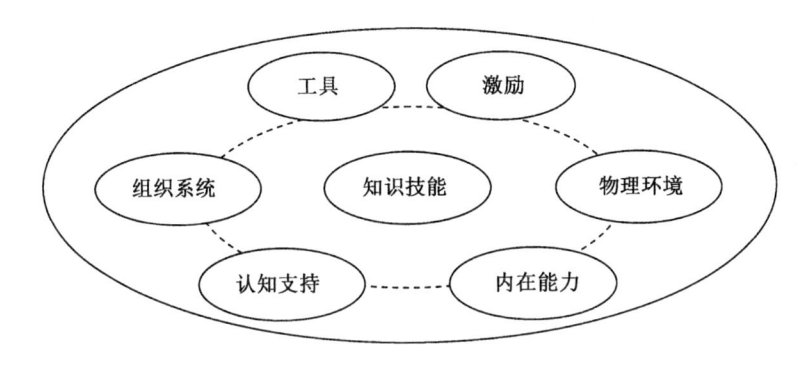

图 5.5　学习可以影响的绩效因素

每一个手段在完成以前,都是暂时的目的,每一个目的一旦达到,就变成进一步活动的手段(杜威,1990)。当我们把学习作为改进绩效的一种手段时,如把学习当成组织发展的战略或建设学习型组织,而学习过程与变革过程是相互交织的,变革是一个学习的过程,而学习同时也是一个变革的过程,学习本身就成为暂时的目的。绩效包含着学习,学习包含着绩效,两者互为手段和目的,绩效既是学习的先决条件,又是学习的结果。在学习与绩效螺旋式循环的过程中,组织和个人的经验得到了不断发展和重塑。

第五节　综合:学习与绩效的螺旋桨

本章上半部分从"个人—组织"和"学习—绩效"两个维度对个体学习、组织学习、个体绩效和组织绩效的内涵进行了阐述,下半部分对组织中学习与绩效之间的辩证关系进行论述,包括两者间对立关系和统一关系。在综合前文讨论的基础上,本章构建了组织中学习与绩效的螺旋桨模型(见图 5.6)。该模型中,组织中学习与绩效是螺旋的双翼,每一翼上又有个体和组织两个子翼,学习与绩效之间的对立关系与统一关系就如同两翼旋转时的离心力与向心力,而螺旋上升的主轴就是组织的发展与个人的发展。

就"学习之翼"而言,学习是自下而上的,即个体学习是组织学习的基础。个体学习虽不能保证组织学习,但没有个体学习就不会有组织学习。组织学习来源于个体的学习,新的知识学习总是源自个体,而个体的学习活动通过一个被称作组织学习系统的多因素生态系统进行促进或抑制(Argyris,1999)。组织学习与变革、创新、技术或产品开发以及利润又是紧密相关的。另一方面,个人学习无时不在,但博耶特(Boyett,1996)研究了个体在学习型组织中的角色后认为,真正有效的学习不是个体学习,而是社会学习。组织的运作是靠组织流程的运行,个体的工作是相互关联的,具有协作性和社会性的特点,仅仅局限于个体的学习,对于组织创造未来的能力而言是微乎其微的。

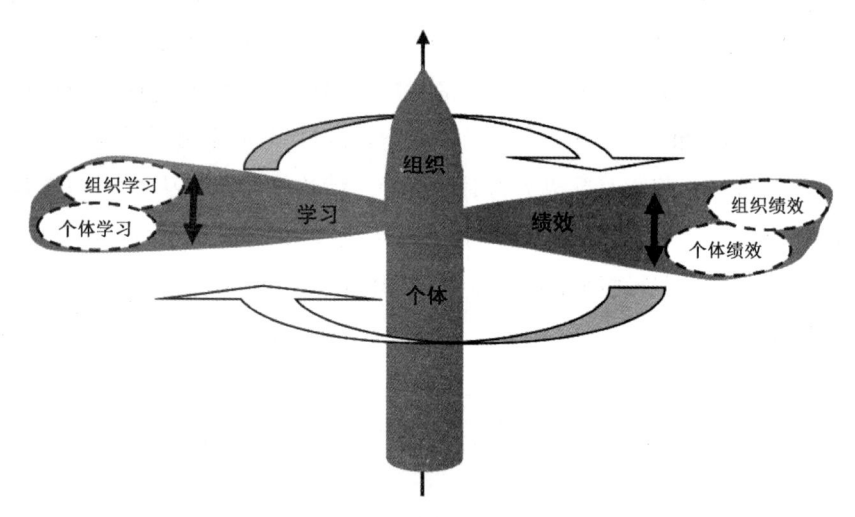

图 5.6　组织中学习与绩效的螺旋桨模型

学习的自下而上还体现在由个体的行为影响到群体中学习文化的创生。文化是一种心灵的集体软件(Hofstede,1991)。杜威晚年也用"文化"来表示自然环境中精神的客观和协同的特征。不同的学习空间有与之相适应的不同的学习文化，不同的学习文化为我们提供了不同体验知识的情境，学习文化代表了学习者所拥有的对学习的共同认知，群体把它的学习文化传递给群体中的新个体，个体把这种认知内化为自己的学习习惯和学习定势。因此，从个人学习上升到组织学习，需要在组织中塑造一种创新的、开放的、平等的、分享的学习文化。组织中对学习文化的强调，必然有利于开发一个高技能且具有持续学习能力的群体，在学习文化的熏染下，组织中学习的改善和绩效的改进是其发展的自然结果。

就"绩效之翼"而言，绩效是自上而下的规划与控制。组织中通常意义上的绩效管理更多的是一种规划和控制体系，起到自上而下的控制性作用和自上而下的导向性作用。绩效目标关注的是组织的产出，如产品质量、服务品质等，绩效控制对个体、流程和组织的绩效输出加以标准化，整个绩效体系就是在识别和评估个人绩效与团队绩效，并且使这些绩效与组织的战略目标保持一致。

绩效目标的制定以组织的发展为目的，制定的绩效目标就成为组织学习的导向。绩效目标通过组织的层级结构逐级分解，然后落实到每个部门（团队）、每个流程和每个岗位。为了建立微观的个人绩效和宏观的组织绩效之间的联系，朗姆勒和布拉奇（1995）从系统观的视角提出了三层次绩效模型（组织层次、流程层次和工作/执行人员层次），这种层层透视的方法增强了绩效改进的可操作性。如第四章的图4.2所示，组织层次强调组织和市场的关系以及组织的主要职能部门的"骨架"，这个层次上关键的绩效因素是组织的战略、目标、组织结构和绩效测评等。流程层次是以一种整体的超越职能界限的眼光，在组织层次的"骨架"基础上，理清各个职能交叉型流程是怎样生产产品和提供服务的。流程层次关注流程的设置、目标和测评是否以客户和组织的需求为驱动、流程是否快速有效地运作等。工作/执行人员层次代表了组织机体的"细胞"，流程是由从事不同性质工作的人员执行和管理的。这个层次的绩效因素包括招聘、工作职责与标准、反馈、薪酬以及培训等。如图4.2所示，我们不仅可以在垂直方向上看到组织的多种职能,还可以在水平方向上观察组织的多条运行流程是如何"跨职能"完成的。朗姆勒的三层次绩效模型可以帮助绩效改进人员准确地确定和理解影响组织绩效的问题。

绩效体系除了衡量的功能外,还有激励的功能。它可以强化员工完成工作的动机,增强员工的自尊心,更加清晰地界定工作的内容及其需要达到的标准,强化员工的自我认知与自我开发,使组织目标更加清晰,使员工能够更加胜任,使组织变革更加容易推动(阿基斯,2007)。组织的目的对于组织学习很重要,组织的目的会对组织中的个体造成压力,而个体的学习动机则内嵌于个体认知过程中所产生的不满足。

绩效标准的制定体现了行为主义的控制观,绩效目标通常是通过行为(行为目标)的控制和约束来实现的,同时又要给个体以行动的自由度,使行为目标成为其做决策时的考虑因素。绩效目标的衡量基于行为的改变及改变所带来价值。单靠强调绩效目标会忽视学习认知改变对于行为改变的潜在影响,以及个体在执行绩效目标过程中创造性的长远效益,因为学习是认知和行为的改变过程,但这个过程并不一定紧接着就能改进绩效。相反,学习可能会在短期内影响个体和组织的绩效,因为个体为了操作新的、不熟悉的方式,必须放弃熟悉的方式。我们也必须重视学习与绩效之间的时间延迟,要意识到绩效很可能在提升之前先降低。虽然绩效体系是保障组织生存和发展的重要机制,但它体现了组织规划以结果为基础的局限性,绩效体系作为一种控制系统,仍是一种负反馈系统,只能确定组织中是否所有的事情都按部就班地进行,控制的只是流程与标准,而不是结果。组织硬性地按照管理机器及其零件的方式来管理个体和团队,却忽视了个体的创造性和学习力。

我们必须重要企业的人性面,承认如果员工承诺完成某个目标,就会自我控制和自我引导,承认员工的创造性和学习力。积极的学习文化会以"润物细无声"的柔性来弥补绩效体系的刚性,绩效体系需要更多个体的参与决策,并共同研讨,组织中的学习以组织的目标和战略为导向,大家对组织面对的复杂问题进行深入思考,超越个体的智慧,并创新、协调地行动。只有"学习之翼"和"绩效之翼"旋转起来,组织的发展和个体的发展才会成为现实,双翼旋转提升了组织和个体。从另一种意义上说,我们可以把绩效理解为螺旋桨上升高度的标记,这个标记是动态变化的,某个绩效只能代表组织和个体在某个时刻的高度,组织和个体的持续性发展需要"学习之翼"和"绩效之翼"相互配合、相互平衡。组织中学习的逻辑是由个体到组织的自下而上的螺旋扩散,绩效的逻辑是由组织到个体的自上而下的控制,学习与绩效的辩证,意味着组织中个体与组织在自上而下与自下而上这两个方向上的相互融合。个体与组织的融合需要组织成员对组织的目标和愿景有共同的认同感。马斯洛(Maslow,1965)认为,共同愿景和目标是高绩效团队的特征,它使工作任务和个体的自我不再分离。传统等级体制中的自上而下的愿景很难得到组织中个体的真心支持,而只是被动地接受命令而已,因为那个愿景是"你的愿景",各层中的个体共同制定的愿景才是"我们的愿景"。当组织和个体共同控制学习来改进组织绩效时,对两者都是有益的。组织中的个体并没有因为贡献于共同愿景而牺牲个人的利益;相反,共同愿景成为其个人愿景的延伸和拓展,此时的组织不仅仅是一个物理上的场所,它还意味着对意义、创意、行为和态度的共享。尽管知识以不同媒体形式存放在各种不同的地方,但人是知识创新的源泉(于文浩,2009)。因此,在绩效改进时,须关注组织中的员工学习、共享和使用他人成果的内在动机和外在动机。

　　个体在团队实践中的学习促进了学习与绩效之间的相互转化,也在完成组织目标的同时实现了个体自我完善的价值,组织学习是开发组织能力的过程,这种能力会创造个体真正期待的成果。不断发展的趋势表明,未来应该更加强调团队绩效或整个组织的绩效。这一趋势也表现在教学设计领域,如以团队(甚至是以虚拟团队)为基础的教学设计越来越成为一种实践和研究的动态。学习与绩效之间的关系正在从对立走向统一,而组织中两者的相互转化的最终目的和根本目的是促进组织的发展与人的发展。

参考文献

1. Argyris, C. *Overcoming Organizational Defenses: Facilitating Organizational Learning*. Allyn & Bacon, 1990.

2. Argyris, C. *On Organizational Learning*, Bechky. BA: Oxford, Blackwell, 1999.

3. Argyris, C., & Schön, D. A. *Organizational Learning: A Theory of Action Perspective*. Reis, 1997, (77/78): 345—348.

4. Barrie, J., & Pace, R. W. Competence, Efficiency, and Organizational Learning. *Human Resource Development Quarterly*, 1997, 8(04): 335.

5. Boyett, J. H. *Beyond Workplace 2000: Essential Strategies for the New American Corporations*. Plume Publication, New York, 1996.

6. Branch, R. M., & Deissler, C. H. Process. In A. Januszewski & M. Molenda (eds.). *Educational Technology: A Definition with Commentary*, Lawrence Erlbaum Associates, 2008.

7. Crossan, M. M., Lane, H. W., & White, R. E. An Organizational Learning Framework: From Intuition to Institution. *Academy of Management Review*, 1999, 24(03): 522—537.

8. Crossan, M. M., Lane, H. W., White, R. E., & Djurfeldt, L. Organizational Learning: Dimensions for a Theory. *The International Journal of Organizational Analysis*, 1995, 3(04): 337—360.

9. Driscoll, M. P. *Psychology of Learning for Instruction*. Allyn & Bacon, 2000.

10. Gagné, R. *The Conditions of Learning and Theory of Instruction*. Holt, Rinehart and Winston, 1985.

11. Gilbert, T. F. *Human Competence: Engineering Worthy Performance*. John Wiley & Sons, 1978.

12. Goldberg, E. *The Executive Brain: Frontal Lobes and the Civilized Mind*. Oxford University Press, 2001.

13. Hofstede, G. *Cultures and Organizations: Software of the Mind*. London: McGraw Hill Book Company, 1991.

14. Huber, G. P. Organizational Learning: A guide for Executives in Technology-

critical Organizations. *International Journal of Technology Management*, 1996, 11 (07—08): 821—832.

15. Jarvis, P. *Towards a Comprehensive Theory of Human Learning*. Routledge, 2006.

16. Kolb, D. A. *Experiential learning: Experience as the Source of Learning and Development*. Prentice Hall, 1984.

17. Kuchinke, K. P. Moving beyond the Dualism of Performance versus Learning: A Response to Barrie and Pace. *Human Resource Development Quarterly*, 1998, 9 (04): 377.

18. Lave, J., & Wenger, E. *Situated Learning: Legitimate Peripheral Participation*. Cambridge University Press, 1991.

19. Marquardt, M. J. *Action Learning in Action: Transforming Problems and People for World-Class Organizational Learning*. Palo Alto: Davies-Black Publishing, 1999.

20. Maslow, A. *Eupsychian Management*. Homewood, IL: Dorsey, 1965.

21. Mayer, R. E. Learning. *Encyclopedia of Educational Research*, 1982, (02): 1040—1058.

22. Morf, M. *Optimizing Work Performance: A Look beyond the Bottom Line*. Quorum Books, 1986.

23. Perkins, D. N. Technology Meets Constructivism: Do They Make a Marriage? In *Constructivism and the Technology of Instruction*, Routledge, 1992.

24. Popper, M., & Lipshitz, R. Organizational Learning: Mechanisms, Culture, and Feasibility. *Management Learning*, 2000, 31(02): 181—196.

25. Rossett, A., & Hoffman, B. Informal Learning. In Robert Reiser (eds.). Trends and Issues in *Instructional Design and Technology*. Upper Saddle River, NJ: Merrill/Prentice Hall, 2006.

26. Rummler, G. A., & Brache, A. P. The Systems View of Human Performance. *Training*, 1988, (25): 45—53.

27. Rummler, G. A., & Brache, A. P. *Improving Performance: How to Manage the White Space on the Organization Chart*. San Francisco, CA: Jossey-Bass, 1995.

28. Seels, B. B. , & Richey, R. C. *Instructional Technology：The Definition and Domains of the Field*. Association for Educational Communications and Technology, 1994.

29. Senge, P. M. *The Fifth Discipline：The Art and Practice of the Learning Organization*. New York：Doubleday/Currency, 1990.

30. Swanson, R. A. The Foundations of Performance Improvement and Implications for Practice. *Advances in Developing Human Resources*, 1999, 1(01)：1—25.

31. Swanson, R. A. , & Holton, E. F. *Foundations of Human Resource Development*. San Francisco, CA：Berrett-Koehler, 2001.

32. Van Tiem, D. M. , Moseley, J. L. , Dessinger, J. C. *Fundamentals of Performance Technology：A Guide to Improving People, Process, and Performance*. International Society for Performance Improvement, 2000.

33. Wile, D. Why Doers Do. *Performance and Instruction*, 1996, (35)：30—35.

34. 赫尔曼·阿基斯：《绩效管理》，刘昕等译，中国人民大学出版社 2007 年版。

35. A. 班杜拉：《思想和行为的社会基础：社会认知论》，林颖等译，华东师范大学出版社 2001 年版。

36. 罗伯特·卡普兰等：《平衡计分卡——化战略为行动》，刘俊勇等译，广东经济出版社 2004 年版。

37. 于文浩、张祖忻：《绩效技术视角下的知识管理的定位及知识驱动绩效研究》，《远程教育杂志》，2009,(03)：16—19。

38. 于文浩：《混合学习的新视野：构建组织的学习与绩效体系》，《远程教育杂志》，2010,(01)：55—59。

39. 约翰·杜威：《主义与教育》，王承绪译，人民教育出版社 1990 年版。

第六章　绩效改进的学习观(二)：学习范式的嬗变

良冶之子,必学为裘;良弓之子,必学为箕。

——《列子·汤问》

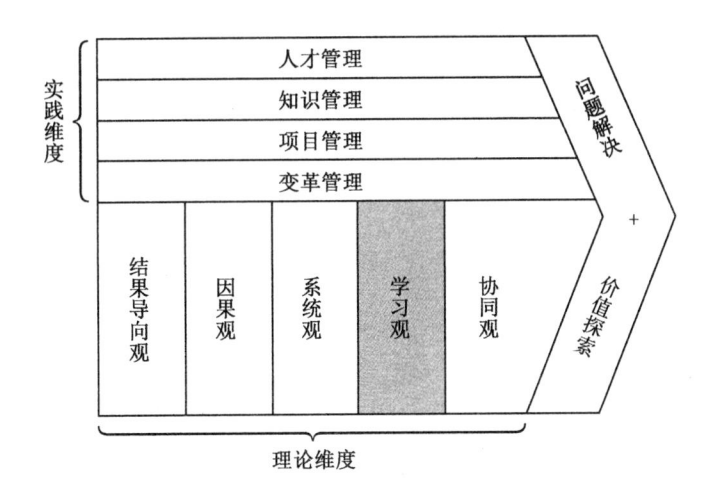

学习范式即在某个特定时间内,某个群体对与学习有关活动的共同心智模式。不同的学习范式将影响我们对学习活动、学习方式和学习内容等的倾向和选择。本章从工作方式演化的视角,对5种工作方式对应的市场价值、知识类型进行了历时性的阐释和分析,并由外而内地考察了实践中学习范式的嬗变轨迹。这5种工作方式分别为创客工匠、批量生产、流程改善、规模定制和互联共配。在此基础上,本章提炼了与这5种工作方式相对应的5种学习范式,即单创范式、获取范式、参与范式、共创范式和生态范式。结合以上4个维度(即工作方式、市场价值、知识类型和学习范式),本章建构了一个能系统整合这20个要素(4×5)的"工作—学习罗盘",该罗盘凝练了4个维度并具有跨维协同性,罗盘中每环的跨维协同都是一个价值创造、价值传递和价值实现的闭环。该罗盘体现了无形的智力资本和有形的组织资本之间的互动,体现了需求驱动与供应驱动之间的平衡。个体通过不断参与到社会实践场域中发展了自身的能力和意识,不断学习与适应的经验构成了他们在工作实践中的经历。大多数实践者需要应对来自崭新的工作方式所带来的专业能力上的挑战,工作场所为学习的开展提供了可拓展的实践情境。对于当下流行的创客运动、智能升级、生态战略、联通主义、客户肖像等热点词,可谓日新月异,难免使人萌生"乱花渐欲迷人眼"之感。我们迫切需要一个有说服力的逻辑框架来缓解由新概念不断涌现所带来的焦虑。为此,这个逻辑框架需要同时具备4个特性:溯源性、可拓展性、多维性和跨维协同性。所谓溯源性,即该框架能追溯过去,让我们理解过去与现在的连续性;所谓可拓展性,即该框架能面向未来,让我们以一种开放的视角建构现在与未来的联系;所谓多维性,即该框架能整合多个维度,整体性地理解"集体实践";所谓跨维协同性,即该框架中多个维度内的各层要素具有跨维度的协同性。本章的核心使命就是建构这样一个理论框架。

基于对以上4个特性的需要,我们必须先跳出学习的范畴,回归实践本质,再由外而内地审视学习范式的嬗变。本章在已有研究(Victor & Boynton,1998;于文浩,2013a)的基础上,梳理和建构一个能连贯新、旧要素,并阐明彼此之间"连续性互动发展"关系的结构。当我们在一个广泛的空间场所中讨论"学习范式嬗变"这一主题时,有必要对"工作方式的演化"做一个历时性的演化分析,这是本章的一个"基石性"的工作。本章认为,有关学习和教育的主题研究必须回归到工作实践这个核心点,因为工作和学习之间内嵌着某种供需契约,不同类型的工作方式需要不同类型的学习范式与之匹配。这是我们讨论社会系统中子系统之间共变性发展的前提。而工作方式的变化,需要我们更新和升级对学习及对人的发展方式的认识。

第一节　工作方式的演化

工作方式是指在组织内部创造价值和向客户传递价值的方式。每种工作方式对应着一种生产能力,每种生产能力对应着组织对外部所产生的战略价值。每种工作方式背后的驱动力是学习并利用经验和知识,而保持持续性进化的关键是,把一种工作方式中所产生的经验和知识嵌入下一种工作方式的实践中。

维克托和博伊顿(Victor & Boynton,1998)提出了5种主要的工作方式,分别是创客工匠(Craft)、批量生产(Mass Production)、流程改善(Process Enhancement)、规模定制(Mass Customization)、互联共配(Co-configuration)。人们对创客工匠的共同经历可追溯到上千年前;批量生产的实践有一个多世纪的历史;流程改善有半个世纪的历史;规模定制则出现了40年左右;互联共配方兴未艾,也只有20年左右的历史。维克托和博伊顿认为,这五种工作方式的演化具有连续性,具体关系如图6.1所示。

一、创客工匠

创客工匠是应用个人的经验、技艺和才智来手工创造价值的工作类型。这种方式可以通过专门定制来应对客户不断变化的独特需求,从而创造新颖的高价值产品或服务。创客工匠需要创客精神和工匠精神的结合,需要死磕式的打磨新颖的要素组合,为市场带来新物种(新的产品或服务)。因此,创客工匠的优势在于创造高价值的创新产品,而其劣势在于效率低、耗时久、高成本。创客工匠是知识创造的源泉,在实干中习得和积累的判断及经验是发展新方法与尝试新方法的基础。创客工匠的生命力来自个人的创造性和灵感。

104 绩效改进的理论与实践

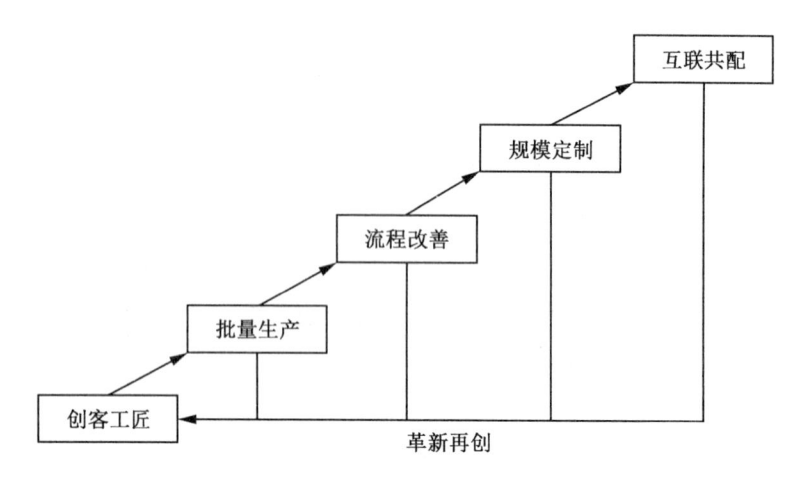

```
                              ┌────────┐
                              │互联共配 │
                        ┌────────┐
                        │规模定制│
                  ┌────────┐
                  │流程改善│
            ┌────────┐
            │批量生产│
      ┌────────┐
      │创客工匠│
                    革新再创
```

资料来源：改编自 Victor & Boynton(1998)。

图 6.1 工作方式的演化

二、批量生产

批量生产是不断重复性地将工匠的想法转变成标准化的产品，高效率是批量生产的本质。这种方式的核心是善加利用专家们的明晰知识，通过关注细节来避免误差。因此，如果说创客工匠是做正确的事情，那么批量生产则是按照正确的方式做事，创客工匠和批量生产的紧密关联创造了人类历史上的工业革命。批量生产方式有 3 个共同要素：一是在产品或服务的生产过程中有明确的劳动分工；二是工作中不需要专门化的技能；三是精确、一致的工作过程控制。这种方式的典型是福特 T 型车、麦当劳快餐、名牌运动服装等。批量生产的优势在于稳定和规模，通过可预测的过程控制来实现大批量、低成本的标准化商品。批量生产的劣势是对流程变化缺乏灵活性，标准化带来高效率的同时，也带来了低弹性。在批量生产方式中，工作者日趋分离为思考者（动脑者）与执行者（动手者）。

三、流程改善

流程改善的工作方式是对批量生产方式的超越。流程改善方式可帮助组织为市场提供高品质的产品或服务。流程改善是一种既动手又动脑的工作方式,其优势是把批量生产中分离的思考者和执行者的角色重新整合到同一工作者的身上,这种方式的基础是熟悉流程的工作者在实践中的发现和他们对未来流程的适应性。流程改善需要工作者在标准化的生产和创造性的流程改进之间进行角色转换,从而持续创造高品质的产品。这种方式的典型是日本的丰田模式,该方式平衡了效率和创新,采用自我管理团队的形式保持结构上的灵活性,并提高了个体和团队解决问题的能力。正如莱克(Liker,2016a)在《丰田模式》中提出的一条原则,"标准化作业和工作指导培训必须齐头并进。长期团队的成员必须学会发现问题,并谋求改进"。流程改善与其他的工作方式(创客工匠、批量生产和规模定制)有所区别,流程改善需要考虑工作的全局。

四、规模定制

规模定制追求精确的市场价值,这种方式通过模块化配置准确进行市场定位,根据客户的需求提供个性化的产品或服务。因此,组织需要建立一种在网络中把各个模块连接起来的方法。模块化结构中各个部分之间的组合和协同是清晰的,只要符合预定的规范,各部分就可以实现配合。规模定制方式需要组织资源能模块化地进行快速配置,这种方式帮助组织打造一种迅速布置组织资源进入动态网络的快速反应能力,这种灵活组合使得组织自有生产线的变化跟上了客户需求的变化。规模定制需要一个中枢配置器把市场需求的系统和组织资源连通起来,让正确的人在正确的时间获得正确的知识和信息,完成正确的工序,传递给正确的客户。规模定制的优势是结合了低成本与定制化;其劣势是不能单独使用,需与其他方式结合。

五、互联共配

互联共配在规模定制方式基础上更进一步,已演化为一种智能化的私人定制。互联共配方式下的产品和服务可以持续不断地根据客户的需求调整和定制出来,不断提供客户智能型的产品和服务。互联共配的典型个案是软件行业,因此该行业可以更便捷地把客户需求转变成精确、完整的产品参数。互联共配方式的优势是,利用与客户一起设计产品时创造的知识去强化组织的潜在能力。生产者和消费者之间的沟通关系由单向沟通变为双向互动,产品成为连接组织和客户的纽带,客户价值从一次性消费转变为持续性的用户价值网。

值得注意的是,虽然互联共配强调的是与客户的互联和客户的积极参与,但如果想从创客工匠方式转型到更高级的互联共配方式,就不能忽视关键的中间阶段,如标准化的批量生产和精准的规模定制等,每一步转型都需要有历史条件,互联共配建立在之前4种工作方式所形成的对客体的掌握和积累的基础之上(Victor & Boynton,1998;于文浩,2015)。

互联共配发生在组织、客户和产品(或服务)的分界面上,需要这三者处于一种发展性的互动关系之中。互联共配是组织、客户和产品(或服务)的三位一体。客户作为产品和服务的使用者,通过不断与产品或服务互动,教会产品改变性能;而产品或服务会根据客户的使用习惯而调整,并学会用一种令客户满意的个性化方式对新情境进行反应;组织不断增加或升级产品的特性。一种产品和服务就在组织、客户和产品自身三者互联的条件下被共同配置了出来。在这种工作方式下,产品或服务本身是不断演化的。互联共配方式并没有最终成品的说法,有的只是不断迭代升级的产品、不断增强的客户智能型的产品组合,甚至各个智能产品(或服务)之间也可互通互联,共同构成一个万物互联的生态网。

六、工作方式的演化与回归

如上所述,组织的这五种工作方式都各自对应着某种特定的市场价值定位，每一种工作方式都在打造组织的某种新的生产能力，这5种工作方式形成了一个价值创造和价值传递的闭环（见图6.2）。每一种工作方式都是下一种工作方式的先决条件，不同工作方式的组织中，组织使用技术的方式是不同的。

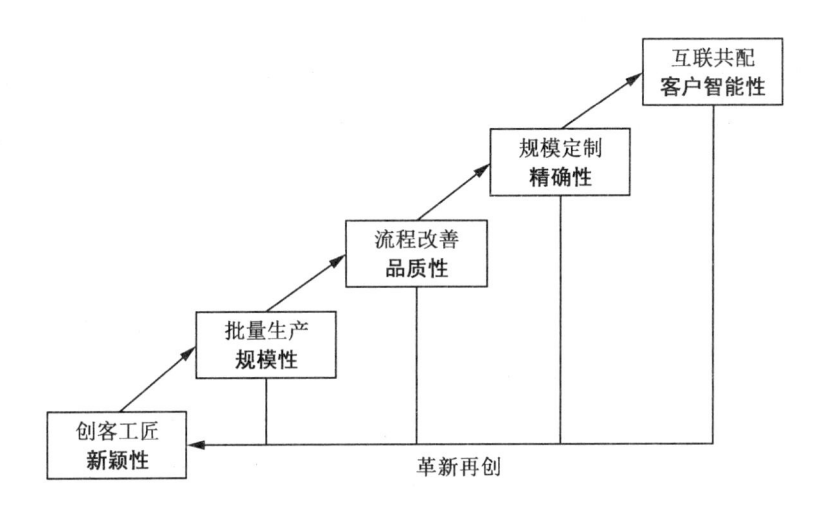

图6.2 市场价值与工作方式的对应

创客工匠方式的市场价值是新颖性，通过独特、新颖的产品或服务创新赢得市场认可，这是一场"新与旧"的战场；批量生产方式的市场价值是规模性，通过标准化达到高效率生产，从而通过低价格达到规模效应，这是一场"大与小"的战场；流程改善方式的市场价值是品质性，通过整合效率和创新，持续创造高品质的产品，这是一场"好与差"的战场；规模定制方式的市场价值是精确性，通过模块化配置为客户提供个性化的产品或服务，这是一场"多与少"的战场；互联共配方式的市场价值是客户智能性，通过对个体客户的需求进行主动反应，持续提供客户智能型的产品和服务，这是一场"动与静"的战场。

如图6.2所示，连接5种工作方式的路径只能是单行道，没有跃变式发展(Victor & Boynton, 1998)。工作方式的进化需要扎稳知识根基，例如，不能直接从创客工匠方式跃变到流程改善方式。组织的工作方式在进化的过程中,需要对现状和未来的定位达成清晰的共识,然后根据现在工作方式和未来工作方式之间的距离来规划路径。另一方面,当组织不能满足客户的真正需求时,任何工作方式的组织都需要重回"创客工匠"的状态,回归到价值的原创点,这种回归路径就是"革新再创",革新再创为任何工作方式的组织带来了能指导其创造过程的洞察力,让组织探索到产品和服务的极限并寻求解决之道。革新再创是组织学习系统的组成部分,可成为组织保持学习前瞻性和动态性的源泉。

第二节　知识类型的演化

知识在有关学习的任何讨论中都是核心议题,我们需要理解专业知识,因为它是专家绩效的基础。社会对于专业的信心来源于社会大众对专业绩效的认可,"专业"意味着需要基于本领域的专业知识而为社会提供服务。正如德鲁克(Drucker,1993)所言:在知识社会中,社会的基本经济资源不再是资本或劳动力,而是知识,并且将来还会是知识……社会价值是由"生产力"和"创新"创造出来的,两者都是"知识"在工作中的实际运用。随着劳动分工和专业化的进一步发展,知识在产品/服务定制中所起的作用会越来越显著。有价值的知识可以改进工作的绩效,反过来组织员工在绩效改进过程中也可以创造出新的知识,相关的知识水平越高,绩效水平也就越高。知识和绩效之间是辩证的动态联系:人们可以在实践中习得知识,也可以在实践中应用所学知识;绩效可以因为有价值的知识而得到提升,人们也可以在新的实践中习得新的知识(于文浩、张祖忻,2009)。对知识的研究可分为内生观和外生观,本章理论建构的背后有这样一个假设,即知识是通过从客体到主体的流动来获得的,而主体在认识客体的过程中,在认知层面上进行分类和加工,并把知识与各种具体细节性的事件相匹配和组合。正如维克(2009)所说,主体和客体之间是一种交互的影响。我们把知识的演化看作一个活动,在这个活动中,主体和活动进行着交互影响,并借此重新构成客体,内生观和外生观在此交动过程中互相交融。

获取何种知识以及为什么，在何时、何地、如何使用这些知识，是个人成长和社会发展的基本问题（联合国教科文组织，2017）。工作场所中对专业知识的需求驱动了知识类型的演进，而嵌入组织实践的知识是组织有效运作的基础性资源，可指引组织工作方式演化的方向和范围。如图6.3所示，每种工作方式都有与之相对应的具有战略意义的知识类型。与创客工匠方式对应的是默会知识；与批量生产方式对应的是明晰知识；与流程改善方式对应的是实践知识；与规模定制方式对应的是架构知识；与互联共配方式对应的是配置知识（Victor & Boynton, 1998）。知识演化与内嵌着工作方式的集体实践之间保持着持续性的互动，并在互动中调整和适应，逐渐演化出对既有知识类型有所突破的新类型。

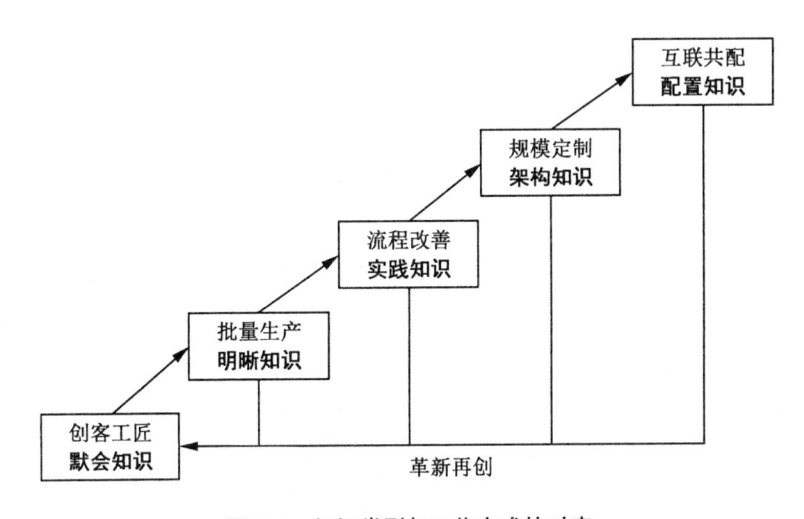

图 6.3 知识类型与工作方式的对应

一、创客工匠的默会知识

创客工匠方式是知识创造的精髓，是新理念的诞生方式。创客工匠对应的是不可言传的默会知识，默会知识是在实践中积累出来的，是个体的经验诀窍、判断力和直觉的综合体。创客工匠方式下的默会知识是一种个性化的知识,这类知识在人的头脑中,没有成型的程序和文件。个体是知识的承载者,人去则知识空。默会知识的实践性很强,深深扎根于个体的行动和经验之中,多是以现实的实践问题为核心。默会知识强调在实践中的直接体验,重视尝试和试错的价值。

创新是高度个体化的自我更新过程,默会知识的背后内嵌着创客们和工匠们的愿景、使命和价值观。创客们可基于"我们希望我们的孩子辈或孙子辈生活在什么样的社会或组织中"来确定愿景;接下来确定共同使命,以便所有参与者知晓当下已达到什么程度;根据这种结果上的差距,结合硬数据(如事实和数字)和软数据(如信念和情感),确定客户的需求空间,从而不断打造产品或服务。

二、批量生产的明晰知识

批量生产方式是通过低成本经营扩大规模。这种方式的基础是组织具有明晰知识,而不仅仅是在个体的头脑中。这种明晰知识是准确编入文件的显性知识,从而明确工作过程中的规则性和标准性。

高度个人化的默会知识具有一个缺陷,即不易与他人共享和交流。从创客工匠方式转型到批量生产的过程需要以标准化和重复使用为目标,这个转型过程可称为"萃取",即把工作中的默会知识转化为明晰知识,从而将其固化到组织系统中(见图6.4)。萃取阶段的主要挑战是获取创客工匠阶段积累的可清晰表达的知识,从而为组织提供可重复操作的步骤。萃取创客工匠方式积累的有价值的经验和诀窍对理解工作流程及选择最佳流程具有重大意义。这些有价值的明晰知识可根据流程汇编成册,从而方便具体岗位上的工作者获取与自己任务相关的知识,并控制产品的质量标准。因此,萃取阶段的关键是要对大量的明晰知识做到有判断力、有规则的集中汇编,以帮助组织合理优化工作流程,提高工作效率。

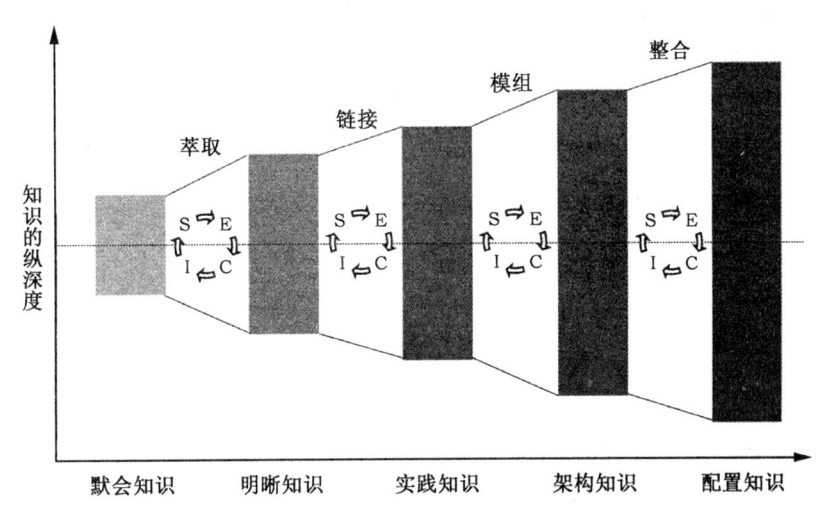

图 6.4　知识类型的演化与转型

三、流程改善的实践知识

流程改善方式需要"既动手又动脑"且训练有素的工作者,工作者在既定的工作流程实操中积累了关于流程和产品的实践知识,这是一种深刻的洞察力。每项实践知识都是实用的经验诀窍,既能不断降低成本,并持续提升品质,还可以带来不可预测的创新,甚至激发整个组织的学习。在流程改善的过程中,个体的实践知识被不断引入组织,并变成了组织的明晰知识,组织再对这些知识进行利用和配置。因此,工作者基于日积月累的反复实践而创造出的实践知识是流程改善的关键。

如图 6.4 所示,从批量生产转型到流程改善的过程称为"链接",关于工序搭接的实践知识可以为流程改善提供基础,实现"知识搭接"。链接需要把功能交叉的工序联系在一起。为促进链接的转型过程,可采用轮岗制度来改善整个组织中的信息和知识的流动。工作者可通过轮岗发展多种技能,既能考虑自己的任务,又能考虑别人的任务,从而保证流程改善经过慎重考虑,可以在流程的上下游之间进行有效的首尾连接。

这个链接过程需要采用基于团队的组织,打破专门化的信息流动,从而优化价值链的整合。基于团队的组织内部是互惠性的关系,需要工作者在标准化的生产和创造性的流程改进之间进行"攻防转换"。在实践方面,朗姆勒等提出了一套在系统观指导下的绩效改善实践方法论,它是一个绩效改善的三层次模型,包括相互依赖的组织层次、流程层次和工作人员3个层次,而流程层次正是连接个人层次和组织层次之间的纽带(于文浩,2013b)。流程改善带来的是不断的微创新,工作中的实践知识以一种渐进方式驱动品质的提升,这是一种难以模仿的无形资产。

四、规模定制的架构知识

规模定制的关键是能把人、信息和技能等进行快速链接和重组配置,而这个关键的基础是关于组织运营的架构知识。在流程改善方式中会积累出一种嵌入组织知识的对整个系统的架构知识。架构知识关乎生产流程中复杂模块的相互作用和相互独立的深刻理解,是组织积累的深层次知识,这些知识包括对功能标准件、标准化接口、共同界面、柔性生产等的认识。架构知识需要将各种可重复使用的专门资源模块化,将资源能力与客户市场直接对接,并建立洞悉模块间关系的中央枢纽配置中心。架构知识帮助组织根据获取的顾客知识和可重复使用的内部流程知识,对人、物、信息和流程进行重新配置,从而在动态网络中形成模块化的重新配置和灵活组合。

如图6.4所示,从流程改善转型到规模定制的过程称为"模组",这个转型的过程需要创建模块化组合的动态网络,从而根据市场需求的变化做出定制化的快速反应。这个动态网络是可持续更新的,具有既虚拟整合又紧密结合的特点,力争做到按需高度响应,定制化的过程就是对各个模块单元进行重组的过程。在架构知识的支持下,整个工作流程都是为客户整合出独特的价值链而进行模组化的链接。在这个动态网络中,管理者如交通警察,根据客户变化的需求灵活协调各种资源,作为知识载体的工作者则逐渐成为复杂网络中的枢纽节点。

五、互联共配的配置知识

互联共配的配置知识是关于产品或服务的基本模块如何随着顾客需求的多样化而进行相应多样化组合配置的诀窍。利用配置知识,组织能动态持续地创造出顺应顾客需求的产品和服务。配置知识帮助组织理解如何把公司的网络与客户动态链接起来,不断根据客户的需求重构产品和服务,从而把客户整合到共同的价值创造体系中。

如图6.4所示,从规模定制转型到互联共配的过程称为"整合",借助配置知识,客户、产品和组织形成连续互动结构,这三者间的动态互动又创造了更大的、适应性的网络结构。学习与工作、客户与产品、客户与组织之间的边界消失,取而代之的是紧密耦合的整合化连接,这种整合化连接不断共享着有关产品或服务经历的客户体验信息,包括客户对产品或服务体验的信息、感觉和想法等。互联共配需要多个协作的行动者以网络互动的形式运作,并在互动中相互学习。内嵌在产品中的智能功能(有处理器、感应器、存储器等)会增强产品自身的学习能力,并强化产品对人的替代性,从而形成"人"与"非人"之间的对称链条。

六、知识类型的演化与转型

如上所述,各种知识类型之间的转型路径具有异质性:从默会知识到明晰知识是萃取的过程,即将可清晰表达的知识固化到组织系统中;从明晰知识到实践知识是链接的过程,即把功能交叉的工序知识搭接在一起;从实践知识到架构知识是模组的过程,即先功能模块化,而后根据市场需求的变化灵活组合;从架构知识到配置知识是整合的过程,即将客户、产品和组织整合到动态互动的网络中。

如图6.4所示,纵轴是知识的纵深度,表示知识向显性化和隐性化两个方向延伸。显性知识和隐性知识是知识管理领域常用的知识分类,显性知识是"可用正式的系统的语言来表述,可以用数据、科学公式、说明书和手册等形式来共享",显性知识可以在书本、用户使用手册、视听节目、培训课程和其他媒体中被编码储存和呈现出来。隐性知识是关于经验和洞察力的知识，组织内部隐性知识往往比显性知识更多，这些隐性知识也很有价值，但是难以被描述和管理（Rosenberg，2006）。为了提升市场价值，知识类型的演化过程中，需要在知识的隐性化和显性化两个方向上挖掘深度价值，并转化为组织的智力资本。智力资本是组织发展的动力，组织对待智力资本的态度将决定它的发展潜力，而智力资本的源泉是人的知识创造。在知识演化过程中，每个知识类型之间的转型都需要知识生产的循环。

知识生产与创新最为知名的理论是由野中和竹内（2006）提出的 SECI 理论。野中和竹内在认识论上沿用了波兰尼的隐性知识和显性知识的区分，认为知识创新就是基于隐性知识和显性知识之间的互动和相互转化。在本体论上，他们认为，知识可从个体层面、团队层面、组织层面等不同层次上产生。然后他们提出了 4 种"隐性知识和显性知识"相互转化的 SECI 模式，即共同化（Socialization）、表出化（Externalization）、联结化（Combination）和内在化（Internalization）。共同化是参与者在日常社会互动中通过共同体验创造隐性知识（如共同心智模式或技能）的过程；表出化是把隐性知识显化，通过对话和集体反思创造概念的过程；联结化是将不同的形式知识重新构造，催生新知识的过程；内在化是指经过以上过程后，以共同心智模式的形式内化到个体的隐性知识库中。

图 6.4 展示了这 5 种知识类型之间转型所需要的过程及知识演化过程的螺旋式发展：一方面，在知识的纵深度上，向显性化和隐性化两个方向不断延伸；另一方面，在知识创造的循环中，隐性知识和显性知识的互动通过 SECI 模式向水平和垂直两个方向拓展边界，不断引起知识创造的新循环。组织中知识创造的过程是一个不断演化的过程。每种工作方式都有与之相对应的知识类型，嵌入组织工作的知识是组织的基础性资源，一方面推动了组织工作方式演化，另一方面也引导了学习范式的变迁方向。

第三节 学习范式的演化

工作场所中崭新的工作方式为专业能力带来了挑战,工作场所为学习的开展提供了可拓展的实践情境,学习则成为员工更好地完成工作任务和提升专业能力的有效途径。学习本身也是一种即席的实践,其在活动、任务、意义和认知的相互依赖关键之中展示着内在的逻辑。学习本身作为一种认知生产力而存在,不同的工作方式需要不同的认知生产力。相应而言,学习的内涵也须与工作方式具有共变性。

"范式"(Paradigm)一词来自希腊文,原意包含"共同显示"的意思,由此引申出模式、模型的意思。科学史学家、科学哲学家托马斯·库恩(Thomas Kuhn, 1996)用"范式"来描述公认的模型或模式,并认为范式"代表着一个特定共同体的成员所共有的信念、价值、技术等构成的整体"。范式限定了某一段特定时间内从事某一领域的相关活动的心智模式,范式的革命即由一种规范通过变迁过渡到另一规范,也是专业工作者对特定领域认知的进化过程(于文浩,2013c)。因此,本章中的学习范式即指在某个特定时间内,某个群体对与学习有关活动的共同心智模式,不同的学习范式将影响我们对学习活动、学习方式、学习内容的选择和倾向。

学习永远都在发生。一方面,发生哪种学习范式取决于正在进行的工作方式;另一方面,学习范式也为接下来的工作方式孕育着智力储备。伴随着工作方式的演化,学习范式也需要进行认知升级。如图6.4所示,萃取、链接、模组和整合4个过程融合在一起,描述了一个学习体系的演化历程。基于此,我们可以为组织发展过程中不同类型的工作方式提供相关的知识和智力支持。如图6.5所示,与创客工匠方式对应的是单创范式;与批量生产方式对应的是获取范式;与流程改善方式对应的是参与范式;与规模定制方式对应的是共创范式;与互联共配方式对应的是连通范式。学习范式的演化意味着关于学习内涵的核心假设的根本性转变,每一种学习范式都有与之相一致的核心假设,范式的差异性必将带来核心假设、理论以及概念上的差异性。

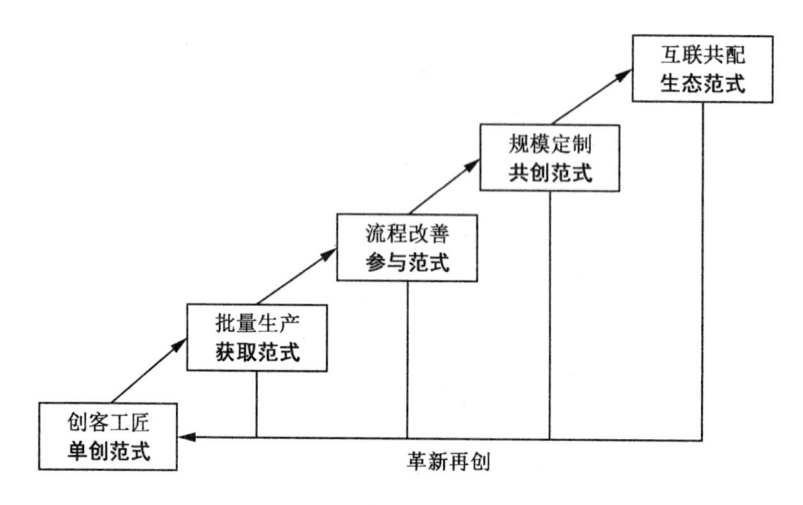

图 6.5 学习范式与工作方式的对应

一、创客工匠的单创范式

创客工匠方式建立在关于学习的单创范式基础之上。人们在创客工匠方式下认为,只有在实干中学习,才能不断积累默会知识。价值创造的起点就是手工工作者,这种范式是基于实用的学习理念。这是一个"从零到一"的阶段,需要创客和工匠们(创始人)全身心地投入。

体验学习的积极推动者库伯(Kolb,1984)认为,学习是体验的转换并创造知识的过程,他将学习看作整合了体验、感知、认知与行为 4 个方面的统一过程,他认为个体可以从经验中思考,从而获得情感的、实践的以及认知的学习结果。贾维斯(Jarvis,2006)将学习看作一个整体的人在某个社会情景中建构一种经验,并把其转化到认知、行为及情感领域,从而融入个人生活历史,最终导致个体改变(更富有经验)的整合过程。在他的定义中,学习包含了知识、技能、态度、经验上的转化。

创客工匠方式需要综合能力要求较高的人才:他们有远见卓识,勇于打破行规,敢于探索未知;他们具有理想主义气质,且意志坚韧不拔;他们渴望寻找可重复和可升级的商业模式,易于接受失败,并能将其转化为学习和迭代的过程(于文浩,2017)。单创范式下,学习者建构的经验是学习者个体与所处情境之间的反思性对话。对话的形式不仅是认知上的交互,还包括行为上的调整和情感上的交融,从而使个体经验获得整体性的提升。因此,学习的单创范式是知、行、情、思、创的统一。

二、批量生产的获取范式

批量生产方式需要建立在标准化基础之上,批量生产和相关的系统性专业化使得企业有能力大规模、低成本地向社会提供产品或服务,与之适应的是关于学习的获取范式。学习的获取范式把人的学习理解为对某种事物的获取,把知识化的能力视为一种具体的存在。学习的过程可以获取多种类型的实体,如知识、概念、图示、事实和表征等。获取范式以"学习是一个向个体学习者传递知识的过程"这个假设来形成概念体系。

获取范式更关注内部,斯法德(Sfard,1998)认为,无论哪种主义或理论(行为主义、建构主义或互动主义),只要是通过关注"概念发展"和"知识的获取"来研究学习,我们就可以将其归为获取隐喻的范畴。这是因为,它们的认识论基础是,知识是一种不依赖于学习者而独立存在的客观事物,并且可以被学习者获取、内化、拥有和表现出来。在获取范式下,专业能力的发展成为个体的"修炼",通过刻苦实践吸纳更多的客观知识,从而实现自身的"升级"(于文浩,2013a)。

在工作实践中,获取范式趋向于把学习局限于正式学习,强调规则、例证、练习和反馈等基本要素,强调知识的良构性和去情境性。获取范式认为,学习是主体经验从客观环境中建构自我的汲取过程,学习体现了环境对于个体由外而内的塑造作用。获取范式下,学习提供方的职能只是适应组织上层的需要,却很少考虑是否需要针对某些具体目的去发展某些专业化的知识。另外,获取范式很少关注社会结构和社会互动以及在实践中创生新的知识。

三、流程改善的参与范式

流程改善需要对流程持续"精进"。学习的参与范式强调实践中持续涌流的知晓(Knowing)。参与意味着"成为更大整体中一部分"的过程，个体通过参与，逐渐成为共同体这一整体中不可或缺的一部分，参与的过程也是各种权力关系再分配的过程。参与范式下，学习被认为是由边缘参与逐渐向心性地发展为完全参与的过程，学习的参与互动过程与团队或共同体的社会结构交织嵌套在一起，学习成为参与知识建构的社会过程。

参与范式重视学习的情境性，认为学习与其发生的情境是不可分离的。研究情境学习理论的学者莱夫和温格(Lave & Wenger,1991)提出了作为"合法的边缘性参与"的学习观，把学习定义为个体参与特定实践共同体的不断变化着的过程。团队中的新成员通过团队实践由边缘性参与向心性地发展为完全性参与，从而连接了发展中的个体和发展中的共同体内在的共有过程。"实践知识"的概念越来越突出"对话性"和"沟通性"。通过参与、协调和整合的活动，个体在实践活动中运用材料和工具，有意识地参照别人如何运用其专业能力和工具，从而使学习获得真正的社会意义。此范式下，参与性既表现为专业能力身份的发展，又表现为团队自身的再生产和转化，不同个体的连续性发展推动着团队的再生产性发展和新陈代谢(新手的成熟、专家的替换)。正如丰田总培训师加藤功所说："制造产品的关键在于培养人才"(莱克,2016b)。参与范式重视通过工作轮岗来发展员工的多种技能。学习的参与范式认为，集体能力包括成员的生产、高知识能力的产生以及专家身份的产生。个体的身份认同、与共同体的关系(归属程度)、对未来参与轨迹的感知共同决定了学习的性质和程度。一般而言，参与范式关注对组织知识的渐进式掌握和对已有组织实践的适应性。因此，参与范式的缺陷在于，仅适合于探索具有稳定文化的共同体，而不能探索具有文化转型特征的共同体。

四、规模定制的共创范式

规模定制方式需要模块化配置,强调动态变化性和内部网络的灵活整合性,与之对应的是学习的共创范式,共创范式是学习从标准化向定制化过渡的标志。共创范式关注能促进知识发展和深化理解的集体学习,它的焦点是活动的共同客体的协作性和系统性的发展,学习则被看作一种提升专业内容的协作努力。思维和行动(知和行)在探究过程中不可分割,知识创造是一个同时促进概念理解和改变社会实践的过程。共创范式更倾向于关注创建能促进知识创新的社会结构和协作过程,它倾向于探究支持新知识形成和创新产生的过程、实践和社会结构,而非对已有文化的适应或对已有知识的同化。贝赖特(Bereiter,2002)的知识建构模型起源于动态专业能力和渐进式问题解决的理念,他认为知识建构是创造公众接受的概念性人工制品,从而可以使其成为继续创造概念性人工制品的工具。共创范式更注重个体间的平等性。索耶(Sawyer,2007)认为:"在创新型组织中,领导者必须致力于提高每个人的创造力,他们的创造性必须加以交汇,带来组织整体的成功。"共创范式倡导共同探究。哈格里夫斯(2007)认为,专业学习共同体提倡成员持续参与学习,可以将知识、技能以及学校内外的教师结合起来,并在成员内部改造知识和学习。

共创范式的基本思想是多个个体为共同事业而创造,组织环境则为个体的主动性和认知发展提供滋养。学习的创造过程可以理解为个体决策与社会关系之间相互影响的过程。活动的创造性潜力与行动者之间的互动紧密相连:他们试图理解目的或问题、重新界定系统目标,并且在众多限制中寻求新的可能性(Engeström,1999)。共创范式追求集体性的组织变革,并通过集体活动进行知识创造,在系统结构中不断推进目标的演进。优秀的组织深谙交互的价值,团队中的成员是否愿意共同思考、共同探索、互相反馈,也成为决定规模定制这一工作方式的关键因素。共创范式下的学习体现了实践者与其参与的社会学习系统之间的双向互动关系,这种关系把个体的变化和组织结构的进化结合起来。

五、互联共配的生态范式

知识时代的属性决定了人的专业能力需要在一个网络生态中才能发挥作用,在生态内相互作用的过程中,人即为生态结构中的行动者,也是该结构的创造者。互联共配整合了客户、产品和组织,将这三者打造为一个动态适应的网络结构,学习与工作、客户与产品、客户和组织之间的边界消失,取而代之的是紧密耦合的整合化联结,与此对应的是学习的生态范式,生态范式下连通之物结成了休戚与共的命运共同体。生态范式意味着学习不是资源孤岛,不是对某类资源的拥有,而是连通其他资源,共构一个自我组织的开放网络。异质性的行动者们构成了这个学习生态,学习生态本身也塑造了行动者。

对于工作场的情境而言,协作性、变革性的学习范式日益得到重视。工作世界中,工具和技术被嵌入越来越多的意义,也具备了越来越多的智能,工作的世界俨然成为由人和人工物所构成的异质性的复杂网络。随着越来越多的行动者的加入,学习开始以集体合作的形式对问题进行界定和分析,并通过设计和实施新的行动方案,使集体穿越最近发展区。活动理论为生态范式的展开提供了一种理论框架参考,恩格斯特罗姆(Engeström,2004)基于活动理论强调了实践中学习的协作性和变革性。他认为,在活动的生态结构中:主体是专业能力的枢纽载体;客体是客户智能型产品/服务的进化轨迹;工具包括协商、即兴之作、跨界对象和混合空间等;共同体强调"生产者—消费者"的网络;工作分工是基于生产者、消费者和产品/服务之间能力、任务和责任的持续协商;规则强调能促进相互信任的透明性和互惠性。生态范式视野下,价值创造的集体过程是一种有机的进化过程。生态范式关注整个生态中共同体的动态发展,我们需要知道,在协作网络中,哪些工作环境因素促进其发展、哪些因素阻碍其发展。

比亚利克 & 菲德尔(2018)认为,在人工智能时代,人类在以下领域优于计算机:体验真实的情感和建立联系;跨范围形成问题和作出解释;

根据抽象概念作出决定；等等。因此，生态范式非常重视非正式学习和非系统知识的地位。正如《反思教育》（联合国教科文组织，2017）中提出的那样：学习作为一种社会经验，需要与他人共同学习，以及通过与同伴和老师进行讨论和辩论的方式来学习。这意味着在日常工作实践中，我们在正规教育之外，需要持续不断地共享工作和生活所需求的经验知识，并以自身的需求整合这些经验知识。生态范式下，学习交互的连续体（从低级到高级）包括操作交互、寻径交互、意会交互和创生交互4类，其中创生交互是一个知识创造和生长的过程，这4类交互共同促进了学习生态的形成、发展和优化（王志军等，2015）。人们不断在互动中共享有助于自身经验发展的知识，并在工作实践中将自我经验和他人经验整合起来，从而不断地丰富自己及彼此，优化整个价值生态。

因此，生态范式强调多边对话，强调组织的自我领导，强调组织内部的共享领导力，组织目标也在这种共同构建中不断进化。

生态范式强调开放创新，强调跨界学习，强调生态共享，强调分布性的去中心化而非中心化，强调连通协调而非拥有。生态范式下，实践中个体间包含更少的层级和更多的开放沟通，强调去中心化的开放互动而非权威控制的互动。去中心化的网络结构是创新的发源地，生态内部的互通性扩充了共同工作和学习的容量。

六、学习范式的演化与整合

上面介绍了与5种工作方式相对应的5种学习范式。在实践中，行动者的学习要面对多重角色：一方面，实践者既要成为既有知识的继承者来维持现有实践，又要不断催化新的知识来改善实践；另一方面，实践者既要自我提升、独立思考，又要协作互助、共同应对变化。下文将通过"稳定性—变革性""个体性—集体性"两个维度对这5种学习范式进行分析。在"个体性—集体性"维度中，个体性区域表示学习倾向于以个体为活动单位，集体性区域表示学习倾向于以群体成员身份进行活动。在"稳定性—变革性"维度中，稳定性区域以稳定性和重复性为特征，变革性区域以不稳定性和创新性为特征。

如图 6.6 所示,单创范式主要关注个体的创新,关注个体对实践的变革;获取范式主要关注个体的认知,更多的是单一性地关注个体的思维;参与范式主要关注个体在集体中与他者之间的互动;共创范式关注组织内的集体性,关注人们如何协作性地开发产品或服务;生态范式关注价值网络的联通与优化,具有整合性和包容性。

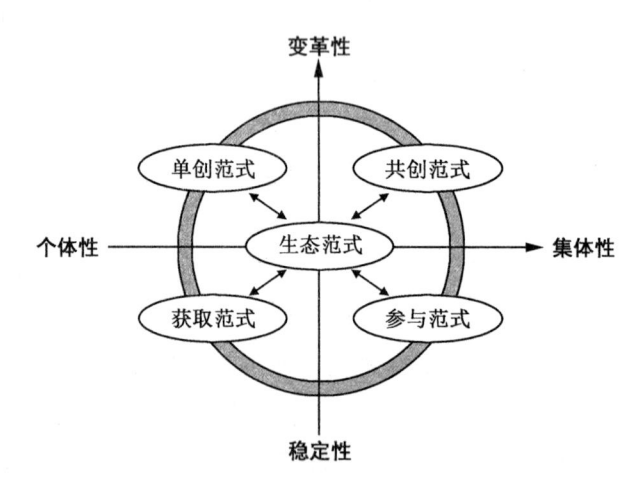

图 6.6 学习范式的演化与整合

5 种学习范式在对知识本质的理解上有所差异:单创范式强调默会性知识,强调工匠个体的经验、判断力和直觉的实践理解;获取范式强调概念性知识和良构知识;参与范式强调作为持续活动中一部分的知识,强调知识的社会属性;共创范式强调拓展实践,认为不同形式的知识与实践之间的相互作用可产生新的实践;生态范式强调知识的分布性和去中心化,强调知识的动态流动性和跨越边界性。在这 5 种学习范式中,知识从个体层面演化到团队层面、从团队层面演化到组织层面,又从组织层面演化到生态中的组织间层面,演化轨迹呈现了"点、线、面、体"的形态。

我们对学习范式的认知变迁也沿着对实践理解的轨迹。随着工作方式的演化,我们需要适应性的切换学习范式的频道。不同学习范式之间具有不可通约性，5种学习范式的适当结合将发挥各自的独特优势，整体性地审视学习，从而帮助我们应对工作实践中学习的复杂性。

第四节 演化罗盘：工作—学习罗盘

本章以上部分分别从工作方式、市场价值、知识类型、学习范式4个维度递进地展开论述。本章开始曾提到，预建构的理论框架需具备4个特性：溯源性、可拓展性、多维性、跨维协同性。如图6.7所示，结合以上4个维度（市场价值、工作方式、知识类型和学习范式），本章建构了工作—学习罗盘，这个罗盘的演化阶段涵盖了"过去—现在—未来"的时间连续体，兼具溯源性和可拓展性。这个罗盘由外而内地整合了市场价值、工作方式、知识类型、学习范式这4个理解实践的维度，每个维度又分为5个层次，每个层次之间具有跨维度的协同性，兼具多维性和跨维协同性。

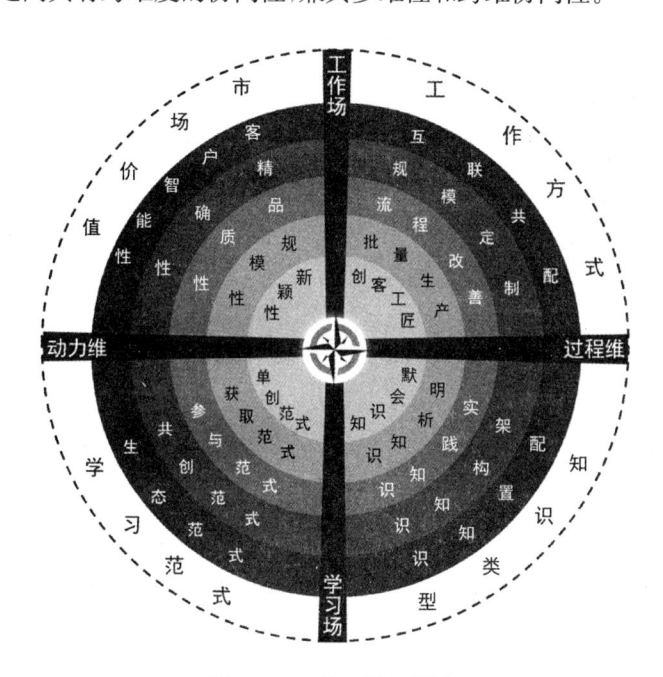

图6.7 工作—学习罗盘

"工作—学习罗盘"由市场价值、工作方式、知识类型和学习范式4个维度组成。罗盘中纵轴两端为工作场和学习场,工作场涵盖市场价值和工作方式,学习场涵盖知识类型和学习范式。横轴两端为动力维和过程维,动力维涵盖市场价值和学习范式,过程维涵盖工作方式和知识类型。其中,市场价值维度有新颖性、规模性、品质性、精确性和客户智能性5个层次;工作方式有创客工匠、批量生产、流程改善、规模定制、互联共配5个层次;知识类型有默会知识、明晰知识、实践知识、架构知识和配置知识5个层次;学习范式有单创范式、获取范式、参与范式、共创范式和生态范式5个层次。所谓跨维协同性,类似于"新颖性—创客工匠—默会知识—单创范式"这四者之间的协同一致,协同的四者都在同一个圆环内。每个跨维协同的循环都在协同打造某种组织能力,不同工作方式需要不同的生产能力。相应地,学习的内涵也须与工作方式具有共变性。

这个演化罗盘的核心是利用和探索的平衡。学习作为一种适应过程,包含利用和探索两种机制,分别对应利用性学习和探索性学习(马奇,2010)。利用性学习是将既有的技术和知识进行常规化精细化,值得效法的模式被以典型的形式保留了下来,结构胜于创生,这种学习对应着持续性创新;探索性学习则尝试新事物,质疑既有模式,创生胜于结构,可通过回归"创客工匠方式"进行探索性学习,这种学习对应着颠覆性创新。倾向于利用性学习的组织在实际决策和执行力上占有优势,但更容易陷入"成功陷阱",探索性学习需要组织具有包容性的文化,并鼓励成员不断尝试新事物和实践创新。

持续发展的组织能够打造新、旧业务不断更替的生态体系,其共同特点是能够持续培育新兴的创新业务。一方面,他们积极地对成熟的核心业务进行"持续性创新";另一方面,他们能敏锐地把握商机,通过"颠覆性创新"孵化新兴业务。简言之,持续成长的关键是保持新旧业务的连续更替(于文浩,2017)。组织需要在核心业务处于盛年期就创建和发展新兴业务,由此保证旧业务衰落与新业务兴起之间没有太大的时间延迟和较连续的业务周期叠加,从而带来组织整体的持续性增长。

每种工作方式背后的驱动力是探索和利用知识,通过掌握在新工作方式中产生的知识去创造新的产品或服务。保持持续性进化的关键是,要把某种工作方式中产生的经验和知识用于下一种工作方式的生产过程,而转型为一种更高效的工作方式需要有效的探索和利用知识实现内部增长。成功的组织既需要利用性学习,又需要探索性学习。演化的动力取决于组织如何调节利用与探索之间的平衡。该罗盘可在工作实践中指导如何从智力资本的底层(学习范式和知识类型)驱动组织资本(工作方式和市场价值)。每个跨维协同的循环都在共同打造某种组织能力,各环的跨维协同都是一个价值创造、价值传递和价值实现的闭环,体现无形的智力资本和有形的组织资本之间的互动。学习场的智力资本开发是一种供应驱动的战略,工作场的组织资本开发是一种需求驱动的战略,在实践工作的大舞台上,两者携手并进,共同寻找一种动态平衡。

参考文献

1. Bereiter, C. *Education and Mind in the Knowledge Age*. Erlbaum, 2002.

2. Delors, J. et al. *Learning: The Treasure Within*. UNESCO, 1996.

3. Drucker, P. *Post-capitalist Society*. Harper Collins, 1993.

4. Engeström, Y. Innovative Learning in Work Teams: Analyzing Cycles of Knowledge Creation in Practice. In Engeström, Y., Miettinen, R. & Punamäki, R. L. (eds.), *Perspectives on Activity Theory*, Cambridge University Press, 1999.

5. Engeström, Y. The New Generation of Expertise: Seven Theses. In Rainbird, H., Fuller, A. and Munro, A. (eds.), *Workplace Learning in Context*, Routledge, 2004.

6. Jarvis, P. *Towards a Comprehensive Theory of Human Learning: Lifelong Learning and the Learning Society* (Vol. 1). Routledge, 2006.

7. Kolb, D. A. *Experiential Learning: Experience as the Source of Learning and Development. Englewood Cliffs*. Prentice Hall, 1984.

8. Lave, J. & Wenger, E. *Situated Learning: Legitimate Peripheral Participation*. University of Cambridge Press, 1991.

9. Rosenberg, M. J. Knowledge Management and Learning: Perfect Together. In Robert Reiser (eds.), *Trends and Issues in Instructional Design and Technology*, Upper Saddle River, Merrill/Prentice Hall, 2006.

10. Sawyer, K. *Group Genius: The Creative Power of Collaboration*. Basic Books, 2007.

11. Sfard, A. On Two Metaphors for Learning and the Dangers of Choosing Just One. *Educational Researcher*, 1998, 27(02): 4—13.

12. Victor, B., & Boynton, A. C. *Invented Here: Maximizing Your Organization's Internal Growth and Profitability*. Harvard Business School Press, 1998.

13. 安迪·哈格里夫斯:《知识社会中的教学》,熊建辉等译,华东师范大学出版社2007年版。

14. 杰弗瑞·莱克:《丰田模式:精益制造的14项管理原则》,李芳龄译,机械工业出版社2016年版。

15. 杰弗瑞·莱克:《丰田人才精益模式》,钱峰译,机械工业出版社2016年版。

16. 卡尔·维克:《组织的社会心理学:如何理解和鉴赏组织》,贾柠瑞、高隽译,中国人民大学出版社2009年版。

17. 联合国教科文组织:《反思教育:向"全球共同利益"的理念转变?》,教育科学出版社2017年版。

18. 玛雅·比亚利克、查尔斯·菲德尔、舒越、盛群力:《人工智能时代的知识:致力于培养专长和学会迁移》,《开放教育研究》,2018,(02):13—22。

19. 托马斯·库恩:《科学革命的结构》,金吾伦、胡新和译,北京大学出版社2003年版。

20. 王志军、陈丽:《联通主义学习的教学交互理论模型建构研究》,《开放教育研究》,2015,21(5):25—34。

21. 野中裕次郎、竹内弘高:《创造知识的企业:日美企业持续创新的动力》,李萌、高飞译,知识产权出版社2006年版。

22. 于文浩、张祖忻:《绩效技术视角下的知识管理的定位及知识驱动绩效研究》,《远程教育杂志》,2009,(03):16—19。

23. 于文浩:《从学习隐喻的演化视域管窥专业能力的发展》,《开放教育研究》,2013a,(01):14—23。

24. 于文浩:《绩效技术的系统观:朗姆勒的理论与实践》,《现代教育技术》,2013b,(11):11—16。

25. 于文浩:《绩效技术的范式变迁:走向价值探索》,《现代远程教育研究》,2013c,(06):24—32。

26. 于文浩:《战略性打造企业培训体系的"三重门":基于业务生命周期视角》,《现代远程教育研究》,2017,(02):53—59。

27. 于文浩:《团队专业能力的发展:活动理论视角下的多个案研究》,上海人民出版社2015年版。

28. 詹姆斯·马奇:《马奇论管理:真理、美、正义和学问》,丁丹译,东方出版社2010年版。

第七章　绩效改进的协同观

当整个组织中的某一个环节得到优化时,组织常常只是达到次优,而不是最优。

——〔美〕朗姆勒、布拉奇

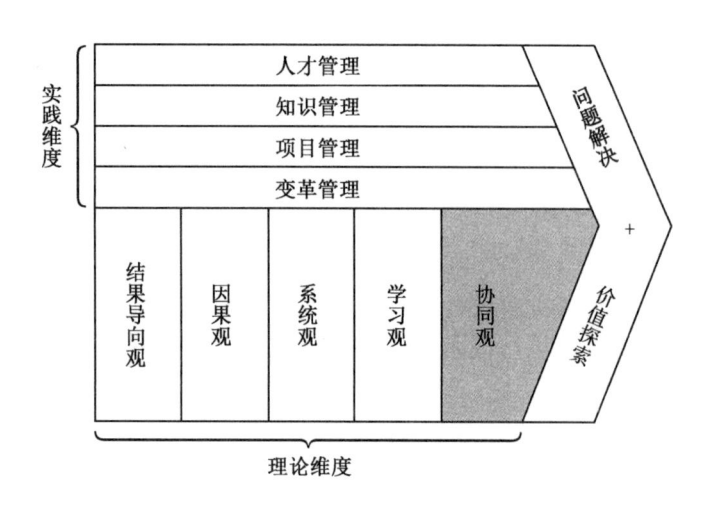

组织需要使用一系列的绩效改进干预措施来发展业务。组织中战略、结构、流程和人才等内部因素是在不断发展的。外部的环境因素,如市场竞争、政府政策、人口结构,时刻影响着组织的生存和发展。内外部因素共同推动组织不断变化、适应和改进。组织作为一个系统,需要动态地调整组织内部因素、整合外部因素,进行绩效改进和组织变革,实现组织系统的持续性优化。现如今,大多数组织具有多项职能,存在大量复杂交织的工作任务,如果要在面对复杂情况时高效完成任务,就需要调整个人、部门与组织之间的关系，以共同的目标协调组织各要素之间的运作，形成协力。

绩效改进人员应用协同观来改进组织绩效。组织各层次、各部分对组织整体的影响并不是孤立的和单因果的。因此，只有当组织各部分能更有效地协同在一起时，才能够最有效地实现组织目标。已有绩效改进专家对组织协同展开研究，提出涉及组织协同的理论和实践模型，为绩效改进人员实现组织协同提供支持。

第一节 组织协同的概念内涵

绩效改进人员在应用绩效改进的原理、流程和工具时，需要应用协同的视角来谋求组织问题的干预措施。协同对于改进任何开放、复杂的绩效系统都至关重要。在一个组织系统中，如果系统组件不协同，它们就不能共同工作以产生最佳结果(Amarant & Tosti,2006)。

协同涉及组织的各个层次和部分之间、组织内外之间的关系。已有专家意识到协同的重要性并对其进行研究(见表 7.1)。鲍尔(Power,1992)认为，组织协同确认了组织与外部环境(包括供应商、新市场、客户群体和股东)的联系的重要性，作为可持续竞争优势来源的综合能力或组织能力，是一种宝贵而稀缺的资源，对组织绩效有重要影响。波特(Porter,1996)认为，组织的竞争优势来自其活动相互配合的程度和加强的方式。组织协同要做到组织的每个活动或职能与整体战略相一致，并通过跨活动的协调，根据竞争需求部署关键资源和开展决策。塞姆勒(Semler,1997)将组织协同定义为组织的战略、结构和文化在多大程度上结合在一起，实现系统一致性，从而有可能实现组织战略中规定的目标。朗顿(Langdon,2000)着眼于绩效，认为绩效协同就是确保组织中的所有事物共同工作，以实现组织的外部目标，这需要组织成员理解绩效。

不同专家从能力、状态和实施理念等角度解读组织协同。结合专家们对组织协同的定义，本书认为，组织协同使组织内外部的各个层面和部分之间实现一致或整合的效果，从而更好地实现组织目标。

表7.1　　　　　　　　　关于组织协同的定义表

作者（年份）	关于协同的观点/定义	特征/角度
鲍尔 （Power，1992）	确认了组织与外部环境（包括供应商、新市场、客户群体和股东）的联系的重要性，作为可持续竞争优势来源的综合能力或组织能力，是一种宝贵而稀缺的资源，对组织绩效有重要影响。	将协同视为一种能力和资源
波特 （Porter，1996）	确保组织的每个活动或职能与整体战略相一致，并通过跨活动的协调，根据竞争需求部署关键资源和开展决策。	强调契合、匹配
塞姆勒 （Semler，1997）	指出组织的战略、结构和文化在多大程度上结合在一起，实现系统一致性，从而有可能实现组织战略中规定的目标。	将协同视为一种状态，而不是结果
朗顿 （Langdon，2000）	确保组织中的所有事物共同工作，以实现组织的外部目标。	关注绩效

第二节　绩效改进领域的组织协同

绩效改进人员在面临组织协同方面的问题时，需要依靠协同理论与工具模型的指导和支持。在组织系统中，各种子系统和要素是相互关联、相互影响的，对于复杂的工作任务，往往需要以合作的形式，整合不同的系统及要素，如果将它们单独进行分析，很难从根本上整体性地解决问题，而组织内外部的协同效果与任务结果的成功与否同组织绩效水平高低息息相关。在绩效改进领域，绩效改进专家为我们提供了基于组织视角的一些协同理论和工具模型，可以从组织整体协同的视角来剖析组织的共同愿景目标，使得各部门、各层次、各团队乃至各组织能在各司其职的同时，实现"1＋1＞2"的协同效应。

一、组织多层次的目标一致

绩效改进人员需要制定明确的组织战略方向，确保组织中的所有正式或非正式的决策目标都与组织的战略方向保持一致。有效的战略制定应该从识别和定义组织及其相关利益者的共同目标开始，而非讨论关于"如何"完成组织结果的工具、流程等细节(Moore et al.，2012)。

如果组织的战略方向和各层次绩效目标不清晰、不一致，则无法指导组织的日常运作。绩效改进人员可以借助五层次结果层级体系（见第二章表2.4），从愿景层次、宏观层次、微观层次、过程层次和输入层次入手，确定有效的战略方向和确定协同一致的多层次目标。

愿景层次重点关注社会影响和外部客户，体现出组织的绩效目标与外部社会影响之间的联系；宏观层次对应组织本身的战术规划；微观层次聚焦个体或团队的职能和任务；过程层次关注对应过程的可接受性和效率；输入层次考量可用资源的可用性和品质。五层次结果层级体系对应一个完整的绩效系统，涵盖了组织目标的方方面面，需要多视角、多层次地整合考量，进而确定上下一致的绩效目标最优解，使得组织中不同的目标能在满足主体需求的基础上，发挥合力产生积极的协同作用，进而创造大于单层次绩效之和的组织绩效。

二、平衡计分卡和战略地图中的组织协同

卡普兰和诺顿认为，仅靠概念和战略是无法形成协同效应的，他们创建的平衡计分卡和战略地图是帮助组织实现协同的有效工具(Kaplan and Norton，2010)。借助这些工具，得以将协同理念嵌入组织系统架构，以战略为中心，实现组织的协同运作。

平衡计分卡框架包含4个维度，即财务维度、客户维度、内部流程维度以及学习和成长维度(Kaplan and Norton，2005a)。财务维度关注组织股东在财务方面的期望；客户维度关注为达到财务目标，应该怎样为客户创造价值；内部流程维度注重哪些流程的优异运营才能使客户和股东满意；学习和成长维度关注如何整合组织人员、系统和文化等无形资产去改进关键流程。维度与维度之间通过因果关系而互相链接。将战略与愿景转化为财务层面的指标，基于此选择客户和细分市场，再根据财务和客户层面,确定内部业务流程,最后聚焦于驱动变革的学习与成长层面。学习与成长层面的相关改善则体现在完整的内部流程价值链上,进而促进客户层面的相关体验和指标,最后实现财务层面的提升(Kaplan and Norton,2005b)。

战略地图是平衡计分卡的发展和升华(Kaplan and Norton,2005b),是平衡计分卡体系的重要突破,它是在平衡计分卡4个维度(财务维度、客户维度、内部流程维度以及学习和成长维度)的基础框架上发展而来的,建立了一个整合4个维度的战略描述的方法模型,提供具有实施性的战略指导,是一种动态可视的战略描述工具。其中,财务层面需要重点关注长期增长战略和短期生产率战略的战略平衡;客户层面需要开发客户的特定价值主张,追求持续性的差异化价值主张;内部层面关注内部流程的价值创造;学习和成长层面强调组织内与无形资产的战略协调一致。

卡普兰和诺顿认为,借助平衡计分卡体系能有效帮助组织实现协同效应。如图7.1所示,运用平衡计分卡进行战略衡量,从回应财务、客户、内部以及学习和成长层面的驱动问题为核心目标,确定上下协同的愿景与战略。再基于战略地图实现战略描述,用一种可视化的方式呈现出战略的内在属性与外在力量之间的矛盾、组织的无形资产与有形成果之间的联系和转换,以及4个层面之间的一系列因果联系。在此基础之上,整合战略制定和战略执行,系统锁定战略主题。战略主题是组织创造价值的少数关键内部流程(Kaplan and Norton,2005b)。制定贯穿4个层面的战略主题及其对应的各层次行动计划,以关键内部流程传递价值主张,驱动各层次协同一致,引领整体的战略管理,实现组织所有业务单元、流程和系统与其战略协同,助力组织成为上下协同的战略中心组织。

组织的协同表现有两种方式:一种是显性的指令性的协同。管理者做出关于工作任务的决定,指示组织中工作团队执行或避免特定的行为,以牺牲协同的有效性为代价来追求短期效率。另一种是隐性的战略性的协同,其依赖于对组织愿景、价值观控制。这些愿景与价值观能够指导战略管理,进而指导工作行动计划。因此,隐性的协同是通过组织的愿景、

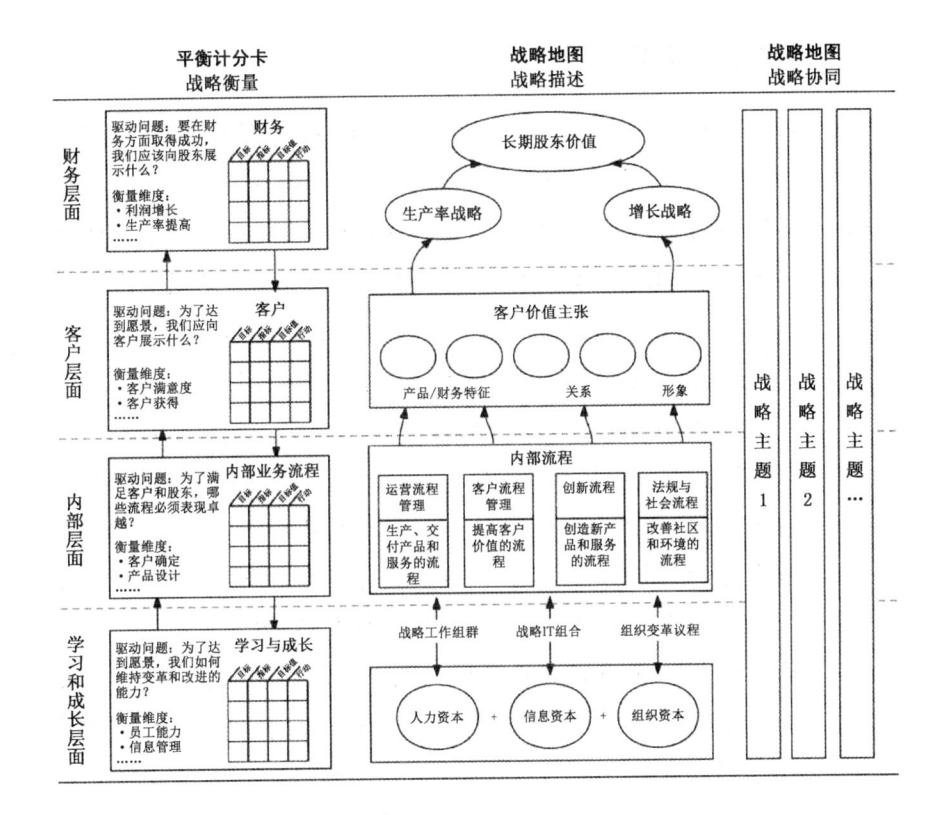

图 7.1 基于平衡计分卡和战略地图的战略实施

资料来源：改编自 Kaplan and Norton(2005a,2005b)。

价值观与引领性的战略主题,影响组织中的个人工作行为、团队工作计划和组织工作行动,促使个人、团队与组织的行动方向与组织战略愿景保持一致,而非仅通过管理层来影响。

平衡计分卡体系为组织提供了一个隐性的战略性的协同的实现途径,这是一种具有更高价值、更大限度的协同模式:以统一的愿景进行战略管理和各层次协同运作,以组织战略驱动组织范围内各层次整合一致,以平衡计划卡体系实现战略衡量、战略描述和战略管理的结果一致性,进而实现组织协同。

三、绩效协同模型

朗顿(Langdon)认为,组织中的每个个体和每件事都应该协同工作。实现协同是困难的,因为它面向整个企业工作。当管理者和员工只在企业的一个部分工作时,他们在做好自己工作的同时,很难看到自己是如何影响和实现组织协同的。另外,传统关于业务的观点和方法只提供了工作的名称,而没有解释工作是什么和如何完成,这也就导致执行者不知道自己的工作与其他人的工作的关系以及如何相联系。因此,无法实现组织协同很大程度上是由于缺乏一种工作范式,能使企业各个层面和成员以共同的方式定义工作,并因此保持一致(Langdon,2000)。为此,朗顿在2000年设计了工作语言模型,可用于实现组织协同(Langdon,2000)。工作语言模型中,如图7.2所示,绩效包含6个关键要素:输入、条件、流程、输出、结果和反馈。组织和个人都会以某种产品、服务或知识的形式产生输出;结果是输出产生的效果和影响;输入是输出和结果产生的要求和资源;条件能够控制和影响组织绩效,与输入的不同之处在于,条件很难被改变,它持续存在并且必须被遵循;反馈则可以帮助我们了解完成的工作,改正或调整工作中的行为。这6个要素是模型的基础,在使用模型时按顺序来定义业务和工作。

绩效在组织业务中存在于4个基本层面:业务单元、核心流程、个体和工作组。业务单元是企业提供产品和服务的方式,用来表示整个业务;核心流程表明如何完成这些产品和服务,是业务计划执行的程序性步骤;核心流程由组织的个体来执行;工作组则将组织个体组织起来执行流程。这4个层面分别回答了工作的内容、工作的方式、由谁来完成工作和工作的组织4个问题。每个层面都用6个要素来定义,可以利用工作图(Work Map)来分析和表示。工作图是一种描绘6个绩效要素之间关系的图形方式,提供了一个查看业务层面的通用模型,可以利用它来达成对业务定义的共识。在绩效分析中,逻辑顺序应当是从更系统的层面开始。首先依据业务战略或计划来定义和评价业务单元,然后依次进行核心流程、个人和工作组的分析,以确保各层面一致。当然,这个分析过程不是一蹴而就的,需要反复多次地进行改进,以形成更好的理解、完整性和承诺。

此外,全面的绩效协同还需要在4个层次上实现,即工作行为、工作标准、工作支持和工作和谐。工作行为是指工作的内容、方式、执行者以及如何被组织,在这4个层次上进行。而无论是哪个层次的行为,以及每个层次上的各个要素,都有相应的显性或隐性标准,也都必须达到这些标准(通常是数量、质量、成本和时间性)。有了标准后,组织成员就需要组织提供支持,才能更好地通过行动达到标准。工作支持有各种方式,如战略计划、工具设备、培训等。工作和谐是指组织成员间的关系,这会极大地影响其他3个层次。4个层次中,工作行为在最底层,是锚点和基础,然后在其上覆盖其他工作层。每一层都涉及一个矩阵的使用,这些矩阵的结构都是相同的。每一个矩阵都是业务的4个绩效水平(纵轴)和6个绩效要素(横轴)的组合。

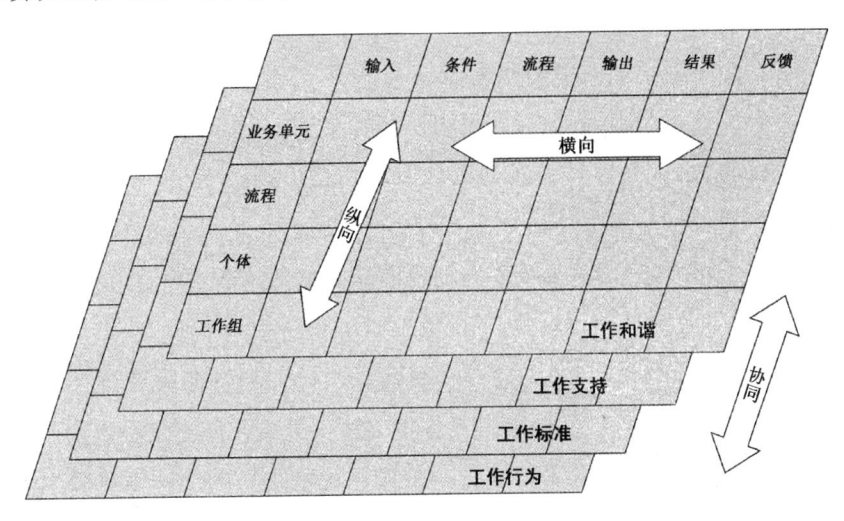

图7.2 朗顿的绩效协同模型

工作语言模型为组织协同提供了一种整体理解的视角。协同就是指企业绩效水平内部和之间的工作关系,以及工作行为、工作标准、工作支持和人员协调之间的协作关系,它是企业内部各方面工作的和谐。在应用模型时,需要先说明和准确定义业务单元的6个要素,确保该层次的横向协同,然后再依次确保其他层次的协同,从而实现组织绩效的纵向协同。最后,在工作标准、工作支持和工作和谐层次上获得协同,最终实现整个组织的绩效协同。在朗顿看来,组织中的所有工作都是相互关联的,必须从因变量的角度来看待。组织的最终经营目标将是超越利润或社会福利,实现绩效协同。作为绩效改进人员,最重要的是对绩效协同有一个完整而连贯的看法,以及如何在业务中促进绩效协同。

四、组织协同模型

组织中有多个系统。通过系统框架,绩效改进人员可以分析不同层次系统的绩效问题,却无法解决各层次系统间的协同问题。托斯蒂和杰克逊(Tosti and Jackson,1994)提出的组织协同模型,提供了分析跨层次协同的框架;之后,又结合组织的三个系统层次来进一步完善该模型(见图7.3)。组织协同模型描述了两条互相依赖的协同路径:战略路径和文化路径。两条路径都从组织的使命和愿景开始,最后指向组织产生和输出的结果。其中,使命和愿景代表组织的意图,它们为我们的目标提供了指导:使命是指我们在业务中要做什么,愿景是指我们的绩效的预期影响。结果是组织内部进行的所有活动和行为的总和所产生的结果。

战略路径强调"需要做什么",从组织的愿景和使命出发,依次是组织层次的目标、运营层次的流程、工作层次的任务,最终指向结果,是整体战略或流程协同的步骤。目标是指组织打算如何分配资源来实现使命愿景;流程指导组织成员的工作,旨在将投入转化成为客户提供价值的商品或服务;任务是组织成员需要执行的工作。战略路径的协同意味着当组织实施新的战略时,需要将其转化为一系列目标,然后根据目标调整原有的流程和任务,或者是设计开发新的流程和任务。基于此,战略路径通过使目标与组织的使命和愿景相一致、流程与组织目标相一致、工作人员执行的任务与流程相一致,来实现组织纵向战略上的协同。

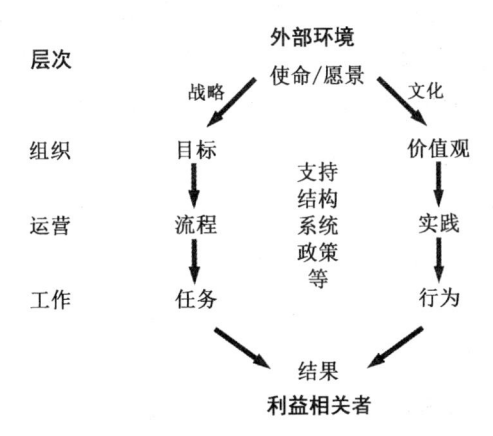

```
        层次              外部环境
                         使命/愿景
                     战略          文化
        组织         目标          价值观
                          支持
                          结构
        运营         流程  系统    实践
                          政策
                          等
        工作         任务          行为
                          结果
                         利益相关者
```

资料来源：改编自 Tosti and Jackson(1994)。

图 7.3　组织协同模型

文化路径强调"应该怎样做事"，统一从组织的愿景和使命出发，依次是组织层次的价值观、运营层次的实践、工作层次的行为，最终指向结果，是文化或实践的协同步骤。从各个层面观察文化元素，产生了许多定义类别，如当人们互动时可观察的行为规范、群体信奉的价值观、群体的规范、团队共享的思维模式等（Edger H. Schein and Peter Schein,2020）。组织协同模型强调文化是行为实践，是组织成员在工作中倾向于表现的方式。基于文化的行为通常与潜在的信念或价值观有关（Moore and Ellsworth,2011）。价值观是组织信奉的原则和思想，定义了组织打算如何行事；实践是组织成员与客户和组织内外其他人互动的一贯方式；行为是组织成员执行任务时的日常具体行为。在文化路径中，使命和愿景蕴含着组织的价值观，组织成员的实践反映了这些价值观，而人们在日常工作中的具体行为代表了这些价值观和实践。文化路径所展现的协同又称为实践协同。

外部环境包括限制组织影响的任何外部因素，比如经济、社会政治环境、竞争、政府政策和法规以及技术状况等。任何因素都可能影响我们对战略目标或价值观的选择。内部支持机制包括支持组织绩效的系统、政策和结构等要素。这些要素可以帮助或阻碍组织成员开展执行战略、维护价值观和产生预期组织结果所需的活动和行为。利益相关者是深受组织绩效和结果影响的群体，如客户、股东、供应商，甚至公众。不同的群体与组织的关系不同，对组织的期望也不同。使用组织协同模型，通过系统视角来识别组织层次之间的相互依赖性，以及流程和实践之间的协同需求，从而更好地设计和处理干预之间的关系。

将战略、文化两条路径整合，结合对其他协同要素的分析，最终形成了如图7.3所示的组织协同模型。在组织层面，在共同的使命愿景引领下，组织应协同文化和战略，确保流程与实践是高度一致的，使得组织的价值观与其战略目标相一致，以此提供组织更进一步的方向，并为所有员工所接受。在运营层面，目标和实践不仅是战略期望和互动方式，更是使得组织内的战略和价值观制度化的关键，而目标和实践的高度匹配一致也能使组织的所有或大部分进程朝着同一方向发展。在工作层面，工作行为和任务应同时符合组织的战略和价值观，展现出组织意图的执行，提升组织绩效，也为组织的愿景使命、战略和价值观赋予价值意义。

第三节 绩效改进视野下的协同价值

一、基于协同观的绩效改进模型

实现组织协同的重要性不言而喻。对于绩效改进从业人员，用协同观可以更好地促使组织达到协同状态。在被绩效改进专业者广泛使用的人类绩效技术模型中，分为绩效分析、原因分析、干预选择和设计、干预实施与变革以及评价5个阶段（Van Tiem et al.，2000）。综合前文中的协同理论模型和人类绩效技术模型，这里构建了绩效改进的组织协同模型（见图7.4）。在绩效改进协同模型的每个阶段，都需要自上而下地考虑组织、运营、工作3个层次。每个阶段都包含面向协同问题的要点，以便完成改进流程后，实现组织协同。

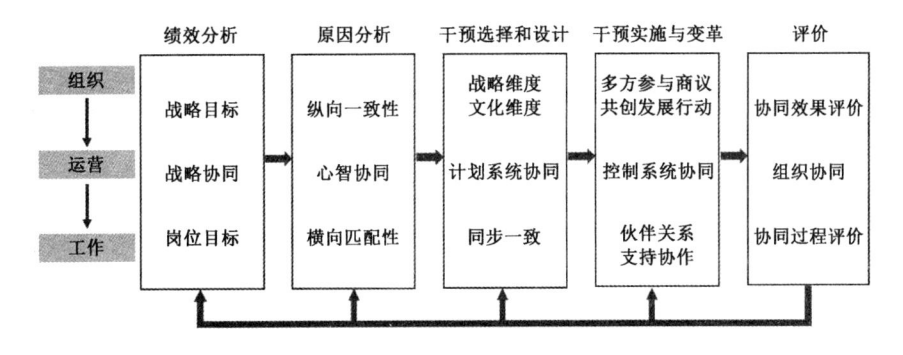

图 7.4 绩效改进下的组织协同

在绩效分析阶段，需要确定期望绩效和实际绩效以及两者之间的差距。此阶段的组织协同基于系统理论，如朗姆勒的 9 个绩效变量提供了分析阶段的协同框架。而协同理论要求不能孤立地看待环境因素和人为因素，需要分析组织要素间的关系，考察其战略协同状态。例如，在组织层面，可以分析组织内外目标与战略目标是否一致、组织战略与文化协调程度如何；在运营层面，可以分析流程环节之间的衔接程度如何；而在工作层面，可以分析岗位之间的协调状态。在此阶段掌握了各要素间的协同程度，能够为后续步骤奠定基础。

在原因分析阶段，要基于上一阶段的分析，以组织协同为目标，找出绩效差距存在的原因。在组织层面，应以系统整体的视角考量组织的现有表现和资源，剖析环境支持和人力资源情况，挖掘未达成绩效目标的直接原因，力求实现纵向一致性。在运营层面，需要应用一种上下连通的视角，以共同的心智模式、共享的知识结构分析组织绩效差距的深层次缘由，以及导向现有结果的其他层次的因果关系，进而使得组织内部得以实现心智协同的状态。在工作层面，行动方案与组织战略之间、组织成员之间、工作岗位之间的匹配度更是重中之重，如果这些组织内部因素是横向不匹配的，就可能影响整体的价值主张和战略主题，进而无法实现组织预期的结果。

在干预选择和设计阶段，要为解决绩效差距而采取合适的干预措施。

绩效干预的范围十分广泛，干预措施也有多个种类。基于协同理论模型，可以考虑从共同目标、文化干预、工作流程、跨团队协调、绩效支持等方面选择和设计干预措施。从组织的整体运营上进行考虑，需要对多方面的干预组合进行计划系统协同，并对干预措施的行动计划进行落实规划，确保对工作团队、个人行为的干预与组织文化是相匹配的。

在干预实施与变革阶段，每一项干预措施的实施都需要考虑与其他措施之间的协同。而要想绩效改进成功并保持长久的协同，就需要在干预过程中由利益相关者进行多方共同商议、共同发展，推进变革实施，促进协同理论转化为长久的自觉行动，从而通过控制系统协同来实现组织协同的可持续。以实现组织协同为目标的变革，会更多关注组织成员及其实践，在共同愿景和战略的基础上，使组织成员的价值观和信念与组织保持一致，致力于实现组织目标。当协同成为组织及其成员的能力时，组织会有更强的动态适应能力，在应对未来变化时做出必要的改变，从而实现长远发展。

在评价阶段，评价目标的建立要与组织的战略和价值观相一致，要将组织协同作为评价原则。在此阶段，要对组织协同的状态进行评价。绩效改进不是一蹴而就的，因此既需要总结性评价，也要有过程性评价，以不断完善改进方案与措施。为了确保干预的可持续性，在评价过程中，除了对干预结果进行检查，还需要评价干预过程的实践是否致力于实现组织目标，并将好的实践进行制度化，确认组织协同成为组织的基因保留下来。

组织协同是对组织绩效有价值的理念和追求。组织协同使组织内部各个层面与部分之间、组织与外部环境之间相连接、一致或整合，可以实现系统的优化。具体来看，跨活动、跨部门的协调可以消除工作冗余并最大限度地减少浪费的工作量。实现组织协同可以大大降低组织成本或增加组织的差异化。而且，强有力的积极协同使组织能够以最高的效率将其资源集中在预期的产出上。资源利用的效率缩短了通往目标状态的道路，促进了实现预期目标所必需的行为。另外，实现组织协同意味着创造了一个相对和谐的工作环境,可以促进导致成就感的行为的发生,提高员工的满足感和归属感。因此,高水平协同的组织通过协同实现绩效提高,同时也成为组织的一种竞争优势。

二、协同观下绩效改进实践者的角色要求

绩效改进的协同观体现了对组织中的人的关注。严格的控制也可以实现组织内步调一致,但组织成员是被动地完成工作,当出现超出计划和程序的问题时,就很难发挥人的作用来解决问题。协同注重人的参与以及思想上的一致,不仅可以实现组织协同,而且每个组织成员都会对组织有更深入的了解,并致力于实现组织的成功。这就需要组织成员转变对自己的定位。

绩效改进实践者的作用不应该是充当"指挥官",而是应该更多地承担"协调人"和"支持者"的责任,确保任务执行者的需求得到满足。当工作团队之间的合作存在问题、缺乏协调和一致性时,绩效改进实践者的角色就是帮助、促进工作团队之间的交接,确保这一过程顺利进行,以消除实现绩效的障碍。

作为绩效改进实践者,需要更多地扮演一名促进者,而不只是干预措施的开发者或实施者。最重要的是,要对绩效协同有一个完整而连贯的看法,以及熟知如何在业务中促进绩效协同。

本章介绍了绩效改进领域中的协同理论和模型,从组织视角和团队视角为绩效改进从业人员的绩效改进实践提供指导。基于这些理论模型,对组织进行评价并推动变革,实现组织协同,并增强竞争优势,从而在日益复杂的环境中实现其目标。

参考文献

1. Amarant, J., & Tosti, D. T. Aligning the Human Performance System. *Handbook of Human Performance Technology*, 2006: 1190—1223.

2. Langdon, D. *Aligning Performance: Improving People, Systems, and Organ-*

izations. Jossey-Bass/Pfeiffer,2000.

3. Langdon,D. G. Aligning Performance: The Ultimate Goal of Our Profession. *Performance Improvement Quarterly*,2000,39(03):22—26.

4. Moore,S. L. ,Ellsworth,J. B. ,& Kaufman,R. Visions and Missions: Are They Useful? A Quick Assessment. *Performance Improvement Quarterly*,2011,50 (06):15—24.

5. Porter,M. E. What Is Strategy? *Harvard Business Review*,1996,74(06):61—78.

6. Powell,T. C. Organizational Alignment as Competitive Advantage. *Strategic Management Journal*,1992,13(02):119—134.

7. Semler,S. W. Systematic Agreement:A Theory of Organizational Alignment. *Human Resource Development Quarterly*,1997,8(01):23—40.

8. Tosti,D. T. Aligning the Culture and Strategy for Success. *Performance Improvement Quarterly*,2007,46(01),21—25.

9. Tosti,D. ,& Jackson,S. Alignment:How It Works and Why It Matters. *Training*,1994,(31):58—64.

10. Van Tiem,D. M. ,Moseley,J. L. ,Dessinger,J. C. *Fundamentals of Performance Technology:A Guide to Improving People,Process,and Performance*. International Society for Performance Improvement,2000.

11. 埃德加·沙因、彼得·沙因:《组织文化与领导力》(第五版),陈劲、贾筱译,中国人民大学出版社 2020 年版。

12. 罗伯特·卡普兰、大卫·诺顿:《平衡计分卡:化战略为行动》,刘俊勇、孙薇译,广东经济出版社 2005 年版。

13. 罗伯特·卡普兰、大卫·诺顿:《战略地图:化无形资产为有形成果》,刘俊勇、孙薇译,广东经济出版社 2005 年版。

14. 罗伯特·卡普兰、大卫·诺顿:《组织协同:运用平衡计分卡创造企业合力》,博意门咨询公司译,商务印书馆 2010 年版。

第八章　业务生命周期视域下的人才管理

人才者,求之者愈出,置之则愈匮。

——(清)魏源

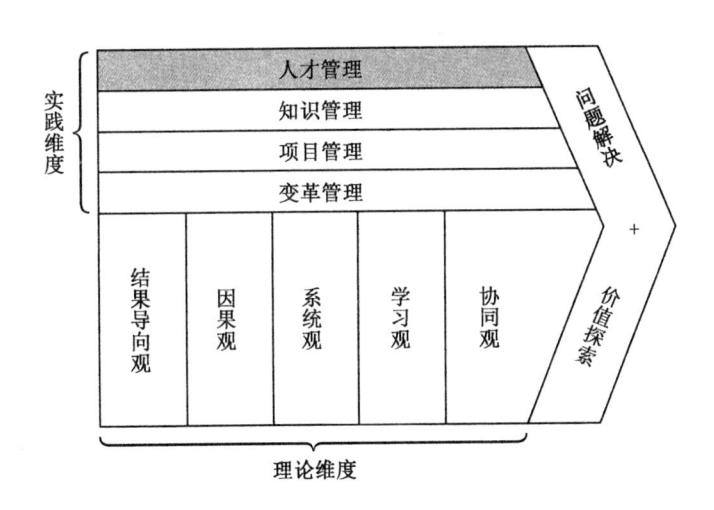

组织培训体系的建设需要与其业务的发展状况协调和适应。本章从业务生命周期的视角,对在组织中战略性打造培训体系提出发展性的动态观点。本章把业务分为核心业务、成长业务和新兴业务3类,这3类业务构成了培训体系需要战略契合的"三重门"。不同业务需要不同的人才战略、不同类型的人才角色和人才胜任力,不同业务的工作场所又为不同类型的学习隐喻创设了实践环境,而不同的业务又需要不同类型的培训体系进行契合和支持。在业务生命周期的视角下,不同发展阶段的业务具有不同的环境特点和业务属性,因此培训实践者需要战略性地为不同业务打造不同的培训与发展体系,从而达到既战略性地支持业务的发展和落实,又动态迭代性地发展人才培训与发展体系的目的。

第一节 组织的业务发展对培训的战略诉求

组织经营和发展人才的能力是竞争优势的来源。成功的培训体系可以有很多特征,而失败且不幸的培训体系却都有一个共同的特点:没有与业务战略契合。培训体系如果与业务缺乏关联性和协同性,那么各个培训项目计划容易各自为政,从而导致每个项目的投资回报很低,培训工作者不仅费时费力,还"出力不讨好"。

人才培训体系是一种战略性工具,其职责是通过实施培养个体或组织的学习知识和智慧的活动来支持实现组织的使命。培训体系要真正成为战略规划和实施的一部分,就必须了解各项业务的需求,从而更好地融入业务战略,并更好地支撑起业务的发展。诺伊(Noe,2007)提出,内部成长战略侧重于新市场和新产品的开发、革新以及合资,当组织业务采取内部成长战略时,培训体系需要保证员工随着产品和服务的更新不断进行知识的更替。

因此,检验人才培训体系成功的重要标准就是,看人才培养是否与企业的业务战略相契合。战略契合是培训体系推动业务战略实施的前提条件。Corporate University Xchange(2005)对170所企业大学进行了调查,发现通过公司培训对业务影响的衡量至关重要。提升培训在组织中地位的最好方式就是提升培训体系与业务战略中的关键活动的契合程度。换言之,培训体系本身不具有战略重要性,只有当它们支持业务发展和实施时,培训体系的战略重要性才能体现出来。

第二节 业务生命周期

每项业务或产品的生命周期可划分为胚胎期、成长期、成熟期和衰退期。每项业务终有一天会遇到"天花板",任何公司想要持续发展,就需要在战略、业务、组织、人才上为未来的发展做好相应的布局和战略契合。一般来说,一个持续发展组织的业务结构,需要系统考虑以下3个层面的业务:目前的核心业务、未来短期的成长业务以及未来较长期的新兴业务。

一、3个层面的业务

梅尔达德·巴格海(1999)提出,存在3个层面的业务,分别为核心业务、成长业务和新兴业务。核心业务处于组织的核心地位,用户能够很容易将该类业务与组织的品牌联系起来,在组织的运营中,这些业务能为组织带来大量的利润和现金流;成长业务是指正在增长的业务,这类业务快速发展,且经营模式基本成熟,有望成为第一层面的核心业务。作为公司的明星业务,第二层面的项目专注于追求增加收入和市场份额,公司愿意投入更多资源来加速它的发展;新兴业务是指有望成为未来长远业务的"孵化种子"项目。这类业务虽然处于胚芽期,但比简单的一个创意想法更进一步,它是真正的项目,它可以是研究课题、市场试点或少量投资的尝试。因为这类业务在早期的可行性尚不确定,因此需要培育很多"孵化种子"项目,可以通过团队内创新、跨部门创新和外部协作的形式广泛孵化这类业务,接下来公司还需要根据项目的战略性和发展潜力对这些种子进行筛选和选择性资助。

二、长寿组织能打造新旧更替的业务生态

组织的可持续增长需要兼顾3个层面的均衡。很多长寿组织能很好地兼顾3个层面的业务。每项业务都无百日红,但业务生态的"丛林"则可四季常青。长寿组织的共同特点是,它们能够持续培育新兴业务。一方面,它们积极地对核心业务进行"延续性创新",持续发挥"现金牛"的作用;另一方面,它们敏锐地把握新商机,通过"颠覆性创新"孵化新兴业务。简言之,持续成长的关键是保持新旧业务的连续更替。组织需要在核心业务处于盛年期就创建和发展新兴业务,从而保证旧业务衰落和新业务兴起之间没有太大的时间延迟,从而带来组织整体的相互受益。

要确保新旧业务更替流畅,组织需要做到"三管齐下":拓展和守卫核心业务;建立具有中期增长点的成长业务;"孵化"具有未来长远发展潜力的新兴业务(巴格海,1999)。随之而来的是,组织需要采取系统的方法来匹配迥异的3个层面的业务特点。如果人才战略出现错配,便会扼制各自业务的发展势头。对于处于不同发展阶段的业务,需要进行差异化人才战略来避免冲突和不良妥协。

第三节 3类业务的人才战略

为了确保3个层面上的业务有经营能力的人才,人才战略是关键。如果一家大公司试图对新兴业务使用与核心业务相同的人力措施,挫折和冲突就会接踵而至。核心业务的人力措施是新兴业务发展的障碍,人才战略需要尊重各个业务之间的差异。

如表8.1所示,人才战略需要与不同层面的业务战略契合。一般来说,组织需要对不同业务使用差异化战略,对于核心业务采用"防御者战略",保持住其在已有市场的既有竞争地位;对于成长业务采用"分析者战略",在保住已有市场稳定的同时,力争实现市场扩张和市场创新;对于新兴业务,采用"探索者战略"创造出满足客户需求的新产品或产品组合(Bird & Beechler,1995)。人才战略也因"业务"而不同。

表 8.1　　　　　　　　　　三类业务的人才战略

	核心业务	成长业务	新兴业务
人才战略	积累战略	协助战略	效用战略

一、核心业务的人才战略

核心业务的防御者战略更多地聚焦在既有的细分市场上,并转向组织内追求运营效率的提升。组织上需要该业务既保持内部稳定性，又专注标准化的运营过程。在稳定的业务环境下，集中化的管控体系可以提升运营效率。

与核心业务相协调的人才战略是积累战略。积累战略建立在员工最大化的工作投入度和技能熟练化的基础上。这种战略倾向于用一种渐进的方式对员工的能力进行发展。这种战略更愿意招募有潜力的员工，当招到这些高潜力人才后，也更愿意去培养和发展他们与公司业务密切联系的能力、技能和知识。

积累战略重视对新员工的筛选，在招聘时，既关注员工的潜力，也关注其个性与组织的匹配度。当内部有晋升机会时，更倾向于从内部选拔，在晋升体系和薪酬体系中也考虑了"资历"因素。因此，积累战略的工作稳定性较好。积累战略下的培训具有内部导向性和长期导向性，这类业务要求借助广泛的培训项目来开发其内部员工的潜力，且更倾向于通过在岗培训帮助其员工发展出一套与具体业务相关的能力组合。

二、成长业务的人才战略

成长业务的经营使命是既要保持目前已有市场，又要拓展新的市场机会。分析者战略帮助成长业务保持交付上的高效和灵活，并通过严密的整体规划为新旧市场提供低成本的差异化产品或服务。经营战略上这种既要稳定性又要灵活性的双重要求，对人力资源提出了差异化的需求。

与成长业务相协调的人才战略是协助战略。开拓新市场需要吸引新的人才加入团队，鼓励从外部招募人才；同时，保持已有市场需要鼓励从内部发展人才。因此，人才配置策略需要内外选拔相结合，而这种混合又可能导致政策上的分裂，如薪酬不平衡。协助战略通过招聘自我发展动机强烈的员工弥补了这个缺陷，协助战略的基础是知识创新，把发展的主动权还给员工自己。它通过对员工的自我发展需求提供支持和协助来满足业务发展对人才能力的要求。另外，协助战略更关注合理的人员配置和灵活的团队设计，并在两者之间进行有效协调，从而满足经营战略上的双重要求。

三、新兴业务的人才战略

新兴业务需要应对动态的市场环境,不断进行产品或服务的创新,其业务具有外部导向性。新兴业务的探索者战略通过不断寻找新产品、新市场或新服务,发掘新的商业机会。而产品创新和进入新市场都需要创意和创造力,因此,新兴业务需要分权的管控体系和相应的快速配置资源的能力。而组织的资源也主要用于鼓励创新以及获取难以在内部发展形成的组织能力。

由于新兴业务环境的不断变化,与其相匹配的人才战略是效用战略。效用战略不强调员工的高承诺度,而关注员工在业务发展中的能力使用度。因此,选拔时非常强调人才能力与任务需求的匹配度。响应市场的快速资源调动能力也部分替代了培训的作用。绩效评估更倾向于以产出结果为导向。

因业务层次的差异,3种人才战略追求的根本目标不同:积累战略追求最大化的工作投入和熟练化的执行;协助战略追求最大化的效果;效用战略追求最大化的效率。

第四节 3类业务中的人才角色和胜任力

3类业务的工作环境完全不同,需要不同角色类型的人才(见表8.2)。换句话说,3类业务所需的人才胜任力也要有差异性。胜任力是对于组织成功和员工成功都非常重要的行为、技能、知识和个体特质,而胜任力更是人才管理的核心要素(Werner & DeSimone,2008)。胜任力帮助解决人才"能不能"或"行不行"的问题。在核心业务上表现出色的领导人才,并不意味着一定能在新兴业务的领导岗位上同样出类拔萃。如果没有明确的能力标准,提拔一位不胜任的领导,无论是对被提拔者还是组织来说,都是莫大的损失,被提拔者绩效不佳、情绪低落、离心似箭,其下属也同样抱怨连篇、斗志低落。

表 8.2　　　　　　　　　　3 类业务的人才角色

	核心业务	成长业务	新兴业务
人才角色	经营者	业务建立者	开拓者

一、核心业务的人才胜任力

核心业务中的领导人才需要最大限度地发挥好经营者的角色。他们需要对业务的利润率和现金流负责。这在客观上要求这类人才对已有市场和客群进行精耕细作，对经营效率持续改善，且具有较强的目标管理能力和计划能力。在带团队方面，能做到以身作则，严明团队纪律，使团队明确做什么能获得奖励、做什么会得到惩罚。在员工的典型行为方面，员工更需要重视团队协作，重视流程的作用，倾向于重复性和可预见性的行为，且稳定性较好，遵守既有规章且愿意不断持续改进，但风险承受度较低(Huselid et al.,2009)。

二、成长业务的人才胜任力

成长业务的领军人才需要快速组建一支能适应市场变化的团队，最好具有积极进取、果断、成就动机强等特质，在应对不确定的市场环境时，能做到举重若轻，有长远思考和大局思维，具有开疆辟土的内驱力和志向。遇到紧急情况，知道要事第一，懂得集中精力办大事的道理。在其过往经验中，最好有市场营销方面的经历。在员工的典型行为方面，员工更愿意发展广泛的技能，主动性强，愿意跨界思考，彼此分享解决方案的秘密，积极构建网络联系，有管理客户的能力，能预见客户需求，并聆听和认同客户。

三、新兴业务的人才胜任力

新兴业务需要这样的人才：他们有远见卓识，能够独立去开辟新天地,充满激情;他们勇于打破行规,敢于探索未知,善于见招拆招;他们具有理想主义气质,且坚韧不拔。

对这类业务人才的综合能力要求也较高,这类新兴业务如果想要赢得竞争优势,取决于公司调集资源的速度。因此,业务开拓者一开始要解决的难题就是配齐该业务赚钱所必不可少的综合能力。只有公司调集了可以阻碍其他进入者进入的难以仿效的综合能力,并加以组合配套之后,该业务的竞争优势才能得以建立并持续下去。他们渴望寻找可重复和可升级的商业模式,易于接受失败,并能将其转化为学习和迭代的过程。

在员工的典型行为方面,员工更愿意重视产品开发的过程,挑战现状和互相挑战,受学习驱动,能从失败中学习,且愿意跨界协作,成为"多面手"且行为的创造性很强,反对官僚体制且风险承受度较高。

第五节 3类业务中的学习隐喻

学习隐喻内嵌于我们的思想和行动中,不同业务的工作实践场合为人们对"学习"的理解提供了不同的隐喻环境。于文浩(2013)对学习的3种隐喻(获取隐喻、参与隐喻和共创隐喻)进行了较为详细的分析和阐释。如表8.3所示,在业务生命周期的结构中,核心业务倾向于获取隐喻,成长业务倾向于参与隐喻,而新兴业务倾向于共创隐喻。

表8.3　　　　　　　　　　3类业务的学习隐喻

	核心业务	成长业务	新兴业务
学习隐喻	获取隐喻	参与隐喻	共创隐喻

一、核心业务的获取隐喻

学习的获取隐喻把人的学习理解为对某种事物的获取,把知识化的能力视为一种具体的存在。学习的过程中可以获取多种类型的实体,如知识、概念、图示、事实和表征等,我们通常接触到的"获得、达到、内化、传递、积累、掌握"等词汇都蕴含了把这些实体转化为个体所有的意思,工作中的学习成为一种个体消费知识、存储专业能力的过程。学习的获取隐喻以"学习是一个向个体学习者传递知识的过程"这个假设来形成概念体系。

因此,实践中很多组织认为,学习是可以采购的。在此隐喻下,学习是实现目的的一种工具性手段,个体是"被学习和被发展"的。获取隐喻的有关研究主要关注如何利用和使用个体已获取的知识,关注的主题包括知识如何迁移到实践、胜任力评估、缩小培训投入和结果之间的差距、提高个体的自我导向学习的能力,以及理解工作和个体发展过程的关系等。获取隐喻认为,学习是主体经验从客观环境中建构自我的汲取过程,学习体现了环境对于个体由外而内的塑造作用。

二、成长业务的参与隐喻

参与隐喻认为,人的活动是在社会环境约束下进行的,知识既不存在于世界中,也不存在于个体的思维中,而只是文化实践的一个方面,学习处于分布性地参与活动关系和网络之中,参与隐喻把学习等同于知识建构的社会过程、合法的边缘性参与或濡化(文化适应),共同推动个体由"边缘参与"走向"完全参与"(于文浩,2015)。参与隐喻重视学习的情境性,即学习与其发生的情境是不可分离的。

参与隐喻采用关系的视角来审视学习和人的发展问题。参与隐喻意味着学习应是"成为更大整体中一部分"的过程。规范是在巩固共同体的过程中,个体间共同协商出来的,个体通过参与逐渐成为共同体整体中不可或缺的一部分。参与隐喻把学习看作某个个体成为某共同体中一名成员的过程,这就意味着传给了该个体在该共同体中沟通的能力和按照共同体的规范去行动的能力。学习的参与隐喻把认知和情感整合在一起,并考虑了社会性因素对于学习的影响,参与的过程也是各种权力关系再分配的过程,学习的参与互动过程与团队或共同体的社会结构交织嵌套在一起。

三、新兴业务的共创隐喻

共创隐喻的焦点是活动的共同客体的协作性和系统性的发展,学习则被看作一种提升专业内容的协作努力,依赖于个体与集体公共过程之间的互动。共创隐喻把学习比拟为创造性的探究过程,这个过程中创生了新的思想、工具和实践,初始知识在这个过程中要么被充分地丰富了,要么被根本性地改变了。共创隐喻更倾向于关注创建能促进知识创新的社会结构和协作过程,它倾向于探究支持新知识形成和创新产生的过程、实践和社会结构,而非对已有文化的适应或对已有知识的同化。在不断变化的共享实践的情境中,社会文化的转变与成员间不断变化着的关系是联系在一起的。

共创隐喻中的发展性关系是多维的互动,是一种发展性互动关系。共创隐喻更注重个体间的平等性,以及共同体中知识创造的协作性。发展性互动关系需要通过活动的发展来促进个体专业能力与共同知识之间的互动,而这种互动的发生离不开支架式支持和结构化。共创隐喻与获取隐喻的共同之处在于,关注如何产生新的概念知识。于是,在共创隐喻中,有着对知识的不同理解:一些理解强调知识创新的概念性方面,另一些理解却强调嵌入实践和社会结构的创新与变革。

于文浩(2013)从动态系统的角度对这3种学习隐喻进行了整合。如图8.1所示,箭头 a 表示获取隐喻,专业能力的发展是个体的"修炼"和自身的"升级",即从新手到专家的逐渐升级。箭头 b 表示参与隐喻,个体相应地被视为一个参与者、一个走向专家的新手、一个从边缘性参与者向心性地发展为完全性参与者,其所具有的不断变化的知识、技能和话语成为其不断形成的身份中的一部分,专业能力的发展是通过实践中的参与而达到"身份的跃变",获取的行为与参与的行为是不可分离的。箭头 c 表示共创隐喻,专业能力的发展是通过不断的创造性的探究过程,创生新的思想、工具和实践,探索如何为开发新的集体活动对象而组织协作、如何共同构建团队专业能力的过程而达到共同体的转型和进化。学习本质解

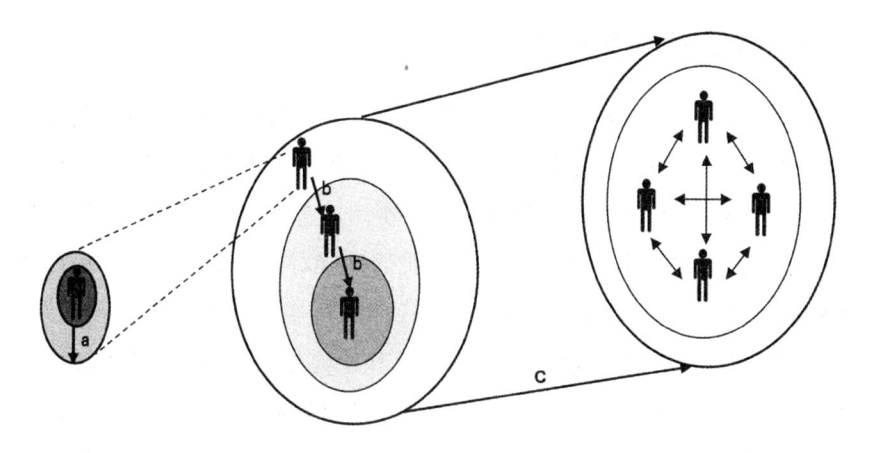

图 8.1　3 种学习隐喻的联系

释的演化也是对实践认识的演化,正如 Wenger(1998)所言,"学习是实践的引擎,而实践则是学习的历史"。从新兴业务到成长业务再到核心业务的发展顺序来看这 3 类隐喻,我们发现,这 3 类业务中学习隐喻的演化正体现了业务发展过程中创新性和灵活性逐渐降低、可控性逐渐加强的规律过程。

第六节　3 类业务中的培训与发展

培训专业实践者们在为 3 类业务打造人才培训体系时,需要根据组织的内部资源能力进行定制化的设计,包括对核心岗位的确定、学习对象的选择、课程数量的设置、学习方式的设计等。公司中业务发展的阶段不同,培训体系也应该有所区别(见表 8.4)。

表 8.4　　　　　　　　3 层业务的培训与发展

	核心业务	成长业务	新兴业务
培训与发展	培训体系 γ:员工职业发展导向的系统化学习地图	培训体系 β:以客户价值链为导向的高价值人才培训体系	培训体系 α:通过"按需学习"打造创新团队

一、新兴业务的培训与发展

对于新兴业务而言,由人才的内外选拔带来的快速资源调动能力在一定程度上对人才培养起到替代作用,新兴业务对资源的使用效率也有非常高的要求。因此,新兴业务的培训要切实为业务"从0到1"创新过程中出现的学习需求提供学习支持。我们把针对新兴业务的人才培训体系称为"培训体系α"。培训体系α是通过"按需学习"打造创新团队。"按需学习"须密切联系新兴业务的情境和工作中的挑战,并从中提炼出关键岗位员工的学习需求。另一方面,新兴业务中涉及很多未来探索性的任务,具有较高的不确定性,需要根据业务的实践需求定制化地设计实用的学习活动,重点培养创新型人才的素质和能力。

培训体系α具有即时性、灵活性的特点。该体系构建基本的培训运营流程,根据员工实践需求快速搭配学习资源,重视员工个体把所学快速迁移到专业业务中的效果。培训体系α倾向于考虑在岗学习、基于项目的学习(PBL)、实践共同体和行动学习等实践性强的学习方式,因为这类方式可以把工作和学习更好地融为一体,实现"工作中学习,学习中工作"。

二、成长业务的培训与发展

成长业务中岗位架构尚处于动态变化状态,其产品或服务的发展与更新的速度也很快,其业务(产品与服务)需要不断地推出新品、不断地升级,成长业务的经营战略对人力资源既有系统性的要求,又有灵活性的要求。组织培训如何兼顾体系和更新,也成为越来越多成长业务的培训所面临的问题。尤其是对于业务部门的员工,需要能够快速适应公司推出的新产品和新服务。

我们把针对成长业务的人才培训体系称为"培训体系β"。培训体系β是以客户价值链为导向的高价值人才培训体系。其设计逻辑是促进沿着产品价值链上的各类高价值员工更快地"上手"新产品,从而把产品快速推向市场,这种培训体系保证了对当前产品的更新,能够快速而清晰地让产品相关流程和岗位上的员工获得必要和及时的培训,从而兼顾系统性和灵活性。培训体系β不仅提升了高价值人才的个人能力,还搭建了组织能力的架构,并关注产品价值链上集体行为的改变。培训体系β需要产品部门、业务部门和培训部门三方协同,定制化开发课程。培训部门与产品部门配合,梳理产品要求的培训内容。在实施培训时,培训部门需要整合内训师资。培训部门需要在整体上发挥协调作用并提供专业的课程开发方法论。

三、核心业务的培训与发展

核心业务的战略更多是在组织内追求运营效率的提升。人才积累战略倾向于用一种渐进的方式对员工的能力进行发展,培训具有内部导向性和长期导向性,且更倾向于通过在岗培训,帮助其员工发展出一套与具体业务相关的能力组合。对于核心业务,其业务相对稳定和成熟,业务组织架构和岗位架构成熟,员工的培训需求也较大。我们把针对核心业务的人才培训体系称为"培训体系γ"。培训体系γ是以员工的职业发展为导向的系统化学习地图。培训体系γ能够更好地为核心业务的培训进行系统性的规划、设计和管理,同时满足组织和员工的发展需求。

培训体系γ的体系架构的设计是以组织的岗位序列为纵向维度,以岗位序列中员工的职业发展层级为横向维度,纵横交叉形成的分职能、分层级的学习路径(王成等,2010)。当员工岗位发生变化时,就会有与之相匹配的学习路径,从而帮助员工突破"彼得原理"。培训体系γ通过学习地图的方法论帮助组织打造"结实"的领导梯队,系统性地提升组织能力。培训体系γ的设计和改进需要与业务战略保持一致,并注重组织文化塑造和组织的长期发展。

根据业务周期划分的3层业务(核心业务、成长业务和新兴业务),不同业务需要不同的人才战略,不同业务需要不同类型的人才角色和人才胜任力,不同业务的工作场所又为不同类型的学习隐喻创设了实践环境,而不同业务又需要不同类型的培训体系进行契合和支持。上文的框架梳理如表8.5所示。

表8.5　　　　　　　　　　3层业务的差异汇总

	核心业务	成长业务	新兴业务
人才战略	积累战略	协助战略	效用战略
人才角色	经营者	业务建立者	开拓者
学习隐喻	获取隐喻	参与隐喻	共创隐喻
培训与发展	培训体系 γ	培训体系 β	培训体系 α

在打造组织培训体系时,不但需要考虑正式的学习环境,还需要考虑非正式的学习环境(于文浩,2010)。如图8.2所示,正式的学习环境和非正式的学习环境两者整合可以改进培训和工作场所学习的效果,也可为员工在学习和工作中提供支持,并最终提高实践项目的业务水平。该体系把工作和学习更好地融为一体,实现"工作中学习,学习中工作"的工学合一。

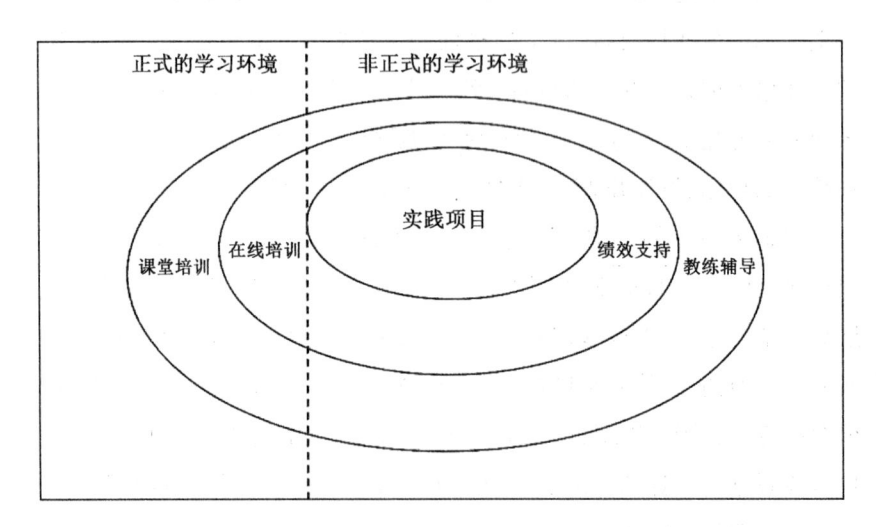

图8.2　正式学习环境与非正式学习环境的整合

在正式的学习环境中,培训把学员视为"消费者",从用户的学习需求角度提供学习资源,并提高从学习环境到工作环境的迁移度,重视学员把所学快速迁移到业务中的效果。在非正式的学习环境中，员工根据自己的具体实践需要主动"拉"所需的学习资源。学员有更多的控制权，他们可以根据自己的工作需要决定学什么、学多少、学多久，每个员工的学习都是独一无二的，而在工作环境中，就是由学习者驱动的，绩效支持和教练辅导也是该学习体系中不可缺少的核心成分，学员还可通过线上或线下的形式组成学习共同体，共同应用所学探索和解决各类业务中面临的实际问题。

在业务生命周期的视角下，不同发展阶段的业务具有不同的环境特点和业务属性，因此培训实践者需要战略性地为不同业务打造不同的培训与发展体系，从而达到既战略性地支持业务的发展和落实，又动态迭代性地发展人才培训与发展体系的目的。培训实践者通过对培训体系的动态建设，对3类业务进行动态协同和按需供应学习资源。

参考文献

1. Bird, A., & Beechler, S. Links between Business Strategy and Human Resource Management Strategy in US-based Japanese Subsidiaries: An Empirical investigation. *Journal of International Business Studies*, 1995, (26): 23—46.

2. Huselid, M. A., Beatty, R. W., & Becker, B. E. *The Differentiated Workforce: Transforming Talent into Strategic Impact*. Harvard Business Press, 2009.

3. Wenger, E. *Communities of Practice: Learning, Meaning and Identity*. Cambridge University Press, 1998.

4. 梅尔达德·巴格海：《增长炼金术》，奚博铨、许润民译，经济科学出版社1999年版。

5. 雷蒙德·A. 诺伊：《雇员培训与开发》（第三版），徐芳译，中国人民大学出版社2007年版。

6. 王成、王玥、陈澄波：《从培训到学习：人才培养和企业大学的中国实践》，机械工业出版社2010年版。

7. 乔恩·M. 沃纳、兰迪·L. 德西蒙：《人力资源开发》（第4版），徐芳等译，中国人民大学出版社2008年版。

8. 于文浩:《混合学习的新视野:构建组织的学习与绩效体系》,《远程教育杂志》,2010,(01):55—59。

9. 于文浩:《从学习隐喻的演化视域管窥专业能力的发展》,《开放教育研究》,2013,(01):14—23。

10. 于文浩:《活动理论视角下企业学习团队专业能力发展的特征》,《现代远程教育研究》,2015,(02):87—95。

第九章　绩效改进视域下的知识管理

　　知识比现金、生产设备甚至是产品声誉和市场份额这些传统概念更难以捉摸,它似乎既过于简单又过于含糊,不可承受在管理上有实质意义且能指导决策的分析之重。

——〔英〕博伊索特

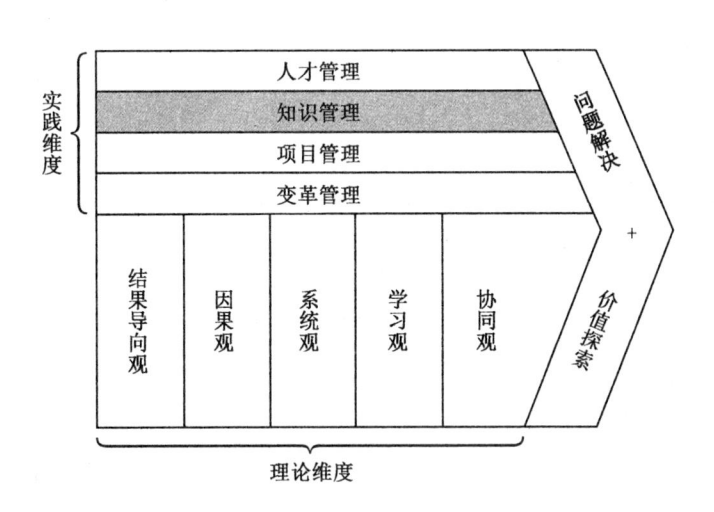

　　知识管理为绩效改进创造新的发展契机。本章从绩效改进的视角审视知识管理,论述知识管理在绩效改进中的定位和联系,并用绩效改进的观点论述知识管理中的基本概念和组织中各个层次上的知识,然后用绩效改进价值观分析知识管理的本质,最后提出一个能表征知识驱动不同知识层中各个层次上绩效的双层模型。

　　国际知名的佛罗里达州立大学的罗伯特·瑞瑟(Robert Reiser)教授

在2007年访华时提出,当前影响教学设计与技术的趋势中,首当其冲的应是绩效改进(绩效改进和知识管理)。而绩效改进领域的韦尔兹利·弗谢等(Wellesley Foshay et al., 1999)认为,知识管理将为绩效改进的发展创造更多的机会。

第一节 知识管理在绩效改进领域中的定位与联系

一、知识管理在绩效改进中的定位

在绩效改进的理论框架中,知识管理是一种教学性的绩效支持干预,教学性的绩效支持干预被用来解决"由于知识或技能欠缺所造成的绩效问题"(Van Tiem et al., 2000)。如果在绩效改进项目中的原因分析阶段确定了,导致绩效差距的原因是员工缺乏达到期望绩效水平的必备知识和技能,那么绩效改进人员就可以考虑选择教学性的绩效支持干预,知识管理作为教学性的绩效支持干预中的一种,针对下面的绩效问题有它独特的优势。

组织中的某个员工通过学习和创新创造出一种改进工作绩效的知识,组织的其他员工或者新员工因为没有习得这种知识,就只能继续处于低绩效状态,或者要花费重复的时间和精力去寻找可以改进绩效的方法。知识管理可以使员工彼此共享和传播知识,从而不仅节约了低绩效所浪费的成本,而且能改进所有员工的绩效,加快员工的知识创新,在整体上高效地改进组织绩效。

知识管理是一项对组织中个体知识有效沟通的管理,让有价值的知识在员工间传播共享,知识管理可以增加组织知识,让更多的员工接触到组织知识,"把正确的知识从正确的知识源那里传到正确的人那里"(Rossett & Sheldon, 2001),为组织增加并创造更多的智力资本。

二、知识管理与绩效管理的关系

有价值的知识可以改进个体、团队和组织的绩效,反过来组织员工在绩效改进过程中也可以创造出新的知识,相关知识水平越高,绩效水平也就越高。知识和绩效之间是辩证的动态联系:人们既可以从绩效实施中习得知识,也可以在绩效实施中应用所学知识;绩效可以因为有价值的知识而得到提高,人们也可以在绩效中习得新的知识(见图 9.1)。

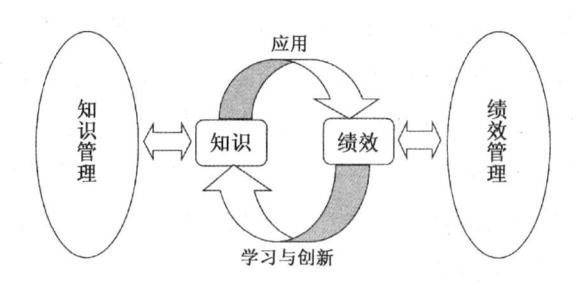

图 9.1　知识管理与绩效管理的关系

从知识的生命周期来看,知识管理就是"对组织中人的知识进行确认、获得、编码、储存、转化、分发和共享的系统化工作"(Van Tiem et al.,2000)。从而让组织中的员工可以应用组织的集体知识和共有经验来改进绩效和进行知识创新,增加组织的智力资本和竞争优势。然而,知识是有寿命的,因此知识管理不仅要获取和存取新知识,还要对组织的知识库进行维护,要更新、替换甚至删除过时的知识。

由于知识与绩效的辩证关系,因此知识管理和绩效管理也是紧密联系的。在绩效改进项目中,如果确定要实施知识管理干预,那么绩效管理系统也相应地要与之一致配合,"获取知识的频率应与绩效评测的频率相连接"(Milton,2005)。绩效评测应对绩效进行有效测量,绩效评测时不仅要关心员工和组织的专门知识和生产率,还要对员工的绩效以及员工对组织知识的贡献程度进行薪酬上的奖励和公开表扬,从而激励组织成员共建组织知识库,逐渐形成一种知识共享的文化氛围。

三、绩效改进中作为一种干预的知识管理

尽管知识管理可以解决一类绩效问题，但绩效改进是一种全面地、多层次地解决绩效问题的系统方法，绩效改进的解决方案中通常包括不止一种干预措施，因此知识管理在实施中要与其他干预互相配合，这样才能发挥出"协同效应"。知识管理作为教学性的绩效支持干预中的一种，与E-learning、培训、EPSS、工作帮助等干预紧密相关。

知识管理中获取的知识可以由组织内部员工创造，也可以通过咨询外部专家或从他们为内部员工提供的培训中获得；促进员工获取知识的方式可以是"教师主导"的课堂教学，也可以是专家为组织专门开发出来供员工自学的材料，或者是采用E-learning的干预方式等，同时培训的知识内容也应该被存储到知识库中，从而使培训的知识内容在知识管理系统和EPSS中也可以被使用。

知识管理也可以支持在职培训，对于已整合到组织中的知识库中的知识，绩效改进人员可以设计EPSS或工作帮助干预，为员工工作时能及时获得正确的知识信息提供一个共享传播的平台。因此，知识管理和其他干预的协同作用能更有效地改进个体完成任务的效率和效果。绩效改进人员在实施知识管理时，一定要注意它与其他干预的相互联系，最大限度地发挥各种干预措施的协同配合作用。

在绩效改进领域中，人们一直认为，尽管知识以不同媒体形式存放在各种不同的地方，但人是知识创生的源泉。因此，绩效改进实践者在实施知识管理时很关注组织中的员工学习、共享和使用他人成果的内在动机与外在动机，而且"越来越多地关心员工在绩效改进过程中的动机、感知、恐惧、决策和行动"（Haney，2006）。

第二节 绩效改进视角下的知识管理内涵

下面将从绩效改进的视角，分别就知识类型、知识生命周期和各个层

次上的知识管理来审视知识管理的内涵。

一、知识类型

知识管理领域中最常用的知识分类是把知识分为显性知识和隐性知识。显性知识是"可用正式的系统的语言来表述,可以用数据、科学公式、说明书和手册等形式来共享"(迪尔克斯,2001),它可以在书本、用户使用手册、视听节目、培训课程和其他媒体中被编码储存和呈现出来。隐性知识是关于经验和洞察力的知识,组织内部隐性知识往往比显性知识多得多,因此这些隐性知识往往更有价值,但是同时难以被意识到,很难被描述和管理(Rosenberg,2006)。虽然掌握、描述和编码隐性知识的难度很大,但为了改进组织绩效,在知识管理的过程中,需要把各个层次上的隐性知识转化成各个层次上的显性知识,从而挖掘出隐性知识中蕴藏的价值,并通过知识管理把它转化为组织的智力资本。

二、知识生命周期及知识管理的主要活动

组织存在于一个动态变革的环境中,变化是永恒的,组织内的知识也必然要经历一个从创造到淘汰的过程,因此组织知识必须不断地创新和更新。安妮·布鲁金提出"知识是有寿命的"(Brooking,1999)这一观点,绩效改进专家戴布拉·哈尼(Debra Haney)也对知识生命周期进行了论述,本章认为有必要对知识生命周期作简单介绍,因为优秀的知识管理必须要有不同的过程来支持知识生命周期中的不同阶段。

如图9.2所示,本章在哈尼的知识生命周期理论的基础上,概括了绩效改进领域知识周期的6个阶段,分别为获取、组织编码、正式化、共享、应用和精炼。

获取知识阶段主要是指通过学习创新或采购来获取知识,同时对知识进行审计;组织编码阶段是把知识组织成对使用者更有意义的形式,并把"知识内容转化成可以在组织知识库中存储、维护和访问"(Haney,2006)的格式;正式化阶段是"处理一种使知识正式化和显性化的机制"

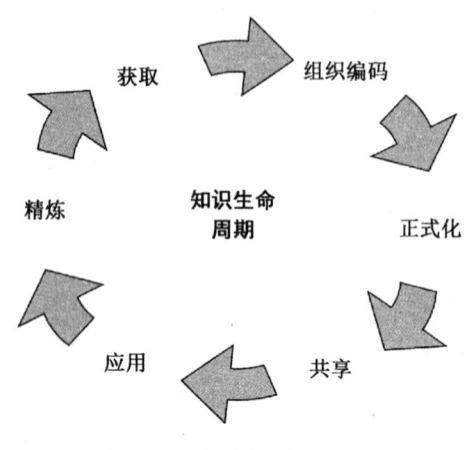

图 9.2 知识的生命周期

(Nissen,2005);共享阶段是在组织内进行知识传播,传播方法可以是日程培训、组织会议甚至是对接受者发送电子邮件等,EPSS 在组织进行有效的知识传播方面有很大的优势;知识应用阶段是指组织中的相应人员用学习到的新知识改进绩效的过程,这一阶段也是知识转化为绩效、绩效转化为行动的过程,知识的人力资本价值在这一阶段将在组织内部得到规模性的发挥;最后的精炼过程是对整个组织学习的过程进行反思,并对知识进行提炼和进化,从而进入新的知识生命周期。

通过对知识的生命周期的研究,可以发现知识管理的主要活动也是围绕着知识生命周期的不同阶段进行的。范·提姆等(Van Tiem et al.,2002)归纳的知识管理活动,包括确定组织的知识财产、获取和记录组织知识、编码存储知识、转化并生成新知识、分发和共享知识、管理和激发这些活动的过程、人和技术,这些活动都是对知识管理中知识周期的各个阶段的支持和管理。

三、绩效改进各个层次上的知识

在绩效改进中,把组织知识与学习分为个体、团队、组织 3 个不同的层次(见图 9.3)。组织学习的关键就是要由个体学习达到真正的组织学习,因为在很多组织中,经常会出现个体发生了真正的学习行为而组织并没有从个体学习中受益的现象。个体的学习可以没有组织,但组织的学习不能没有个体。因此,本章认为,知识管理需要在 3 个层次之间都起到促进学习的作用,尤其要有效地把个体知识转化为组织知识;知识管理还需要在组织中建立一种全面的机制,这种机制不只是在组织里安装上局域网和管理软件就算大功告成了,它需要把知识共享的文化和协作学习的信念注入组织已有的体制结构、流程甚至是文化中去。例如,通过制定鼓励共享知识的组织政策和对为知识库做出贡献的员工给予薪酬上的奖励来激励和培育知识共享这种文化。只有通过这种深刻的文化和观念的变革,知识管理才能有效地管理和转化各个层次上的知识和学习,从而把组织知识作为具有竞争优势的"组织记忆"储备起来。

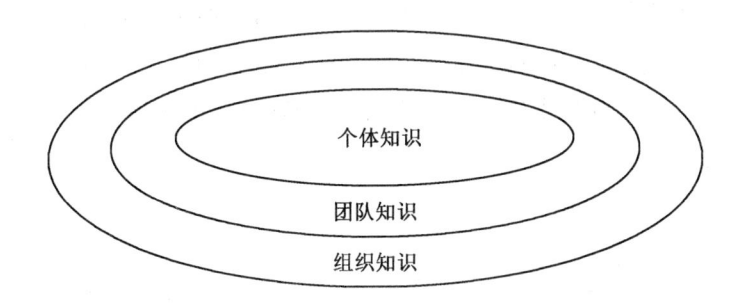

图 9.3　绩效改进中组织知识的 3 个层次

组织通过知识管理体系,把分散在组织内外的各种知识以多种媒体的形式积聚起来,从而方便组织内的员工或者新员工在第一时间获得他们最想要的合适信息和知识。这个过程就是把知识的智力资本价值转化为有形的绩效价值,从而增强了组织的竞争优势。绩效改进视角下知识管理最终期待的结果在于"整合工作知识和绩效改进"(Van Tiem et al., 2002)。

第三节 绩效改进价值观下的知识管理

本章认为,绩效改进价值观的基本假设是:绩效改进通过干预变革来增加组织的价值,绩效改进的过程就是一个增加组织价值的过程。绩效改进人员通过系统化地规划、实施和持续知识管理干预,不仅能达到绩效改进的目的,而且为组织增加了无形的智力资本。

基于绩效改进价值观,本章用图示的形式表示了知识管理为组织增加智力资本的流程。如图9.4所示,左、右两幅图为实施知识管理前后的对比图,一个成功的知识管理项目将会为组织增加无形的智力资本,智力资本是组织发展的动力,组织对待智力资本的态度将决定它的发展潜力,因为智力资本的源泉是人的知识创造。但智力资本很难确定具体价值,盖耶斯基(Gayeski)认为,除非在与竞争对手比较的情况下能够精确确定智力资本是如何降低支出和增加收入的,否则难以确定智力资本的价值(Gayeski & Russell,2005)。

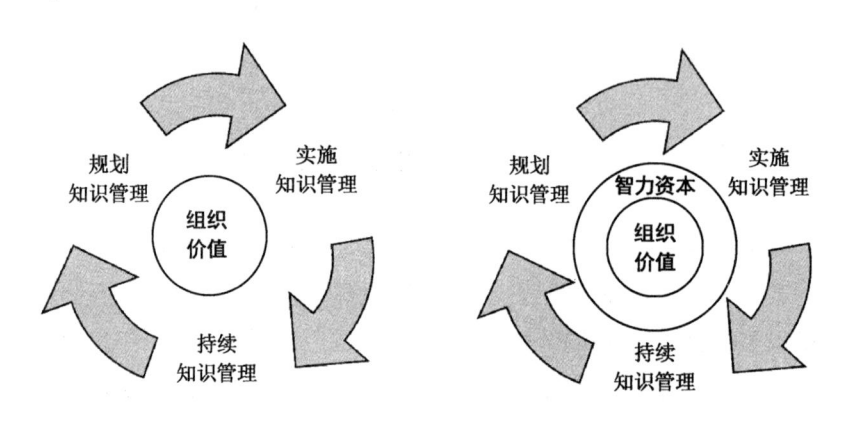

图9.4 知识管理为组织增加智力资本

对知识管理系统的维护是实现知识的持续累积价值的前提,因为对知识的获取、组织编码等过程在建立了知识管理系统后仍需要继续执行,所以对知识管理系统的维护将保证知识管理系统不断进化,从而与组织实践的绩效一致并且持续性地为组织增加智力资本。

第四节　绩效改进视角下知识驱动绩效的双层模型的构建

本章从绩效改进的视角出发，构建了一个知识驱动绩效的模型（见图9.5）。该模型的构建是基于知识管理理论中知识类型的理论、知识生命周期理论以及绩效改进中关于绩效层次的观点，因此该模型具有坚固的理论基础。由于该模型整体上是一个双层圆柱体，因此本章将它命名为知识驱动绩效的双层模型。在圆柱水平方向上的上、下两个表面，该模型根据知识的类别把绩效改进视角下的知识分为显性知识层和隐性知识层，对显性知识层和隐性知识层又分别根据知识的应用范围的大小划分为个体、团队、组织3个不同的层次，这3个层次的顺序与图9.3中的一致。这个双层圆柱体模型表征了一个知识促进绩效的环境，为知识驱动绩效的动态过程提供了一个架构。

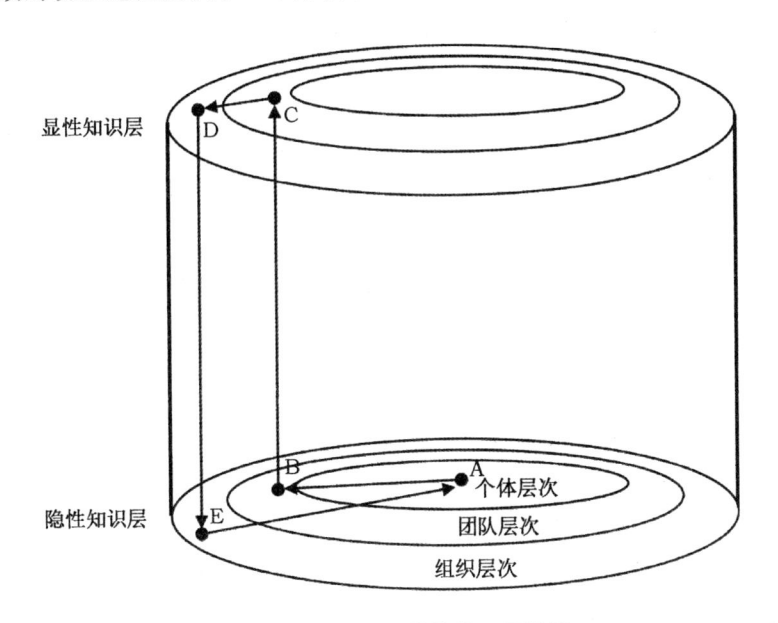

图9.5　知识驱动绩效的双层模型

在组织中,知识如何驱动绩效或者说如何改进绩效,是绩效改进过程中的一个关键问题。因为知识驱动绩效的过程因不同的知识源而异,故本章选择了知识从个体层次到组织层次驱动绩效的一个有代表性的过程(如图9.5中A—B—C—D—E—A的路线所示)来运行该模型的架构。

A—B路线:组织中的个体是知识创新的源泉,他们从自己的绩效实施过程中学得知识,而这种知识通常是关于经验和洞察力的隐性知识。在这一阶段,员工可以通过与团队中其他成员经验交流和共享来传递有价值的信息,从而让知识在团队范围内驱动绩效。

B—C路线:知识在团队层次上显著地驱动了整个团队的绩效之后,就进入了生命周期中的正式化阶段,即让知识正式化和显性化。隐性知识的显性化可以通过"比喻、类比、图形化或原型等方式来实现"(Despres,2004)。

C—D路线:能改进绩效的显性知识由团队层次向组织层次转化,知识生命周期中的组织和编码阶段也在这个过程中发生,它把显性知识整合到知识管理系统中,从而可以让组织中的成员都可以访问知识库中能驱动绩效的知识。

D—E路线:能改进绩效的显性知识在组织层次上规模性地驱动了组织绩效,并且在绩效实践中不断具体化地精炼为隐性知识。C—D—E这一过程实现了知识在组织内部的共享。

E—A路线:当新知识内化到组织的规范和文化中后,它又会以一种隐性的方式驱动团队和个体的绩效,从而改变组织成员的思维方式。

通过对一个典型的知识驱动绩效过程的描述,该双层模型"运转"良好。该模型具有成熟的理论支持,实用性强。它的特点在于,能直观形象地为知识驱动绩效提供框架和结构,并能视觉化地呈现绩效改进领域中如何使用知识管理来改进绩效的过程阶段。

该双层模型可以帮助绩效改进人员认清知识管理中各个阶段的目标和活动,与改进组织整体绩效的总目的保持一致,同时也能指导绩效改进人员在组织内使用知识来驱动绩效,规模性地实现知识的价值。绩效改进视角下最终期待的结果并不是知识,而是个人和组织的绩效改进,知识管理的目的在于,通过对知识的管理与传播来驱动各个层次上绩效的改进,从而整合工作知识和绩效改进。虽然知识管理在绩效改进视角下是一种教学性的绩效支持干预,但知识管理将为绩效改进创造很大的发展契机,知识管理是一种可以改进组织绩效和为组织增加智力资本的干预措施。

参考文献

1. Foshay, W. R., Moller, L., Schwen, T. M., Kalman, H. K., & Haney, D. S. Research in Human Performance Technology. *Handbook of Human Performance Technology*, 1999:895—915.

2. Gayeski, D. M., & Russell, J. D. Managing Learning and Communication Systems as Business Assets. *Performance Improvement Quarterly*, 2005.

3. Haney, D. Knowledge Management, Organizational Performance, and Human Performance Technology. *Handbook of Human Performance Technology*, 2006:619—639.

4. Milton, N. *Knowledge Management for Teams and Projects*. Chandos, 2005.

5. Nissen, M. E. *Harnessing Knowledge Dynamics: Principled Organizational Knowing & Learning: Principled Organizational Knowing & Learning*. IGI Global, 2005.

6. Rosenberg, M. J. Knowledge Management and Learning: Perfect Together. *Trends and Issues in Instructional Design and Technology*, 2006:156—165.

7. Rossett, A., & Sheldon, K. *Beyond the Podium: Delivering Training and Performance to a Digital World*. Jossey-Bass/Pfeiffe, 2001.

8. Van Tiem, D. M., Moseley, J. L., Dessinger, J. C., and O'Brien, C. Performance Improvement Interventions: Enhancing People, Processes, and Organizations through Performance Technology. *Performance Improvement Quarterly*, 2002, (41): 45—49.

9. Van Tiem, D. M., Moseley, J. L., Dessinger, J. C. *Fundamentals of Performance Technology: A Guide to Improving People, Process, and Performance*. International Society for Performance Improvement, 2000.

10.安妮·布鲁金:《企业记忆——知识管理战略》,赵晓江译,辽宁教育出版社2001年版。

11.查尔斯·德普雷:《知识管理的现在与未来》,刘庆林译,人民邮电出版社2001年版。

12.迈诺尔夫·迪尔克斯:《组织学习与知识创新》,上海社会科学院知识与信息课题组译,上海人民出版社2001年版。

第十章　绩效改进视域下的项目管理

计划和执行是同一项工作的两个不同部分，而不是两项不同的工作，必须两者兼顾，才能有效完成工作。

——〔美〕德鲁克

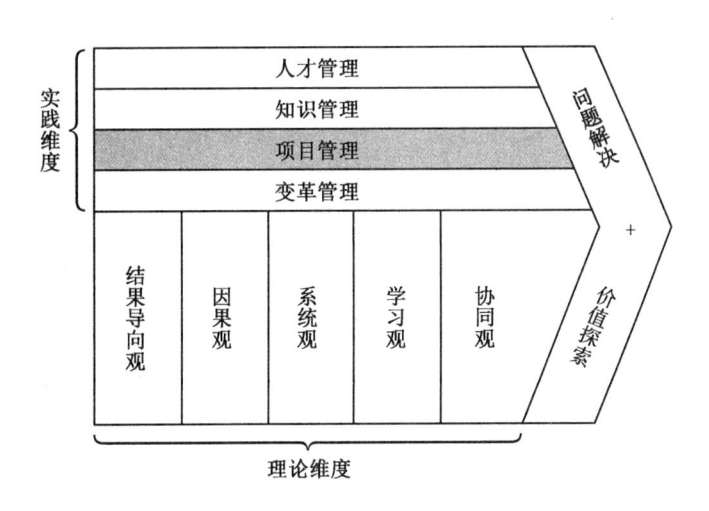

实践维度	人才管理	问题解决
	知识管理	
	项目管理	
	变革管理	
理论维度	结果导向观 | 因果观 | 系统观 | 学习观 | 协同观	＋价值探索

本章论述了绩效改进中的项目管理和项目管理的生命周期，并对权威的绩效改进项目的过程模型进行了修正和重构。在论述了项目的三重约束理论后，本章尝试着创造性地提出绩效改进的项目管理的整合模型。

随着作为实践领域的绩效改进项目的数量和复杂度的增加，绩效改进人员的管理需求也扩大了，这在客观上要求我们必须从项目管理的领域借鉴其应用的方法。绩效改进在实践中对项目管理的要求很迫切，本章将基于前人对绩效改进项目管理的研究，在修正的基础上构建绩效改进项目的模型,希望对绩效改进项目管理的理论构建有所参考。

第一节 作为实践领域的绩效改进

范·提姆等(Van Tiem et al.,2000)是这样定义绩效技术的:绩效技术是把商业目标和战略与为达到这个目标每个劳动力应负的责任联系起来的系统过程。

大多数绩效问题的产生有多种原因,因此很有必要经常使用多种干预措施或者解决方案,即使当只有一种绩效原因时,解决方案也可能需要多种干预。例如,当员工拒绝使用新的用户化的计算机软件时,解决方案可以包括:使用有充足的例子和在职练习的改良的培训来理解系统的性能;使用对工作有帮助的方便的参考资料;当出现问题时,给予指导;当使用新系统时,给予奖赏;消除第一次使用这个不熟悉的软件系统时耗时的负面后果等(Van Tiem,2004)。在面临多种干预措施时,绩效改进工作者需要对各种干预措施进行有效管理。

绩效改进工作者的项目管理水平对于理解他们选择、设计或者使用合适的干预措施的能力和应对复杂工作场所的挑战的能力是很重要的。正如范·提姆等(Van Tiem et al.,2000)所说的,在绩效改进的具体实施中,许多很好的干预措施没能有效执行,就是因为没有使用项目管理的方法。因此,绩效改进项目管理的知识与技能对于绩效改进人员而言是必不可少的工具和技术。

第二节 绩效改进视角下的项目管理

一、项目管理的定义

在讨论项目管理的定义之前,先要对项目有明确的认识。项目是为提供某项独特的产品、服务或成果所做的临时性努力(Project Management Institute,2000)。绩效改进人员经常要做提高组织绩效的项目,他们经过全面的分析、设计、开发、实施和评价的系统化程序后,提出的改进措施或方案正是绩效改进项目创造的成果。

项目经常被组织当作实现组织战略规划的一种手段来使用。例如,有的公司为了提高员工的知识技能并增强组织的人力优势,会专门组织针对公司需要的技能培训项目;再如,快速发展产业中的公司为了不断增加组织的产品优势,会经常组织专门的研发项目来开发新产品或新技术。

项目管理是指为了满足或超过各个利益相关者的需要和期望,把知识、技能、工具和技术应用到项目活动中的过程(Stolovitch & Keeps,2005)。通俗地说,项目管理就是把组织内日常运作的很多方面作为项目来看待,通过应用和综合诸如启动、规划、实施、监控和收尾等项目过程来进行,然后以项目为手段进行管理。

二、项目的生命周期

一个项目从开始到结束要经历项目生命周期,提出项目生命周期这个概念是为了"引导和控制各行业的独特的产出成果得以逐步、系统地开发"(张祖忻,2005)。

为了把与该项目相关的组织活动和资源联系起来,同时也为了方便管理和控制,组织习惯把一个项目的生命周期分成几个阶段。项目管理专家(如 Harold Kerzner、Michael Greer 等)普遍认为,项目的生命周期因行业而异,每个行业通常都会形成本行业内部的约定俗成的项目生命周期(Kerzner,2006)。

迈克尔·格林(Michael Greer,1999)试着提出了一个通用的项目生命周期,它基本上包括所有项目的阶段和活动(Greer,1999)。如图 10.1所示,项目周期可分为 5 个阶段,即确定需要和可行性、制订项目计划、创建具体规定说明、创建可交付成果、测试和实施(Stolovitch & Keeps,1999)。他在这 5 个阶段中都强调,要确保获得项目发起者和利益相关者对项目计划的支持。

确定需要和可行性 → 制订项目计划 → 创建具体规定说明 → 创建可交付成果 → 测试和实施

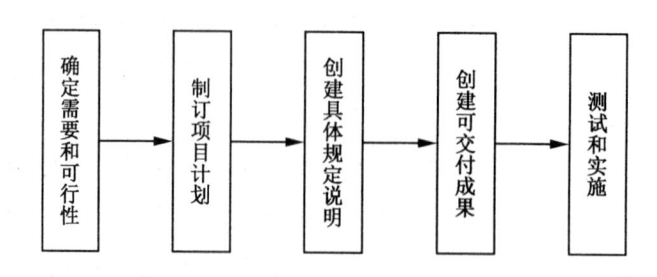

图 10.1 迈克尔·格林的通用的项目生命周期

绩效改进项目周期有以下一些特点：首先，各个项目阶段一般是按顺序相联系的，前一个项目阶段的输出是下一个项目阶段的输入，要求各个项目阶段之间有很好的沟通方式，虽然项目生命周期的各阶段是经常重叠的，但每个阶段的成果总要传递给下一阶段，所以总体上项目的生命周期还是一个线性的过程。

在绩效改进的项目周期中，每个阶段通过各种工具和技术都要产生详细明确的文档。例如，绩效分析阶段通过组织分析创建期望的工作绩效文档，通过环境分析创建真实的工作绩效的文档，然后通过确定期望的绩效状态与现在的绩效状态的差距来创建差距分析的文档，绩效分析确定了绩效改进的类型，为随后的原因分析和干预选择设计提供指导和依据。

其次，人力投入和费用会随着项目的进行而增加，随着项目的进展，变更计划的代价会越来越大。因此，对于绩效改进人员，前端分析阶段的时间和成本上的投入是非常值得的。而且在绩效分析时，最好要"攻防兼备"，不仅要制定针对当前绩效问题的干预措施，还要制定前瞻性的干预措施，对绩效问题防患于未然，从而使整个项目立于主动的地位。

三、绩效改进项目管理的过程

国际上论述绩效改进领域内项目管理的权威专家迈克尔·格林（Michael Greer,1999）在其名为《计划和管理绩效技术的项目》一文中，提到了项目管理的过程模型(见图10.2)。该过程模型主要认为,项目过程中包含启动、规划、实施、监控和收尾5个过程,项目经理在各个过程中应该积极参与,从而不断推进项目,保证项目的完成。

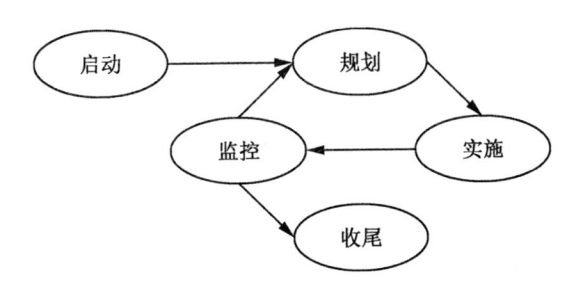

图 10.2　迈克尔·格林的项目管理的过程

本章理性而谨慎地对《绩效技术手册》中的这个模型进行了质疑。本章认为,监控过程和实施过程之间应该是双向的不断交互协调的关系。理由如下:

从内涵上,首先,监控过程是监测并进行控制的过程,监测是获得过程信息流的过程,控制是对过程发出控制信息流的过程,监测和控制的对象包括进程、成本、员工的绩效和成果的质量等。实施过程中干预措施将得到实施,但项目实施过程中仍然存在着不确定性和风险。因此,需要监控过程按照规划过程中的要求直接对项目实施过程进行监控。这一过程中也需要绩效改进项目管理者根据计划中没有预计到绩效变量和环境中的变化因素,从系统整体角度调整项目的进程和资源利用,甚至是修改整个项目的目标或者取消项目。

其次,监控过程和实施过程之间是行动控制中的同期控制的关系(Robbins & Coulter, 2004),监控过程通过比较当前绩效和计划绩效的差距来为实施提供及时的反馈控制信息,调整绩效项目的进度计划,或者采取纠正或预防措施,从而实现项目(或子项目)的目标。

另外,根据美国项目管理协会的《项目管理知识体系指南》中用来描述项目过程间的相互作用的图(见图10.3),我们可以看到监控过程贯穿整个项目的始终,即监控过程不仅仅监控某一个正在进行的过程,而且监控整个项目的成果。从图10.3我们可以看到,监控过程对启动过程、规划过程、实施过程和收尾过程都有监控,还可以形象地看到监控过程在实施过程中程度是最大的。而在迈克尔·格林的项目管理的过程模型中,却没有体现这些关系。

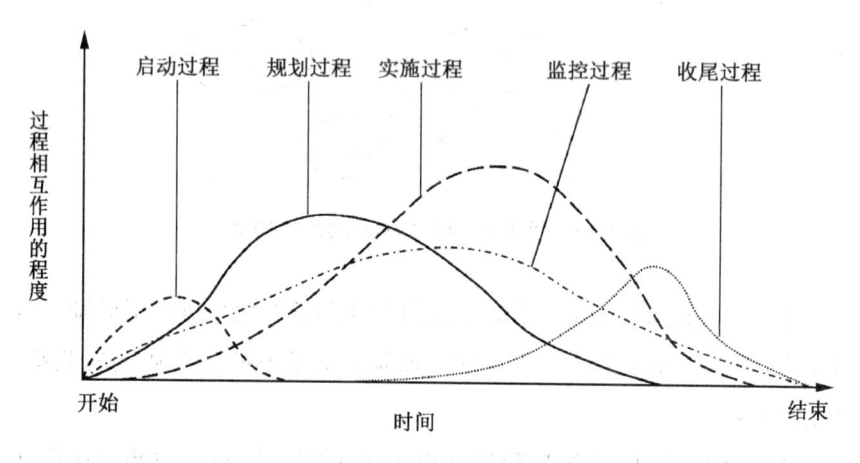

资料来源:Project Management Institute,2000。

图10.3 项目过程间的相互作用

在现实中应用绩效改进时,尽管按逻辑思维,规划(包括分析、设计和开发)先于执行,但在实际执行中,往往要回去做更深入的规划(Spitzer,1999)。在实际的绩效改进项目中,经常使用一种使项目管理计划逐步详细和深入的"滚动式规划"的方法——"规划—实施—再规划—再实施",这表明规划的过程是重复循环的过程。一份详细的、系统的、团队参与的规划对项目的成功至关重要,即使在规划形成文档后,项目经理也很有可能在与专家或者项目的利益相关者沟通后,修改完善规划的内容。

这里重构了绩效改进项目的过程模型。图10.4既体现出监控过程对整个项目过程的监控和交互协调的关系,又体现了规划和实施之间的重复循环的关系。图10.4中用两对弧形箭头首尾相连的形式形象地表明了规划与实施之间交互循环的关系,即"滚动式规划"的"规划—实施—

再规划—再实施"方式。

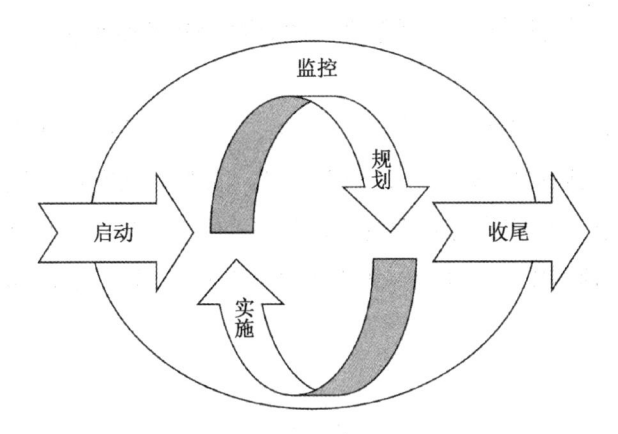

图 10.4 重构后的绩效改进项目的过程模型

项目管理的过程之间是以它们所产生的成果相互联系的,一个过程的成果一般是成为另一个过程的依据或者成为项目的可交付成果(见图10.5)。在绩效改进项目中,原因分析阶段的最终成果是:"清楚地列出所有导致问题产生的原因(包括所设计的目标群体)。"而在干预选择和设计阶段,将根据原因分析阶段的成果来选择合适的绩效干预措施。重构模型中采用燕尾形箭头来表示"启动过程"和"收尾过程",从而形象直观地表明了过程间的相互联系。

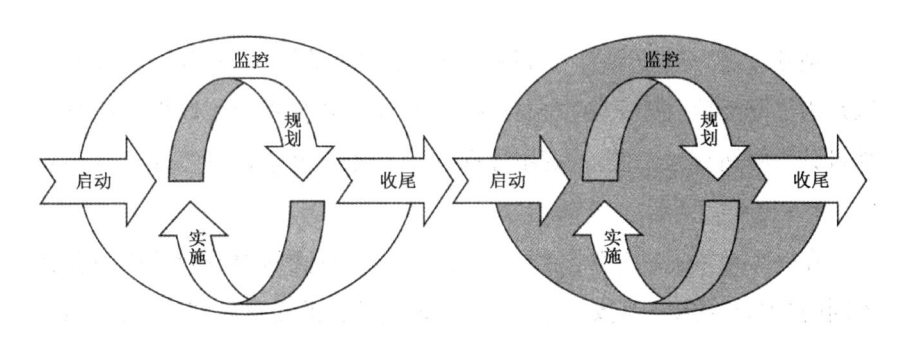

图 10.5 绩效改进项目过程之间的相互联系

第三节 项目管理中的相关约束和平衡

成功的项目管理既是一门科学,又是一门艺术。时间、成本和绩效组成了一个三角限制领域,每个绩效改进的项目都必须在这里进行。如图10.6所示,由于组织内部资源的稀缺性,给项目带来了最低接受程度的三重约束:时间、成本和绩效。正因为这些约束,让我们意识到隐藏的资源和机会。

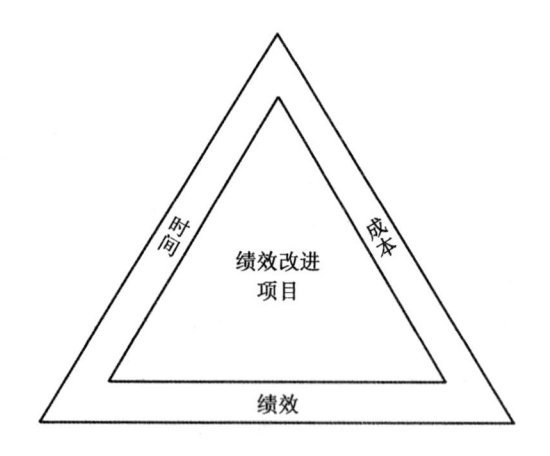

图 10.6 绩效改进项目的三重约束

绩效改进人员是根据项目目标来确定约束的层次的,分析约束的层次是为了分析项目的平衡。根据主导约束的不同,我们可以把绩效改进项目分为时间导向型项目、费用导向型项目和绩效导向型项目(Dobson, 2004)。

在一个教学项目中涉及很多利益相关者,不同的项目利益相关者有不同的"主导"约束。例如,有些客户可能把项目的交付速度看成最重要,即认为时间约束是项目的主导约束;财务部门可能更希望控制成本并取得更大的投资回报,即认为费用约束是主导约束;而有些客户只在乎项目的绩效。因此,要保证一个项目的成功,就必须在考虑时间、成本和绩效三者的平衡关系下管理整个项目,绩效改进项目的管理者应该强调一种系统的方法。

第四节 绩效改进项目管理的整合模型

通过以上论述,我们可以得出以下结论:

第一,绩效改进项目是为组织战略需要而提供某项独特的产品、服务或成果的临时性努力。

第二,绩效改进项目生命周期把与项目相关的组织活动和资源联系起来,同时方便了管理和控制,一般把绩效改进生命周期分成 5 个项目阶段。

第三,监控过程从项目开始到项目结束贯穿始终,每一个项目阶段都有监控过程;计划过程和实施过程之间存在着交互循环的关系。

第四,项目管理的过程之间以它们所产生的成果相互联系,一个过程的成果一般成为另一个过程的依据,或者成为项目的可交付成果。

第五,时间、成本和绩效是任何一个绩效改进项目的三重约束。

第六,正如有经验的绩效改进人员都认识到的那样,做一个大的绩效改进项目的目标通常会被定义为实现若干个子目标,即实现各个阶段的子目标。对于一个项目,项目管理的各个过程要反复多次使用,许多过程会在项目开发中多次重复。绩效改进项目的管理者应明确在项目和子项目中使用的各个子过程,明确各个子过程的执行者和利益相关者。

以上述 6 个结论为建构基础,作者尝试着提出绩效改进的项目管理的整合模型(见图 10.7)。

在这个整合模型中,绩效改进项目管理中的各个阶段的所有活动和项目的工作输出都用一种形象的视觉化的方式与项目成员沟通和交流,从而使每个项目成员在脑海中对于整个项目的进程和项目中的阶段成果及最终成果都有形象的认识,最终确保在项目过程中,所有的努力都朝着同一方向进行,避免不必要的内耗。

这个具有一般性的绩效改进项目管理的整合模式，明确了绩效改进项目是在时间、预算和绩效的最低接受程度的三重约束的平衡下，以渐进的、逐步的和系统的方式向前推进；让绩效改进项目经理可以更直观地控制项目的进程；让项目成员都明确项目活动和最终的项目成果，从而为项目团队提供共同关注的焦点；让项目的利益相关者在项目生命周期内参与到项目的进程中来，提高客户满意度。

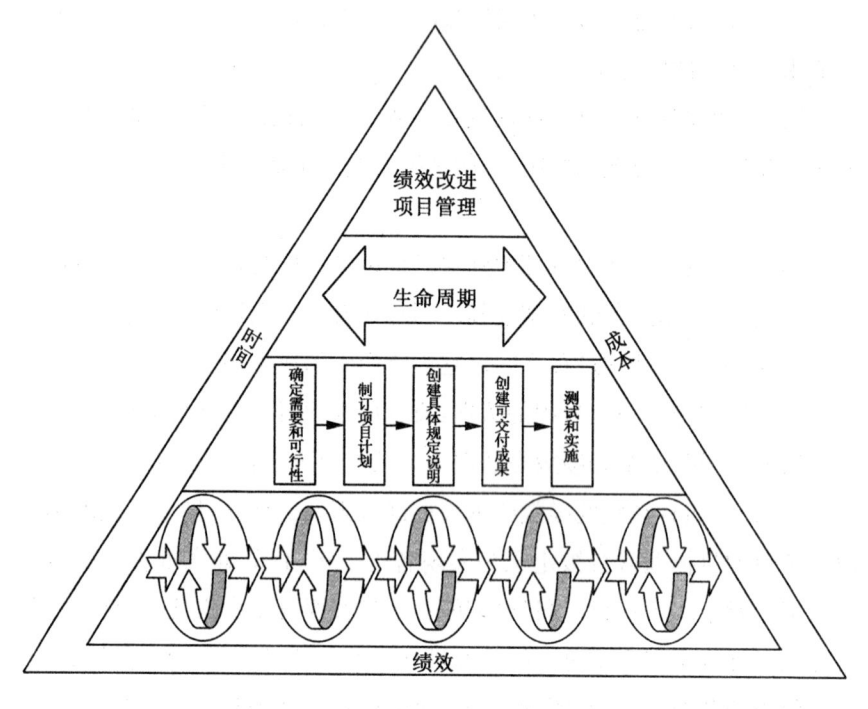

图 10.7　绩效改进项目管理的整合模型

项目管理在思维模式和运作方式上，都力求最大限度地利用组织的内外资源、改善工作流程、提高效率。而绩效改进人员在规定时间内完成绩效改进项目时，迫切需要使用项目管理这个工具和技术来帮助他们明确项目所处的阶段和每个阶段的实施过程。项目管理这个工具和技术还可以帮助他们在项目过程中的某个时间里，在时间、预算和绩效的最低接受程度的三重约束中找到一个平衡点。无论是做培训材料的开发、绩支持系统的开发还是对工作流程的改进，每个绩效改进项目都需要项目管理这个工具和技术来帮助我们利用每个项目中隐藏的资源和机会，在发现超出计划的地方，重新分配资源。

本章在批判和吸收已有知识的基础上提出的整合模型，希望能引起绩效改进专业人员对项目管理知识的重视。

参考文献

1. Dobson, M. S. *The Triple Constraints in Project Management*. Berrett-Koehler Publishers, 2004.

2. Greer, M. Planning and Managing Human Performance Technology Projects. In *Handbook of Human Performance Technology: Improving Individual Organizational Performance Worldwide*, Pfeiff, 1999: 96—121.

3. Kerzner, H. *Project Management: A Systems Approach to Planning, Scheduling, and Controlling*. John Wiley & Sons, 2006.

4. Project Management Institute. *A Guide to the Project Management Body of Knowledge* (PMBOK Guide). Project Management Institute, 2000.

5. Spitzer, D. R. The Design and Development of High-impact Interventions. *Handbook of Human Performance Technology*, 1999: 163—184.

6. Stolovitch, H. D., Keeps, E. J. *Handbook of Human Performance Technology: Improving Individual and Organizational Performance Worldwide*. Jossey-Bass, 1999.

7. Van Tiem, D. M. Interventions (Solutions) Usage and Expertise in Performance Technology Practice: An Empirical Investigation. *Performance Improvement Quarterly*, 2004, 17(03): 23—44.

8. Van Tiem, D. M., Moseley, J. L., Dessinger, J. C. *Fundamentals of Performance Technology: A Guide to Improving People, Process, and Performance*. International Society for Performance Improvement, 2000.

9. 斯蒂芬·罗宾斯、玛丽·库尔特：《管理学》，孙健敏译，中国人民大学出版社2004年版。

10. 张祖忻：《绩效技术概论》，上海外语教育出版社2005年版。

第十一章 绩效改进视域下的变革管理

> 组织系统要么适应，要么死亡。一个组织的成功在于，它能根据外部环境（客户需求、竞争者行为和经济的兴衰）和内部环境（成本上升、无效性、产品开发机遇）的变化快速有效地做出调整。
>
> ——〔美〕朗姆勒、布拉奇

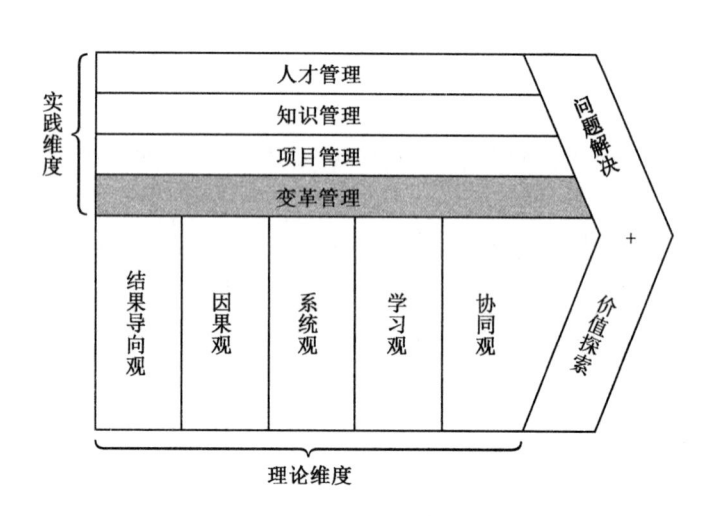

本章通过对绩效改进领域中变革管理的论述，提出变革管理是绩效改进在组织实施中的成败关键的这个命题，然后对绩效改进中变革管理的4个基本因素展开分析，最后从变革的视角解构绩效改进模型，并在此基础上提出"绩效改进变革观"。

几乎每个项目的成功应用和推广都涉及对相应机构或组织的变革和对变革的推广。在变革推广过程中，即便是一个优秀的应用项目，如果没能有效地管理影响变革实施和效果的关键因素，也注定要失败。绩效改进的知识体系是为了使组织更好地适应现代社会的变化，它的理论体系也在改进组织和个体的绩效的过程中不断发展，管理变革的能力被认为是绩效改进人员的关键能力之一。

第一节　绩效改进领域中的变革管理

国际绩效改进协会（ISPI）公认的绩效改进模型分为绩效分析、原因分析、干预选择和设计、干预实施与变革以及评价5个阶段（Van Tiem et al.，2000）。变革管理处于干预实施与变革阶段中的首要位置。组织中变革的过程是复杂的和多维的，实施与变革阶段是绩效改进真正开始影响组织各个层次的时期，这时会出现一些我们期望的和预期到的变革，但同时也会出现很多因为接受人群对变革的不同接受程度的非预期变革，此时绩效改进人员就要使用变革管理来确保绩效干预的实施能产生期待的效果，绩效改进的成功需要绩效改进人员在变革中与组织各层次人员协作努力，共同处理各种变革阻力。

绩效改进专家拉里萨等（Larissa et al.）认为，绩效改进中的变革管理是指组织为了应对变化了的环境而经历的组织范围上的根本变化（Maloponsky & Osman，2006）。他们在此定义的变革管理与组织中引进一名新员工或引进一套技术程序是不同的，绩效改进人员实施的变革管理不仅影响组织中的各个层次，还对组织愿景和战略有重要的促进作用。大多数绩效改进专家和组织行为专家认为，变革是由外部环境因素或者内部驱动力引起的，如外部市场竞争的压力或内部新组织战略的执行要求。组织在压力下的变革力和学习力成为组织在动态环境下的竞争力，因此变革对于绩效改进人员来说，正是向组织中引进新概念和新实践的宝贵机会。

这里将从绩效改进实施中变革的重要性和复杂性来论述变革管理的必要性。绩效改进项目中的大部分资金和时间是在干预实施与变革阶段投入的,绩效改进的真正影响力也将在这一阶段实现。对此阶段管理的有效性将决定项目能否产生期望的结果,以及决定对项目的投入能否产生可观的投资回报。

绩效改进变革实施中涉及很多复杂因素。每个绩效改进项目的实施都要在"时间、预算和绩效"这三重约束下进行(于文浩、徐丹,2008)。变革管理的知识将帮助绩效改进人员在变革阶段最大限度地发挥资源和时间的价值。此外,绩效改进人员在变革实施时要处理多种关系,他们要管理组织各层次上由于变革带来的利益冲突所引起的变革阻力,还要管理组织中成员对变革的接受过程和变革所带来的压力等。基于以上3点分析,本章提出以下命题:变革管理是绩效改进在组织实施中的成败关键。

第二节　绩效改进项目实施中的变革管理

在绩效改进的实施阶段,通过有规划的变革来逐渐改进组织和个体的绩效,将前期设计的干预措施按规划付诸实践,并通过不断评价变革程度来采取改进性措施,确保在组织绩效上产生期望的结果。在对组织进行绩效变革的过程中,如何优化干预措施的实施过程以及减少组织和个人对变革的阻力,是变革管理的两个关键问题。

关于变革管理中的基本因素,多尔芒(Dormant)认为,有A、B、C、D 4个基本因素,即接受对象(Adoptor)、黑箱(Blackbox)、变革推动者(Change Agent)和领域(Domain)(Dormant,1986)。"接受对象"是指变革的接受目标人群,在绩效改进项目变革实施中,主要是指组织内部的人员;"黑箱"主要是指绩效改进项目实施的变革本身;"变革推动者"是指实施变革的人,在绩效改进项目中,绩效改进人员充当这一角色;"领域"是指变革所处的大环境,实施绩效改进项目的组织结构、战略、资源等都是绩效改进人员应该考虑的因素。根据以上分析,本章用图11.1表示这4个因素的结构关系。下面将围绕变革管理中的这4个因素展开讨论。

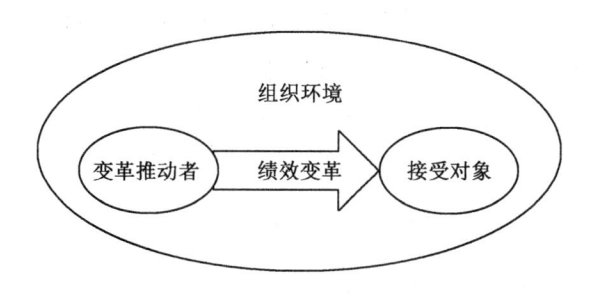

图 11.1　绩效改进实施中的变革管理 4 个因素的关系图

一、接受对象的分类

如图 11.2 所示，罗杰根据组织内不同个体对变革接受的难易程度的不同，把接受对象分为革新者、早期接受者、早期的多数接受者、后期的多数接受者和落后者 5 类(Roger，2003)。

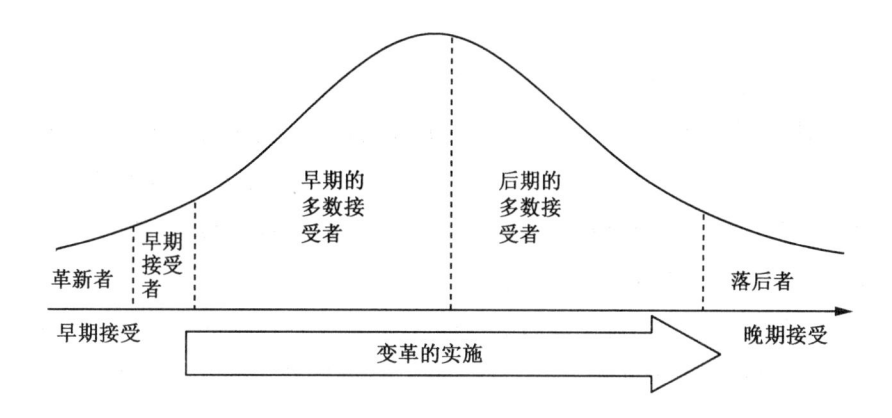

图 11.2　变革中接受对象的接受曲线

在绩效改进项目中，组织中同样会出现各种不同的接受对象：擅于调查研究的革新者会在项目之初就先接受一项有价值的变革，并且在整个过程中起到"模范"的作用。早期接受者是对整个变革最有影响力的群体，因为他们是关乎绩效改进前途的"意见领袖"，他们在组织的社会网络中一般处于核心地位并且备受尊重，他们一般会先观察"革新者"接受变革的情况以及组织中其他成员的保守和反对态度的情况,然后形成自己对变革的判断,如果得到他们的支持,那么组织中绝大多数成员也会逐渐接受变革。意见领袖对绩效改进项目的态度将直接影响绩效项目实施的成败。一直反对变革的落后者一般处于组织网络的外围,绩效改进人员应该耐心地向他们逐步介绍变革的优势。

二、绩效改进中变革的力量场

在绩效改进过程中,变革是变革驱动力与变革阻力动态平衡下在组织中实施的。在绩效改进项目中,变革的驱动力是为了满足或者减少项目前期的绩效分析阶段中期望与现状的差距,这种驱动力可能是组织战略发展的需要,也可能因为外部环境的快速变化需要组织增加自己的竞争力。绩效改进中的干预变革是针对组织层次、流程层次、个体层次进行改变,改变就意味着会有各个层次上的阻力,阻力来源于对变革的恐惧和对不确定性的担心。对于绩效改进人员来说,通过调查隐藏在阻力背后的根源从而采用不同的策略消除它们是至关重要的。

社会科学家莱温(Lewin)把变革分为解冻、变革、冻结3个阶段(Lewin,1958)。解冻阶段主要是对组织变革条件的认识和为变革作准备;变革阶段是改变组织元素的行动;冻结阶段是持续组织变革的结果,并且通过制度化来强化变革结果。

如图11.3所示,按照莱温的理论,绩效变革通过解冻现有组织的绩效,从而达到期望的绩效,然后重新冻结新的组织绩效,以便使它保持在期望的高绩效状态。在变革前,即绩效分析阶段和原因分析阶段,绩效改进人员最好能针对变革时组织或个体的阻力,前瞻性地准备一些措施,从而为实施变革减少阻力。当变革的驱动力比阻力强时,变革就发生了,在这一过程中,绩效改进人员的措施是加强驱动力或减小阻力,或者两者的结合使用(McShane,2005)。在变革的整个过程中,组织领导对绩效改进项目的支持和对绩效改进人员的公开授权都会为绩效改进变革注入强大的驱动力。如果仅仅是暂时性达到高绩效却没有持续,就不算是一项真

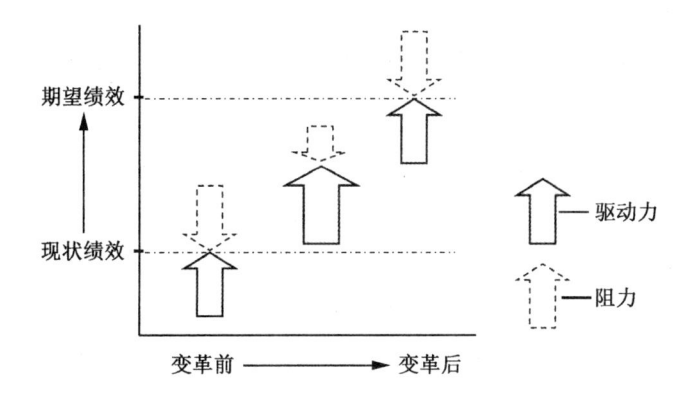

图 11.3　莱温的力场理论在绩效改进变革中的应用模型

正有效的变革,当变革达到预期的绩效后,组织需要修正规章制度,用制度化的方式来巩固和稳定变革带来的高绩效状态。

三、组织中各个层次上的变革管理

绩效改进专家朗姆勒在多年的理论与实践的基础上,把组织的系统结构分为组织层次、流程层次和工作/执行人员层次,还为每个层次都设置了一个"管理"绩效需求(Rummler & Brache,1995)。这种划分可以帮助绩效改进人员准确地确定和理解影响组织绩效的问题,管理绩效需求也确保了目标在各个层次上的实现。在绩效改进的变革中,绩效改进人员可以管理每个层次上的驱动力与阻力之间的平衡,从而有效地提升各个层次上的绩效,而且朗姆勒的三层次理论也能保证各个层次上的变革与组织整体的变革相一致。绩效改进的变革不是一个口号,它必须落实到从微观个人绩效到宏观组织绩效的每个层次的变革管理上。

四、作为变革推动者的绩效改进人员的职能

在绩效改进项目的实施中,作为变革推进者的绩效改进人员应该主动地参与到从变革规划到变革实施的所有阶段中:通过组织分析来确定绩效差距、设计和管理变革过程、评价变革过程中各个层次上的绩效,通

过沟通来支持组织中的个体接受变革。因此,要想实施有效的变革,绩效改进人员必须了解变革过程的所有方面,并且具有一种为变革开发策略和方法的能力。

拉里萨认为,作为变革推动者的绩效改进人员的职能应包括以下5点(Maloponsky,2002):理解变革的性质和变革对组织及其成员的潜在影响;执行组织分析,然后确保提出的变革与组织文化、战略目标、可用资源以及商业环境之间的兼容性;评价组织对变革的敏感程度,并为有计划的变革项目确定项目的范围和时间表;开发变革实施的计划,并开发在变革过程中评价组织绩效的评价方法;理解变革阻力的性质和个体对变革的接受程度,从而开发一个支持结构,它可以处理受变革过程影响的信息、教育和绩效需要。

变革管理专家多尔芒(Dormant,1999)为负责绩效改进项目的绩效改进人员提出以下建议:用理解、真诚和尊重的态度对待变革的相关人员;创建一个实施团队;与组织系统外部人员建立关系,当有难题时,可以从他们那里获得咨询和支持;对项目的制约条件和自己的角色要有现实的认识;要开发一个包括变革管理4个因素的执行计划。

五、绩效改进的变革应与组织环境一致

实施绩效改进项目的组织结构、战略、资源等都是绩效改进人员应该考虑的因素。

不同的组织结构决定了变革管理中使用的策略应有所不同。例如,等级结构的组织是靠权力来使大家顺从的,变革的决定是从领导层自上而下传播的,在这样的组织中,一项成功的变革必须得到领导的支持,在变革过程中,绩效改进人员可以把奖励、惩罚和规章当成变革的主要推动力;而在扁平式结构的组织中,靠命令来推行变革是行不通的,因为这里的组织环境是发扬个体独立性和民主领导观,在这种组织环境下,让大家积极参与到变革过程的决策中能够有效地激发员工的主人翁意识。"这种共享权利的策略保证了变革的持久性,并且保证了变革内化到组织的价值规范中去"(Schermerhorn et al.,2003)。不论在哪种结构的组织里,绩效改进人员都需要了解员工的担忧,向他们解释清楚变革的原因和变革的益处,从而在一定程度上减少员工对变革的阻力。

作为绩效改进人员,绩效改进变革之前需要了解组织的当前战略,从而保证变革中的干预措施与组织战略一致,一项与组织战略一致的干预措施更容易得到组织领导的支持,而且在干预实施时更容易被组织上下所接受。

绩效改进项目是一个需要消耗组织资源的过程,为了变革的顺利完成,绩效改进人员在变革之初就应根据项目的预算和各种限制因素制定出变革的合理范围和时间表,从而利用有限资源产生令组织满意的投资回报。

为了绩效改进实施中变革的成功,绩效改进人员应确保提出的变革在可用资源的条件下与组织结构、战略一致;否则,变革中将会受到很强的阻力,甚至会由此停滞绩效改进项目的实施。

第三节　从变革的视角解构绩效改进模型

本章认为,绩效改进的核心是利用各种干预措施对组织进行变革,从而为组织增加价值。基于这个假设,本章以变革为中心,对国际绩效改进协会的绩效技术模型进行了全面的解构分析(见图11.4)。

如图11.4所示,左边部分是对绩效技术模型的5个阶段及其关系的图示,右边部分显示了绩效改进变革的3个阶段。绩效技术模型中的绩效分析、原因分析、干预选择和设计这前3个阶段的主要任务是,通过组织分析和环境分析来确定绩效差距,再挖掘和分析绩效差距的原因,然后基于差距和原因来选择并设计干预措施。从变革管理的视角可以认为,这一系列活动的目的是为了解决各个层次上的绩效需要和确定变革中涉及的组织成分,从而为绩效改进变革作全面规划。绩效技术模型中的干预实施与变革阶段是"干预开始实施,变革开始影响个体、流程和组织"的过程，从变革管理的视角，可以把这一阶段看成实施绩效改进变革的阶段。绩效技术模型中的评价阶段既包括使用形成性评价和总结性评价来评价变革的价值，还包括使用确认性评价对变革的效果进行持续改进，对于给组织创造了价值的变革，应该通过制度化的措施纳入组织结构或政策，这一阶段可以认为是持续绩效改进变革的阶段。

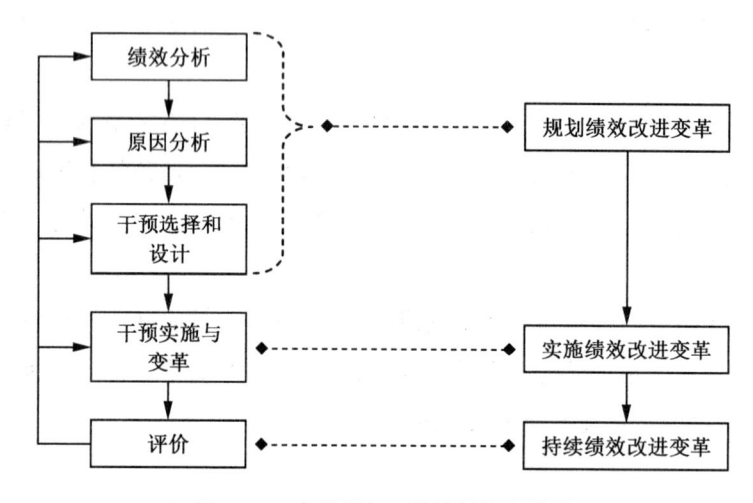

图 11.4 变革视角下的绩效技术模型

第四节 绩效改进变革观

基于以上对绩效技术模型的解构，本章在这里提出"绩效改进变革观"。它的基本假设是：绩效改进是通过干预变革来增加组织的价值，绩效改进的过程就是一个增加组织价值的过程。通过对绩效技术模型的解构，我们得到了绩效改进变革的 3 个阶段：规划变革、实施变革和持续变革（见图 11.5）。每一个绩效改进的过程都是这 3 个阶段的持续循环的过程，每一次有效的绩效改进的过程都为组织增加了价值，价值的形式主要是在前期变革规划时制定的绩效改进目标，既可以是工作效率的提升或者顾客满意度的提高，也可以是财务上的收入和利润等。

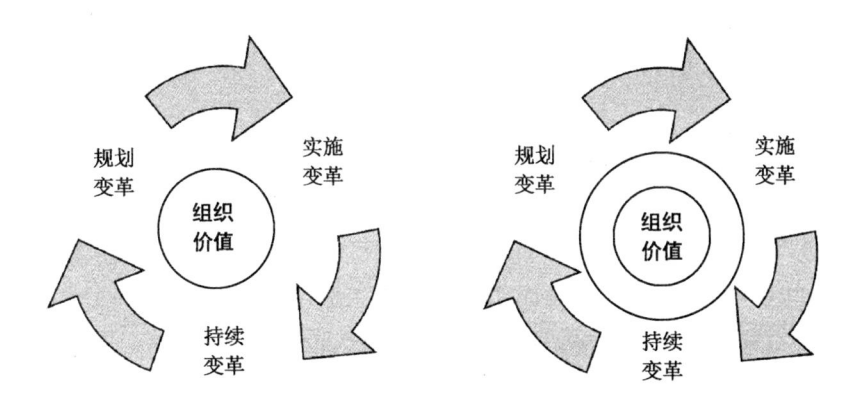

图 11.5 绩效改进变革观

基于绩效改进变革观,本章提出了绩效改进变革观的模型,如图11.5所示。该图为变革前后进行对比的组织价值图,通过一个成功的绩效改进变革的循环,组织价值得到了提升(右边图的外环示意着变革所增加的组织价值)。如果组织以后实施了另一项有效的绩效改进变革,组织的价值将继续增加。

参考文献

1. Dormant, D. The ABCDs of Managing Change. *Introduction to Performance Technology*, 1986, (01): 1238—1257.

2. Dormant, D. Implementing Human Performance Technology in Organizations. *Handbook of Human Performance Technology*, 1999, (02): 237—259.

3. Lewin, K. Group Decision and Social Change. In G. E. Swanson(Ed.), *Reading in Social Psychology*, Henry Holt and Company, 1958.

4. Malopinsky, L. V., & Osman, G. Dimensions of Organizational Change. *Handbook of Human Performance Technology*, 2006, (03): 262—286.

5. McShane, S. L. *Organizational Behavior* (3rd). McGraw-Hill Companies, Inc., 2005.

6. Roger, E. M. *Diffusion of Innovations* (5th Ed). Free Press, 2003.

7. Rummler, G. A., & Brache, A. P. *Improving Performance: How to Manage*

the White Space on the Organization Chart. Jossey-Bass, 1995.

8. Schermerhorn, J. R., Hunt, J. G., and Osborn, R. N. *Organizational Behavior*. Wiley, 2003.

9. Van Tiem, D. M., Moseley, J. L., Dessinger, J. C. *Fundamentals of Performance Technology: A Guide to Improving People, Process, and Performance*. International Society for Performance Improvement, 2000.

10. 于文浩、徐丹:《HPT项目管理:绩效技术人员的工具与技术——对绩效技术项目过程模型的修正与重构整合》,《现代教育技术》,2008,(04):26—30。

第十二章 绩效改进的范式整合

检验一流智力的标准,就是在头脑中同时存在两种相反的想法,但仍能保持行动能力。

——〔美〕菲茨杰拉德

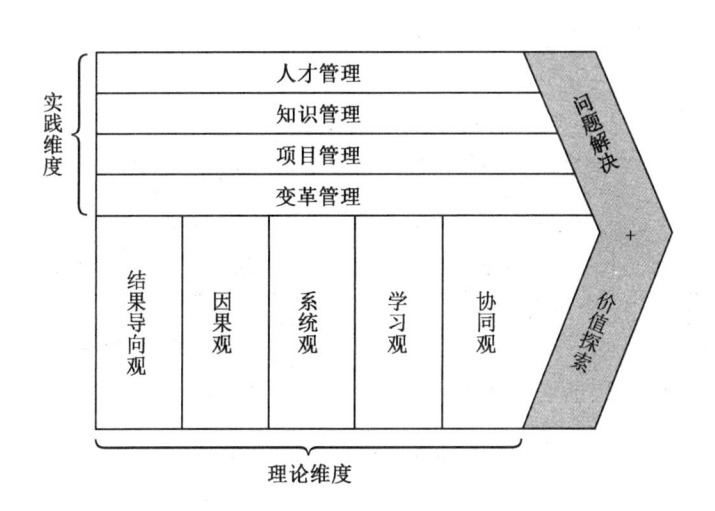

实践维度:人才管理、知识管理、项目管理、变革管理

理论维度:结果导向观、因果观、系统观、学习观、协同观

问题解决 + 价值探索

传统的绩效改进范式是消极性的、以问题为导向的,在取得成就的同时,也逐渐限制了绩效改进研究的发展,而基于积极性的价值探索范式能更好地补充传统范式的缺陷,价值探索的理念秉持了激发员工内在动机、实现其内心对成功渴望的价值取向。本章基于对价值探索的起源、理论基础和过程的分析,对价值探索范式下绩效技术模型的各个阶段进行了阐述,然后对价值探索范式与传统范式进行了比较,并对两者的关系和特点进行了分析。价值探索的范式注重对组织积极核心的探索,强调集体

的、持续的共同创造的过程,这些都为绩效改进的研究注入了生命活力,并为其发展带来了新的洞察力。基于的消极性的绩效观和基于积极性的绩效观相结合(即传统范式与价值探索相结合),将为绩效改进提供完整的图景。

"范式"(Paradigm)来自希腊文,原意包含"共同显示"的意思,由此引申出模式、模型的意思。科学史学家、科学哲学家托马斯·库恩(Thomas Kuhn,1996)用"范式"来描述公认的模型或模式,并认为范式"代表一个特定共同体的成员所共有的信念、价值、技术等构成的整体"。范式限定了某一段特定时间内从事某一领域相关活动的心智模式,范式革命(一种规范通过变迁向另一种规范的过渡)也是专业人员对特定领域认识的进化模式(见图12.1)。

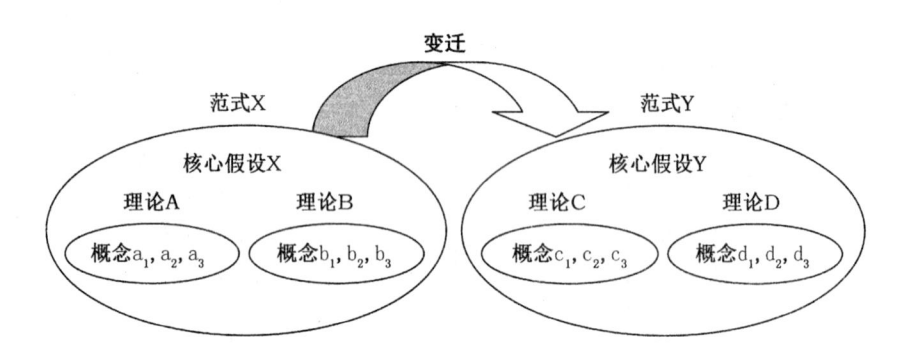

图 12.1 范式革命的图示

如图12.1所示,希(Chi,1992)阐述的本体类别理论指出,范式革命意味着核心假设的根本性转变(如图12.1中,从核心假设X过渡到核心假设Y),相应的理论和概念也要历经根本性的转变,而非同一范式下的一般性改进和转变。每一种特定范式框架下都有与该范式一致的一套核心假设,范式的差异必将带来核心假设、理论和概念上的差异。范式革命是某领域中的非累积性发展事件,在此过程中,旧范式全部或部分地被一个与其完全不同的新范式所取代。

绩效改进作为一个应用型的领域,不断借鉴多个学科(如心理学、管理学、经济学、哲学、计算机科学等)的相关成果。为了使组织更好地适应现代社会的变化,绩效改进的理论体系也在改进组织和个体的绩效的过程中不断发展,通过对绩效改进研究的回顾,可以发现其演变过程中的几次范式变迁,如由关注学习(主要针对知识和技能)到关注影响绩效的多种因素(如文化、动机和价值观等)的变迁,由线性模式到系统模式的变迁,由关注个体绩效(如吉尔伯特的绩效矩阵)到关注组织绩效(如朗姆勒和布拉奇的三层次绩效)的变迁。

因为绩效技术的起源与行为主义渊源颇深,所以招来诸多对绩效技术的骂名,如认为绩效技术完全是行为主义的产物、不尊重员工的成长和个性需求等。组织中绩效改进人员也经常会被批评为利用行为主义方法进行培训设计和绩效改进,而忽视了员工的主体意识和智慧(于文浩,2011)。最近绩效改进研究中又兴起了由问题解决范式向价值探索范式的变迁,相对于以往只关注组织中问题和缺陷的范式而言,新的基于积极性的价值探索范式正在上演一场绩效改进的范式革命(传统的范式正在弱化,而新的范式正处在上升的边缘),价值探索的范式是对绩效改进研究中行为主义基因的合理补充,价值探索注重对组织积极核心的探索,强调集体的、持续的、共同创造的过程。本章基于对价值探索的起源、理论基础和过程的分析,对价值探索范式下绩效技术模型的各个阶段进行了阐述,然后对价值探索范式与传统范式进行了比较,并对两者的关系和特点进行了分析。

第一节 绩效改进的传统范式

绩效改进的传统范式是一个基于组织消极性的范式,绩效咨询通过对组织中相关人员进行采访和调查,为绩效干预措施的设计提供了依据。基于这种消极性的差距,绩效改进专家努力缩短现状绩效和期望绩效之间的差距。

国际绩效改进协会(International Society of Performance Improvement,2004)在其官方网站上公布的绩效技术模型分为 5 个阶段,即绩效分析、原因分析、干预选择和设计、干预实施与变革以及评价(Van Tiem, Moseley & Dessinger,2000)。在绩效技术的传统方法论中,各个阶段按照固定顺序进行。其模型简化如图 12.2 所示,绩效技术模型中的前 3 个阶段(绩效分析、原因分析、干预选择和设计)的主要任务是通过组织分析和环境分析来确定绩效差距,再挖掘和分析绩效差距的原因,然后基于差距和原因来选择及设计干预措施。

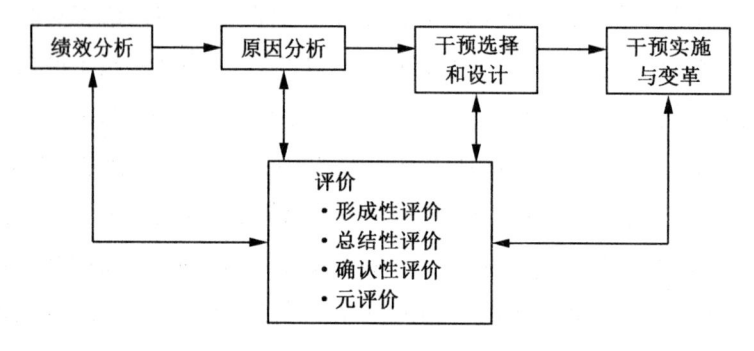

图 12.2 传统范式的绩效技术模型

绩效技术模型中,在绩效分析阶段的组织分析和环境分析过程中,咨询的思维范式是试图先找到期望绩效和实际绩效的差距,然后核实绩效差距的原因,由此设计干预措施,再实施干预方案。整个绩效改进的过程都是按照这个范式进行的,这个范式的起点是寻找绩效欠佳的负面原因,希望借助外部力量的干预能弥补这种基于消极性的差距。

绩效分析阶段试图确定造成"现状"和"期望状态"之间差距的因素,这些负面因素可能来自环境、物理、心理方面,或来自团队间的不和谐。在咨询过程中,需要观察组织中哪些是运转正常的、哪些是运转不正常的,从而发现绩效偏低的根源。

传统绩效技术自觉应用了问题解决的范式,即确定问题(绩效分析)—分析问题(原因分析、干预设计和选择)—解决问题(干预实施、评价)。这种问题解决的范式常常请员工回忆过往的失败,关注组织的"缺点和不足",而很少致力于愿景规划,这种范式经常会导致责备和防御机制的产生。传统的绩效解决方案可以看作一个竭力提高生产力的控制体系,它包括动机、激励和反馈3个方面,而这些方面却都关注负面消极的差距,并试图通过外在的干预改进绩效。这种基于弥补不足的变革方法主张变革由确定组织面临的问题、差距以及根本原因入手。

第二节 价值探索的起源

价值探索(Appreciative Inquiry)公认最早是由大卫·库柏里德(David Cooperrider)及其指导老师苏雷什·斯瑞瓦斯塔瓦(Suresh Srivastva)在20世纪80年代早期开创的。国内有的翻译为"肯定式探询",有的翻译为"价值探索",从其根本目的来说,本章认为"价值探索"更符合这种方法的本旨。库柏里德通过对组织的实地观察和调查咨询,重新发掘了组织从上到下的人性面,以及如何构建积极、关怀、协作的团队来弥补组织中的人性不足。事实上,当时库柏里德仅为一名博士生,他的指导老师斯瑞瓦斯塔瓦积极支持他对此进行深入调研,最终库柏里德的研究论文成为"价值探索"理论与实践中最早和最优秀的文献(Watkins & Mohr,2001)。国外对价值探索的研究方兴未艾,相关著作层出不穷,库柏里德也因其对价值探索的贡献而被选为管理学会组织开发部的主席。

库柏里德和惠特尼(Cooperrider & Whitney,2005)认为,价值探索是"通过询问无条件的积极问题来增强系统的理解、预测和提升能力的一门艺术和实践"。价值探索的方法体系中,探索、想象和创新取代了"干预",发现、梦想和设计取代了否定、批评和诊断。价值探索关注的焦点是组织的成功,而不是组织的问题。价值探索作为一种新的范式,是一种积极探索组织"价值和优势"的方法,体现了对组织和生命的尊重,它不同于传统的"以问题为中心"的范式,而致力于确定一个组织的独特品质和独特力量,这些力量可以成为改善工作绩效的基础(Robbins,2005)。

第三节 价值探索的理论基础

价值探索与当代的行动研究密切相关,被菲茨杰拉德等(Fitzgerald et al.,2005)称为组织发展的新前沿,价值探索被认为是起源于心理学和组织开发实践的一种行动研究理论,价值探索强调对积极方面的认可,从而通过积极的自我认知来促进组织和个人的健康发展,价值探索继承了马斯洛在积极的社会科学研究中的核心假设。

哈蒙德(Hammond,1998)提出了价值探索的8条核心假设。假设一,发现组织中起作用的有利条件;假设二,选择情境中肯定性的关注;假设三,创建各自的、共存的现实;假设四,询问正确的问题,因为这是未来的起点;假设五,发扬过去;假设六,发扬过去的最佳优势;假设七,珍视差异,差异为未来的创新提供了更多的可能性;假设八,使用积极的语言,因为语言可以驱动我们的思想和行动。哈蒙德的核心假设强调在确定整个价值探索过程中的核心价值,正如霍桑研究中,绩效改进的核心动力来源于工人们拥有表达自己的机会(而物理和物质处境并没有改变)。任何组织中绩效的改进都不能归因于某个单因素的结果,价值探索的理念正好抓住了情境中复杂的多变量所具有的"整体向阳性"的特征。价值探索主要根源于社会建构主义(Social Construction)和积极心理学(Positive Psychology)。

一、社会建构主义

社会建构主义起源于20世纪早期,社会建构主义根植于这样的理论,我们每个人都经历着不同的现实版本,我们用不同的方式来解释对话和社会互动。我们所说的话语、叙述的故事以及人际交流的性质都影响我们解释和建构我们周遭的世界。伯杰和拉克曼(Berger&Luckmann,1966)提出,"我们对于所感知和经历的现实也可产生重要的影响,很大程度上,我们是通过集体象征和心智过程来创造我们的现实"。社会建构主义认为，我们的世界是由我们彼此的诸多对话和汇谈所塑造的，在交互过程中我们赋予了过去以及当下经验以内涵和意义，同时又创造了对未来的共享意象。

价值探索最初的灵感即来源于此。以维果斯基（Vygotsky）为代表的维列鲁学派强调"活动"和"语言"在社会性交互作用中人类的本质属性。关于学习的参与隐喻，注重对已有文化实践的适应性。莱夫和温格（Lave & Wenger,1991）从参与实践共同体的情境观看待学习，认为学习是与他人、工具和物质世界互动的辩证过程，在这种观点下，学习是一个共同建构的过程，在这个过程中，所有参与者通过其行动及在世界中的关系而发生改变或被转化。

格根（Gergen,1999）为社会建构主义提出了4个假设：第一，我们对世界的理解包括很多不同的"真理"，而非单一的实证视角；第二，我们与周遭的关系影响了我们对现实的理解；第三，随着对话的展开，我们的意义世界也被创建了；第四，持续的反思赋予了内涵并使意义得到了发展。社会建构的视野强调知识的社会本质，强调知识构建过程中的关系性，认为知识是由个体之间协商建构的，由此提出"学习是知识的社会协商"的隐喻。价值探索则是一套将社会建构主义理论转化为现实的方法论。

二、积极心理学

积极心理学是20世纪末心理学界兴起的一种新的研究取向，它相对于以往心理学的消极取向而存在。积极心理学注重人的积极品质，主张发挥人所固有的、潜在的、具有建设性的力量。以往的很多咨询过程关注"消极的缺陷和问题"，如很多绩效改进项目完全聚焦于对绩效差距的诊断和弥补。彼得森和塞利格曼（Peterson & Seligman,2003）指出，积极心理学提倡对优点的关注，展现了对发展美好事物的充分兴趣。弗里德里克森（Fredrichson,2003）证明，积极情绪能扩展人的思考和行动的能力，而消极情绪却倾向于"窄化"人的视野，使人囿于"战或逃"的境地。

虽然绩效技术因与行为主义有联系而饱受批评，但行为主义心理学家斯金纳(转自 Peters & Waterman,2009)很早就指出,正面激励会让人改变行为,而且是朝着理想的方向发展,而负面激励却以难以预测的、不理想的方式改变着行为,正面激励和负面激励之间具有不对称性。心理学家班杜拉和洛克(Bandura & Locke,2003)指出,人们的真正努力不是消除差距,而是为了追求有价值的结果和达到有价值的目的。价值探索的理念正好秉持了激发员工内在动机、实现其内心对成功渴望的价值取向。贝克、克罗斯和帕克(Baker, Cross & Parker,2003)的研究表明,积极能量的预测绩效的能力是处于信息和影响力网络中位置的 4 倍之多,那些给予他人积极活力的个人,绩效更好,并且带动其所在单元的绩效明显提升,高绩效组织拥有的积极能量网络是低绩效组织的 3 倍。在价值探索的过程中,个体可以分享令其骄傲和有成就感的故事,然后开始想象充满生机与活力的未来。正如个体可以从积极情绪中受益一样,组织也可以从其成功和积极的组织文化中得益。基于积极心理学的原则,在组织开发过程中,也逐渐演化出了积极的组织开发理论。达顿(Dutton,2003)以"高质量的关联"为研究起点,认为其不仅可以积极影响个体,还可以创造出组织的能量,而这种基于高质量关联的组织能力不仅能促进组织积极变革,还能为组织提供弹性能力,集体积极思考问题可以为组织系统注入正能量。

三、价值探索的核心原则

库柏里德和惠特尼(Cooperrider & Whitney,2005)为价值探索提出的 5 条原则中,有 3 条核心原则(建构主义原则、同时原则、诗意原则)是以社会建构主义为理论基础。建构主义原则坚信,人类的知识与组织的命运是相互交织的,我们需要把组织理解为人性化的建构过程,这对组织变革的成功至关重要。同时原则认为,探索和变革是同步发生的,且不可分割。探索过程中的质疑和对话是变革的开始,人们在探索中激起构建未来的心理情景。诗意原则中,组织像一本打开的书,组织成员共同编撰该书中的故事,从过去到现在再到未来,是一个无止境的学习、鼓舞和解释的过程。预期原则提倡,积极意象可以创生积极行动的理念。积极原则认为,组织变革需要大量的积极情感以及社会联系的支持和维系,诸如希望、关爱、友情、归属感等,这些成为维持组织变革的燃料和火焰,探索的问题越积极,变革就越成功和持久。

第四节 价值探索的方法和过程

价值探索的方法体系通常为"4-D模式"和"5-I模式",对于价值探索的范式而言,围绕一个中心主题和结构有无限的多样性。过程模型规定了价值探索的结构,而探索的主题则由组织来决定,为了设计出适合组织文化和需要的活动,需要对价值探索的过程进行深入的理解。

一、4-D模式

如图12.3所示,4-D模式是由发现(Discovery)、梦想(Dream)、设计(Design)和实现(Destiny)4个阶段组成。4-D模式首先试图发现组织中积极方面,然后表达关于组织的最佳绩效的梦想,再根据对所表达梦想的挖掘,设计出能把梦想变为现实的措施。通过不断地梦想视觉化,这些梦想将会被塑造和保留,组织潜能将不断被实现(Cooperrider & Whitney,2005)。

为了获得稳定的变革成果,价值探索的起点是确定整个变革的"肯定式的主题",肯定式的主题应是对组织成员具有重要性的领域,并成为积极变革的潜在动力。传统范式下分析的"组织问题",如"缺乏明确的目标"和"管理冲突"可转化为"创造我们所希望的未来"和"为成长而合作"这样的积极主题,肯定式的主题奠定了组织的方向和目的。

发现阶段作为循环模型的第一步,通过探询和对话来揭示组织中与肯定式主题相关的优势,发现大家共同认为"该组织的优势"的积极方面。例如,请员工讲述他们认为组织最有效的时期,以及他们觉得对自己的工作最满意的时候。

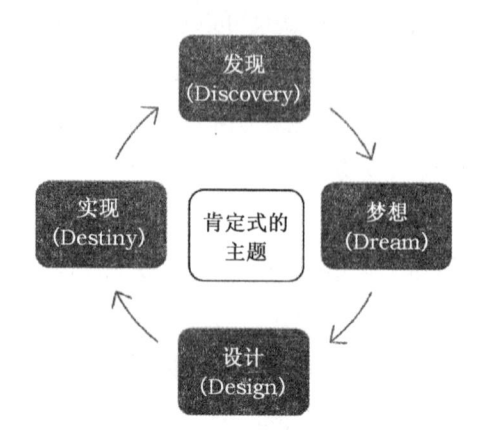

图 12.3　4-D 模式

梦想阶段是未来思想与行动的出发点。在此阶段，基于发现阶段得到的信息，鼓励所有的参与者在不考虑现存问题的情况下，想象并表达组织未来的可能蓝图。随着想象的展开，组织的潜在的生动的影像也将出现。组织中的个体和团队会很欣然地把他们过去的成功应用到现在和将来。例如，请大家展望一下五年后的组织，并描述可能的差异。多样的声音更有利于创造有效的方案。

设计阶段可以激发行动的决策，组织基于对未来梦想的表达（对未来的具体描述），可以抓住更具体的意向、引导新行动和新结果的共同点并对组织具有的独特品质达成共识。设计是理性与创造性的对立统一，成功的设计取决于创造的张力与理性的包容力之间的平衡（于文浩，2010）。设计根本上并不是解决问题，而是向着渴望中却永远未知的状态塑造这个世界。组织中的个体共同参与制定的愿景才是"我们的愿景"，组织中的个体并没有因为贡献于共同愿景而牺牲个人的利益；相反，共同愿景成为其个人愿景的延伸和拓展，此时的组织不仅仅是一个物理上的场所，它还意味着对意义、创意、行为和态度的共享。参与者设计一个实现组织梦想的愿景规划，并对这一阶段意义深远，组织中个体对变革的接受性会大大增加，因为他们正在塑造他们认为高效的流程和体系。

实现阶段赋予所有阶段以生命的意义，团队和个体确定了必需的变革并为组织的未来负责，在对未来愿景相互满足的基础上，团队产生的结果将展现其能量和生命的意义与价值。参与者在讨论梦想实现的方式时，包括书写行动计划和开发实施战略，从而为未来提供持续的愿景。通常，价值探索需要一位训练有素的变革代理人进行监控和指导。

二、5-I模式

如图12.4所示，5-I模式是由启动（Initiate）、探索（Inquire）、想象（Imagine）、创新（Innovate）和实施（Implement）5个阶段组成（Watkins and Mohr,2001）。

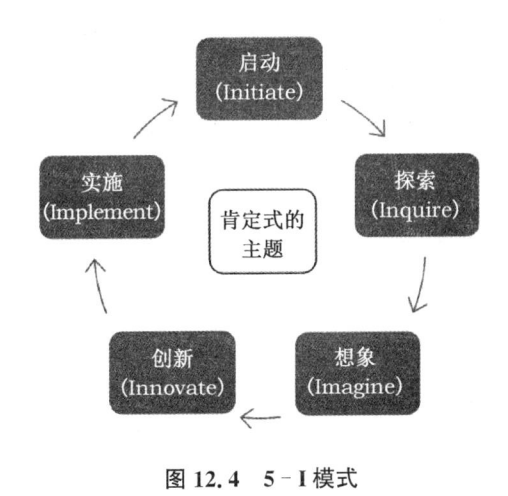

图12.4　5-I模式

在启动阶段，通过聚焦积极和协作的方式来确定关键的成功要素。该初始阶段最好能组成一个内部的核心团队，这个团队将起到连接绩效改进咨询师和组织成员的作用。

在探索阶段，通过欣赏性的采访收集最佳故事和数据，然后在更大范围内分享这些故事，从而在组织最佳状态和组织现实之间创生出创造性张力，这个张力本身也就成为积极变革的驱动力。探索的目的不是"问题的根本原因"，而是"成功的根本原因"，通过探索阶段中尽量多样性的采访,发掘组织中的创造性和潜能,从而绘制出组织的"积极核心"。

在想象阶段,面对积极核心时,组织成员可能会流露出对这些美好事物的惊讶之情,绩效改进咨询师需要对此做好充分的心理准备,并指出负面的问题一般可以由"不好事物的出现"转称为"美好事物的缺席",从而广开言路地讨论如何利用组织的既有优势。

在创新阶段,根据上面的成果促进团队开发具体的行动方案,并确保整个系统都参与其中,然后为各个行动方案寻找认可和赞成。

在实施阶段,需要有定期的项目回顾会议,回顾顺利进行的事件,同时每个组织都需要适宜的沟通方法来向相关人员传达绩效改进的进度。

如表12.1所示,虽然"4-D模式"与"5-I模式"名称不同,但通过以上介绍,我们可以发现这两个模式没有本质性的区别,后者的4个阶段与前者的4个阶段基本上也具有对应的关系。

表12.1　　　　　　　"4-D模式"和"5-I模式"的比较

4-D模式	5-I模式
合同前期(Pre-contracting)	启动(Initiate)
发现(Discovery)	探索(Inquire)
梦想(Dream)	想象(Imagine)
设计(Design)	创新(Innovate)
实现(Destiny)	实施(Implement)

价值探索试图使用那些与绩效源最接近的因素来确定绩优状态,并关注组织过去和现在的积极方面。在这个范式框架下,员工会被通过发现和梦想的方式问道:"当组织在最佳状态时,组织中发生了些什么?"通过让员工关注需求来不断强化组织,因为对组织的再设计是源于员工自己的,所以他们对变革也更容易赞同和接受。不论是哪个模式,价值探索的方法都需要在开始时就设定变革议程以及制定各个阶段的探索策略。

第五节 价值探索范式下的绩效改进模型

价值探索的理念对于组织开发和绩效咨询形成了越来越大的影响，价值探索使绩效技术的范式产生了转向，绩效改进的干预措施中很多可以整合价值探索的元素。鉴于价值探索对绩效技术的巨大影响，范·提姆等(Van Tiem et al.，2000)在价值探索范式的影响下升级了传统的绩效技术模型，升级后的模型整合已有模型的优点和价值探索的深刻洞察力，以期创造更大的组织效果。

价值探索为绩效技术人员提供了一个积极的思考习惯，价值探索本身不是一种干预措施，而是可以指导干预设计的积极的方法体系，价值探索影响了绩效改进过程的方方面面(见图12.5)。价值探索的4-D模式(这里选择它来举例)的4个阶段对绩效改进过程的5个阶段产生了本质性的范式改变，价值探索的挖掘积极性的精髓注入传统绩效模型的各个阶段，使每个阶段中的根本假设、理论方法甚至是基本概念都产生了质的变化。

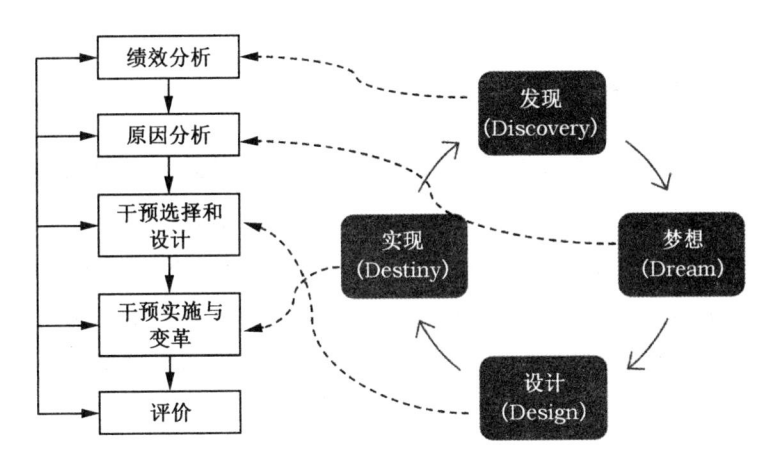

图 12.5 价值探索范式对绩效改进模型的影响

图12.6则根据范·提姆等(Van Tiem et al.，2000)的研究，勾勒出新的绩效改进模型的轮廓。虽然该图看起来与图12.2无太大区别，但在

价值探索范式的影响下,各个阶段都产生了整体的向阳性,不同于之前以问题为导向的假设,新的绩效改进过程着眼于探索组织中"积极的核心",并挖掘组织中成功的原因而非失败的原因。下面将分别从绩效分析,距离分析,干预选择、设计和开发,干预实施,评价和变革管理6个阶段,对价值探索之于绩效改进的影响进行阐述。

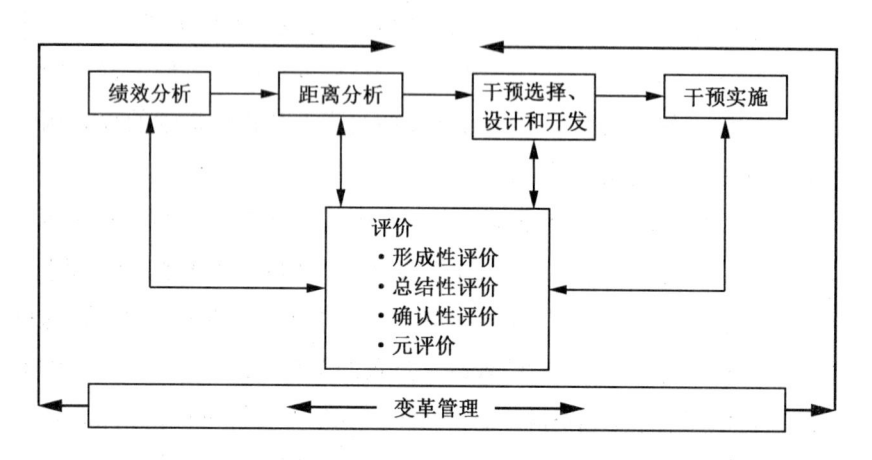

图 12.6 价值探索范式下的绩效改进模型

一、绩效分析

价值探索范式重在发现组织的优势和价值,绩效分析阶段在分析组织不足的同时,也分析组织的优势,从而为变革奠定更好的基础。两个明显不同于传统范式的变化是:积极经验分析和优势分析。积极经验分析可以为优势分析提供积极的数据,尤其是来自个体层面的积极洞察力。整合了价值探索理念的绩效分析也同样可以从环境和行为两个维度,分析组织的当前绩效状态和理想绩效状态。

二、距离分析

距离分析是相对于传统的差距分析,因为"差距"(Gap)一词指的是不足,不符合价值探索范式的积极理念,价值探索范式选择"距离"一词描述组织的当前绩效状态与理想绩效状态之间的差异,从而创建或梦想走向未来的路径。(路径是一个隐喻,当前绩效状态隐喻为"我们现在所在的位置",理想绩效状态隐喻为"我们想要到达的位置",路径则是从现在走向未来的途径和轨迹。)从现在走到目的地的旅程中,需要利益相关者共同参与所带来的能给予灵感的理念的指引。

三、干预选择、设计和开发

前期的分析为后续干预措施的选择提供了依据,干预措施的类别可能还是与以往相同,但价值探索所带来的范式革新影响了干预的内容。当想象出组织的未来理想状态时,绩效改进就可以提供丰富的解决方案,在设计干预过程中,创造性和尝试新事物的努力可以扩展变革的积极影响力。确定组织在理想绩效情况下所需具备的各种条件,进行针对该组织的干预设计,从而可以发挥其所具有的"积极变革核心",实现组织对未来的愿景。巴纳斯(Banathy,1991)对设计的诠释与此内涵如出一辙,他认为,"设计是一条创造未来的旅途……社会的主要任务就是设计这样一个系统,这个系统为学习和人的发展提供充足的机会、安排和资源,将来的一代人借此可以实现自己的全部潜能……"

四、干预实施

新范式下的干预实施阶段与 4-D 模式中的实现阶段的功能基本相同,以前的绩效改进模型中,变革管理只处于"干预实施与变革阶段",而在新模型中,变革管理从项目启动之初就开始了。干预实施中,沟通对于所有参与的相关人员很关键,交流过程可以通过分享思想达到共同理解,沟通通过各种媒体和信息促进大家对积极变革产生积极的情绪。洛萨达和希菲(Losada & Heaphy,2004)的研究发现,在组织会议中,高绩效组织中的积极沟通活动是消极活动的 5 倍,而低绩效组织的消极沟通活动是积极活动的 3 倍。

任何一个绩效改进项目都需要在时间、预算和绩效的最低接受程度的三重约束的平衡下,以渐进的、逐步的和系统的方式向前推进(于文浩、徐丹,2008)。因此,干预实施力求最大限度地利用组织的内外资源,改善工作流程并提高完成任务的效率。

从实施的角度看,组织中的绩效改进必须与组织本身的核心能力相符合,才能使绩效改进项目真正"落地和起飞"。价值探索的方法体系更容易自然地找到适合的人员,组成一个绩效改进项目团队,这个社会网络将为绩效改进人员在干预实施中起到联盟作用,将促进为组织咨询服务的能力和资源共享的能力,这个网络还可以建立人与人之间相互联系、合作与共同创造的汇聚焦点。

五、评价

价值探索范式下,评价仍然是绩效改进项目中测量项目进度和确定价值的关键元素。评价阶段包括4种类型的评价,即形成性评价、总结性评价、确认性评价和元评价。形成性评价是一个为持续改进提供信息的过程;总结性评价集中在绩效干预的效果上,总结性评价是证明绩效干预优点与缺点的最客观的方式,它的信息对于组织中高层的决策具有重要价值;确认性评价用来解释并确定长期和持久的效果,其主要目的是对绩效改进生命周期以后进行持续的质量控制,确认性评价注重对变革所带来的积极结果(如能力的获得、绩效的改进、投资回报率的提高)的关注;元评价是对评价本身所进行的评价,它是对形成性评价、总结性评价和确认性评价的过程、产品及结果进行质量控制的过程(Van Tiem,Moseley et al.,2000)。价值探索的理念影响下的评价阶段还包括对组织中的成功因素和对组织优势的持续检查,这为创建未来提供了大量的希望和机会。评价过程中的反馈信息对于绩效改进而言,也是一种积极的强化,反馈可以让员工知道他们完成任务的情况,并且使认同的需要得到满足,从而提高工作满意度。

六、变革管理

变革管理的能力被认为是绩效改进人员的关键能力之一。新的绩效改进模型的一个明显改变是，变革管理不再仅仅在干预实施阶段才起作用，而是贯穿整个绩效改进过程。"组织中变革的过程是复杂的和多维的……绩效改进的成功需要绩效改进人员在变革中与组织各层次人员协作努力，共同处理各种变革阻力"（于文浩，2008）。

变革管理专家多尔芒（Dormant，1999）对负责绩效改进项目的绩效改进人员建议：要用理解、真诚和尊重的态度对待与变革相关的人员；创建一个实施团队；建立与组织系统外部人员的关系，当有难题时，可以从他们那里获得咨询支持；对项目的制约条件和自己的角色要有客观的认识；要开发一个包含变革管理四大因素[接受对象（Adoptor）、黑箱（Blackbox）、变革推动者（Change Agent）和领域（Domain）]的执行计划。价值探索的理念要求我们理解，变革其实从询问的第一个问题时就开始了，因为这个询问的问题本身就蕴含着当前绩效与期望绩效之间的张力。新的绩效改进中，变革管理不仅贯穿全程，而且是基础性的要素，绩效改进过程中的每一个时刻都是延续着变革的进程。

第六节 价值探索范式与传统范式的比较

传统的绩效改进方法像是西医外科，组织中哪里欠佳就弥补哪里，关注的是组织的问题，重要的不是如何解决问题，因为在更多的时候，问题的消除并不等于激活了组织的积极能量（因素）；价值探索像是精神疗法中的成功激励，意在激发组织的内在状态和愿景，它关注的焦点是组织的成功。价值探索注重发掘和利用积极的因素，而非注重劣势、修正错误。它不仅提供答案、建议，而且注重过程，强调集体的、持续的共同创造。表12.2从过程、思维角度、基本假设等维度列举了价值探索范式和传统范式的区别。通过分析，我们可以知晓，绩效改进的传统范式与价值探索范式的理论假设、出发点、方法和过程都大相径庭。

传统范式中,绩效改进过程起始于对问题的界定和解释,而这对于后续干预的实施却产生了莫大的阻力。原因在于:一方面,绩效咨询的过程需要客户痛苦地回顾组织曾出现的问题和弊病;另一方面,即使分析出了问题的原因,在绩效改进的过程中,客户组织也很可能因为"习惯性防卫"而阻碍变革过程的进行。传统范式容易丧失变革的原动力,抛弃组织已有的力量,在模糊的机会中重新寻找变革的动力。对于价值探索范式而言,绩效改进起始于对"积极的核心"的探索,挖掘组织中成功的原因,价值探索范式通过使用其特有的方法,可以有效地消除个体或团队对绩效改进的潜在阻力源。

表 12.2　　　　　　价值探索范式与传统范式的比较

维度	价值探索的范式	绩效改进的传统范式
过程	·基于组织中的积极性,以积极的核心价值为导向。 ·欣赏、想象、加入对话、革新。	·基于组织中的消极性,以问题为导向。 ·确定问题:绩效分析。 ·分析问题:原因分析。 ·分析备选方案:干预的选择、设计与开发。 ·实施方案:干预实施与评价。
思维角度	由内而外的视角: ·认为战略决策应立足于公司的核心竞争力,即提供战略竞争基础的多为组织所特有、集整合性与应用性于一体的知识、技能和态度的综合体。	由外而内的视角: ·视客户和竞争者为战略管理的基石。
基本假设	组织是值得大家参与投入的旅程。	组织是解决一个又一个问题的过程。

传统范式下,假设组织是一个封闭的理性系统,忽视了组织与环境之间相互依赖和相互适应的关系。西蒙、马奇、塞尔特的一系列研究同样将组织定义为一个面向问题及解决问题的过程。价值探索范式假设,组织是复杂的开放系统和有机的生命系统,而非机器系统。组织是一种人为的建构,人们建构组织是为了"解决集体行动的问题",组织由人们的集体

行动所塑造,处于不断地建构和解构的过程之中。这两种范式的选择在于,绩效改进人员是选择以组织中的积极性为导向还是选择以组织中的消极性为导向？不同的选择意味着后续的方法和过程都将具有莫大的差异。

传统范式用一般的期望作为某个特殊组织的能力标准,以模糊的概念代替了基于某个组织优点的明晰判断。如果我们承认组织是发展的,那么变革就必须循序渐进地实现现在的可能性,从而使组织更适用未来的要求。因此,在绩效改进过程中,应该全身心地"使现在的和过去的经验尽量丰富和有意义"(杜威,1990)。

价值探索可满足组织成员情绪上和心理上的需要,可为其提供个人成就感、认可与赞赏。一方面,相对于面临问题的紧迫感,价值探索更注重使命感和愉悦的满足感;另一方面,价值探索的批评者认为,其对于组织的问题有些过于盲目乐观。诚然,实施价值探索并不会起到立竿见影的效果,但这可以为绩效的持续改进提供稳定的保障。价值探索的支持者声称,他们更看重提炼和提升组织已经做得很成功的地方,而这使得组织的变革更强调它的竞争优势(Robbins,2005)。价值探索关注的不是如何弥补某些绩效不佳的问题,而是如何能在组织中进行持续积极的变革,价值探索为绩效改进开辟了一片新的天地。

第七节 绩效改进范式的整合

绩效改进的传统模型经过实践多年的应用,已在无数组织中提高其绩效水平。在肯定价值探索的优势的同时,我们也肯定传统的绩效改进范式在过去所取得的成就,基于积极性的价值探索范式是对基于消极性的问题解决范式的补充,而不是取代。当下我们更关注如何让绩效得到持续的改进,以及如何规避在绩效改进中由于无责备所带来的尴尬与无奈。

我们要做的不是忽视消极,而是在两种范式之间寻求一个平衡。这里的平衡不是彼此各半,而是同时和随时以各自范式区分目标。大多数绩效改进专家和组织行为专家认为,变革是由外部环境因素或者内部驱动力引起的,比如外部市场竞争的压力或内部新组织战略的执行要求。因此,在绩效改进项目启动之前对组织进行 SWOT 分析来确定影响组织变革的因素是来源于外部环境还是来源于内部,成为决定项目中使用何种范式的基础。SWOT 分析的目的是,"了解组织当前的优势和劣势在多大程度上与环境的变化相关及在多大程度上能够应对这种变化"(Johnson & Scholes, 2004)。SWOT 分析的架构下有 4 种可能情况:SO 战略,即利用自身优势去赢得外部机会;WO 战略,即通过克服或控制自身劣势,创造条件抓住机会;ST 战略,即发挥自身优势去规避和化解外部威胁;WT 战略,即将自身劣势降到最低,并规避外部风险。传统范式和价值探索的结合即以组织的内在要求为出发点和根本价值依据,在外部环境中,使内在要求在现有的外在环境和条件下得到最适宜、最恰当的表达与实现。如图 12.7 所示,在这条绩效的连续轴上找到一个与当前组织状况相匹配的"黄金点",这个黄金点同时可以用正的绩效观点和负的绩效观点去审视,通过负的绩效观点可以更有效地确定绩效问题的根本原因,通过正的绩效观点可以对出色绩效区域进行保持和光大,正的绩效观和负的绩效观的结合(即价值探索和传统范式的结合)将为绩效改进提供更完整的图景。

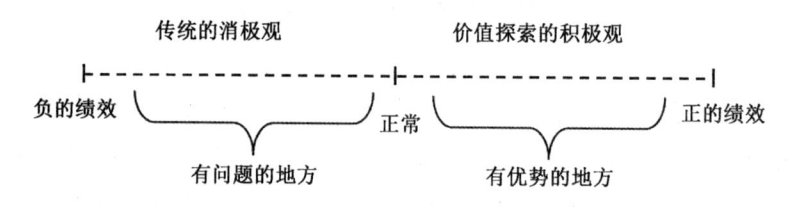

图 12.7 绩效的连续轴

传统范式和价值探索的结合可以在绩效的逻辑和人的情绪的非逻辑之间实现平衡,既满足个人的社会需要,又满足组织的经济需要。

卡森巴赫(Katzenbach,2000)在对 25 个高绩效组织进行分析后,总结出 5 条达到高绩效的路径,分别是:任务、价值观和自豪感;过程和度量;企业家精神;个人成就;认可和赞赏。其中 4 条路径(任务、价值观和自豪感,企业家精神,个人成就,认可和赞赏)都与价值探索的理念相一致,巅峰绩效的关键在于,使组织中最好的品质做得更好(Van Tiem & Lewis,2006)。不论选择哪种路径,最重要的都是要保持组织绩效与员工自我实现需要之间的平衡,这不仅需要多种情感力量,而且需要组织能够规范化地不断将这种力量转化成工作绩效,传统范式和价值探索的结合将有助于这种转化,价值探索试图关注成就和试图通过对积极方面的肯定来强化这些成就,如同为人父母者鼓励其子女牙牙学语一般。

在将价值探索的范式整合到传统的绩效改进模型的过程中,绩效咨询人员需要具有一种欣赏性领导力(Appreciative Leadership),欣赏性领导力的目的就是捕获每个人的想象力(Quinn,2004)。挖掘文化的核心,倾听组织的集体声音,从而更好地把握已有系统的本质。欣赏性领导力所具有的领导风范能更有效地统领整个改进过程,用希望和信心领导组织走向高绩效。伯恩斯(Bums,2007)所提出的变革型领导(Transforming Leadership)的核心理念也正是"为员工追寻意义,为企业创造使命",他强调领导应该以追随者的需求和目标为依据以及对使命的灌输。绩效改进过程中的领导者角色应是协调者和肯定者,根据组织和环境的可能情况,选择可行的路径,并将"组织愿景"塑造成共同的持久承诺。在价值探索范式中,希望能动员组织的全体成员来产生积极的绩效结果,使组织中优秀的品质变得更卓越。价值探索启发我们,在绩效改进的过程中要使用一种双赢的心态,通过协商对话和梦想设计使共同愿景成为其个体愿景的延伸和拓展,组织成为一个意义、创意、行为和态度的共享场所。任何形式知识的一般性力量总是在于通过建构当下情境的意义,重新协商过去的和未来的意义(Lave & Wenger,1991)。绩效改进的领导者则需要在此过程中协调创造共同的意义。

概言之,价值探索体现了复杂情境中多变量所具有的"整体向阳性",为绩效改进打开一片新的天地,价值探索的理念为绩效改进研究注入生命活力,并为其带来了新的洞察力。鉴于基于积极性的价值探索与人类追求成功的本性相契合,我们有信心,价值探索必将成为绩效改进领域创新的"催化剂",并逐渐引导绩效改进的范式由消极性的问题导向模式向积极性的对核心价值的探索模式转变。

参考文献

1. Baker, W. , Cross, R. , & Parker , A. Energy in Organizations. *Sloan Management Review*, 2003, 44(04):51—57.

2. Banathy, B. H. *Systems Design of Education: A Journey to Create the Future*. Educational Technology Publications, 1991.

3. Bandura, A. and Locke, E. A. Negative Self-efficacy and Goal Effects Revisited. *Journal of Applied Psychology*, 2003, 88(01): 87—112.

4. Berger, P. & Luckmann, T. *The Social Construction of Reality: A Treatise in the Sociology of Knowledge*. Doubleday, 1966.

5. Chi, M. T. H. Conceptual Change within and Across Ontological Categories: Examples from Learning and Discovery in Science. In R. Giere(Ed.), *Cognitive Models of Science*, University of Minnesota Press, 1992.

6. Cooperrider, D. L. & Whitney, D. *Appreciative Inquiry: A Positive Revolution in Change*. Berrett-Koehler Publisher, 2005.

7. Van Tiem, Darlene M. & Julie Lewis, J. Appreciative Inquiry: Unraveling the Mystery of Accentuating the Positive. In James Pershing(Ed.), *Handbook of Human Performance Technology: Principles, Practices, and Potential*, John Wiley & Sons Inc. , 2006.

8. Dormant, D. Implementing Human Performance Technology in Organizations. *Handbook of Human Performance Technology*, 1999, (02):237—259.

9. Dutton, J. E. *Energize Your Workplace*. Jossey-Bass, 2003.

10. Fitzgerald, S. P. Appreciative Inquiry: The New Frontier. In Wendell L. French, Cecil Bell, Robert A. Zawacki(Ed.), *Organization Development and Transformation: Managing Effective Change* (6th Edition), 2005.

11. Fredrichson, B. L. Positive Emotions and Upward Spirals in Organizations. In

Cameron, K. S., Dutton, J. E., and Quinn, R. E. (Eds.), *Positive Organizational Scholarship: Foundations of a New Discipline*, Berrett-Koehler, 2003.

12. Gergen, K. *An Invitation to Social Construction*. Sage, 1999.

13. Hammond, S. A. *The Thin Book of Appreciative Inquiry* (2nd ed.). Thin Book Pub Co., 1998.

14. Katzenbach, J. R. *Peak Performance: Aligning the Hearts and Minds of Your Employees*. Harvard Business School Press, 2000.

15. Lave, J. &. Wenger, E. *Situated Learning: Legitimate Peripheral Participation*. University of Cambridge Press, 1991.

16. Losada, M. &. Heaphy, E. The Role of Positivity and Connectivity in the Performance of Business Teams. *American Behavioral Scientist*, 2004, (47): 740—765.

17. Peterson, C. M. &. Seligman, M. E. P. Positive Organizational Studies: Lessons from Positive Psychology. In Cameron, K. S., Dutton, J. E., and Quinn, R. E. (Eds.), *Positive Organizational Scholarship: Foundations of a New Discipline*, Berrett-Koehler, 2003.

18. Quinn, R. E. *Building the Bridge as You Walk on It: A Guide for Leading Change*. Jossey-Bass, 2004.

19. Van Tiem, D. M., Moseley, J. L., &. Dessinger, J. C. *Fundamentals of Performance Technology: A Guide to Improving People, Process and Performance*. International Society for Performance Technology, 2000.

20. Watkins, J., &. Mohr, B. *Appreciative Inquiry: Change at the Speed of Imagination*. Jossey-Bass/Pfeiffer, 2001.

21. 格里·约翰逊、凯万·斯科尔斯:《战略管理》(第6版),王军等译,人民邮电出版社2004年版。

22. 斯蒂芬·P. 罗宾斯:《组织行为学》(第10版),孙健敏、李原译,中国人民大学出版社2005年版。

23. 托马斯·彼得斯、罗伯特·沃特曼:《追求卓越》,胡玮珊译,中信出版社2009年版。

24. 托马斯·库恩:《科学革命的结构》,金吾伦、胡新和译,北京大学出版社2003年版。

25. 于文浩、徐丹:《HPT项目管理:绩效技术人员的工具与技术——对绩效技术项目过程模型的修正与重构整合》,《现代教育技术》,2008,(04):26—30。

26. 于文浩:《绩效技术在组织实施中的成败关键:变革管理》,《现代教育技术》,2008,18(09):15—18。

27. 于文浩:《设计是什么?——教学设计视域下的思量》,《开放教育研究》,2010,16(06):74—80。

28. 于文浩:《辩证中的学习与绩效:个人发展与组织发展的双翼》,《远程教育杂志》,2011,29(01):33—42。

29. 约翰·杜威:《民主主义与教育》,王承绪译,人民教育出版社1990年版。

30. 詹姆斯·麦格雷戈·伯恩斯:《领袖》,常健等译,中国人民大学出版社2007年版。

第十三章 实践案例:基于 DACUM 的管理者岗位分析

本研究作为一项行动研究,是在为客户(组织)提供岗位分析的咨询服务过程中,通过设计和改进 DACUM 法在实践中的应用程序,从而有效达成客户需求,并提高了该方法对要求具备高级能力的岗位进行工作分析的有效性。本研究对项目实施的阶段进行了介绍,依次为 DACUM 工作坊前准备、DACUM 工作坊、确定任务排序、关键典型任务的层次分析、建立关键事件库和编写培训大纲 6 个阶段,最后从实践导向的分析、行动研究和伙伴关系式咨询 3 个角度进行了反思。

广义的终身教育理念下,工商业机构也都具有教育的功能。联合国教科文组织的《学会生存》(1996)一书中明确写道:"企业公司要负责进行各种类型的后期训练,诸如为专门化、提供资格、准备晋级、再训练、培养专业方面,行政方面,经理方面和其他方面高级熟练人员所进行的训练,这是合乎规律的。"

课程的设计与开发应基于实践中的实际工作过程,针对某岗位的工作分析是进行课程开发的前端分析,从而把工作过程中的任务作为课程设计的依据。为从事或预备从事管理岗位工作的管理人员开发课程体系的关键准备工作之一就是进行工作分析。工作分析是指"对人们在工作中所做的事情进行汇集、分析和综合描述的过程"(Dick et al.,2007)。工作分析可以针对性地描述某岗位实践中具体"做什么",从而为培训课程开发、绩效支持设计、工作系统设计和人力资源规划等提供准确的输入标准及信息。因此,在真实的工作场所情境中展开工作分析时,经常会向有经验的专业人员询问:"实际工作中做哪些事情?"

在展开反思之前,我们先回答的第一个问题是:"DACUM 是什么?"

DACUM 是"课程开发"(Developing a Curriculum)的英文字母缩写,该方法是以组织专家委员会研讨的形式进行工作岗位分析,从而获得该岗位的职责、任务、步骤以及相应的知识、技能和态度。该方法最初是由美国和加拿大联合开发的,几十年来逐渐发展为一套成熟的方法,并在欧洲、亚洲和大洋洲得到了广泛的推广(徐国庆,2008)。DACUM 方法长期以来在职业教育和技能培训领域中有着广泛的影响和应用。维尔纳等(Werner et al.,2009)把从工作实践中抽取和确定工作任务的方法分为 5 类:刺激—反应—反馈法、时间抽样法、关键事件法、工作量表法和工作—职责—任务法。根据 DACUM 方法的特征,我们可以将其归为上述分类中的第五类,即工作—职责—任务法。简言之,工作—职责—任务法的共同特征为:将工作分解为职责,再把职责分解为任务,接着把任务分解为完成每项任务所需的知识、能力等。通过这种层层分解,最终形成一份关于该岗位的任务清单。后期的教学设计则是为每一项任务开发具体的学习材料,包括教材、讲义、案例材料、视频、图片等不同形式的学习资源。

笔者于 2013 年底至 2014 年期间,受某集团委托,为该集团的项目总经理储备人才进行岗位分析和课程体系搭建项目提供咨询指导,最终圆满完成项目目标,并得到客户的肯定和认可。下面先对 DACUM 的理念与程序进行介绍,再对项目实践中面对的情境及相应措施进行整体叙事和反思。为了使研究过程中的行为符合伦理上的要求,笔者对项目介绍、设计和实施过程保留了涉及具体内容的信息,而更多地从方法和逻辑上进行探讨。

第一节　DACUM 的理念与程序

DACUM 方法背后的基本哲学假设认为:资深的从业者比其他人更能准确地描述和界定他们的工作;有效的界定工作的方式就是准确描述资深从业者所执行的任务;为了能正确执行所有的任务,执行者需要具有相应的知识、技能、工具和执行者的行为(Norton,1997)。

DACUM 工作坊需要一名合格的引导师（Facilitator）、由专业实践者组成的专家委员会（Expert Committee），以及专门的记录员。在 DACUM 工作坊的过程中，主要宗旨就是把借助于视觉化的手段（如标签、不同颜色的贴纸、卡片纸、白纸墙等）显性化专家的隐性知识，并且不断精益改进。专家委员会一般由 5～12 名实际专家组成，这些专家必须是实际的工作者，而非这些工作者的上级或领导。如图 13.1 所示，应用 DACUM 进行工作分析时，DACUM 方法的逻辑架构中包含了多个层次，依次为工作分析、职责确认、任务确认和任务分析。

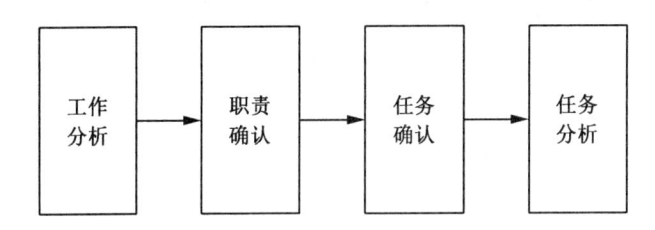

图 13.1　DACUM 方法的逻辑架构

DACUM 方法的逻辑是将工作分解为多个职责，再把每项职责分解为多个任务，接下来进入任务分析阶段，这个阶段中需要把每项任务分解为多个步骤，并分析每个任务中内嵌的相应所需的知识、技能和态度等。在这个逻辑体系中，"工作"被界定为需要执行具体职责和任务的具体岗位；"职责"被界定为来自某个一般性的责任领域的相关任务所构成的群集；"任务"被界定为一种具体的、可观察的、在有限时间内执行的工作活动。经过以上过程将产生一个 DACUM 表，其基本格式如图 13.2 所示，箭头框代表职责，正方形框代表任务。

在任务分析阶段，需要确定每项任务中包含的步骤、绩效标准、工具和所需设备，以及期望执行任务的工作者具备的相关知识、安全性认识、态度和所需决策的过程。"步骤"被界定为工作者完成一项任务需要执行的一系列程序或活动中的其中一项。

我们有时候也能看到，在一些研究中，将 DACUM 表中的"职责"和

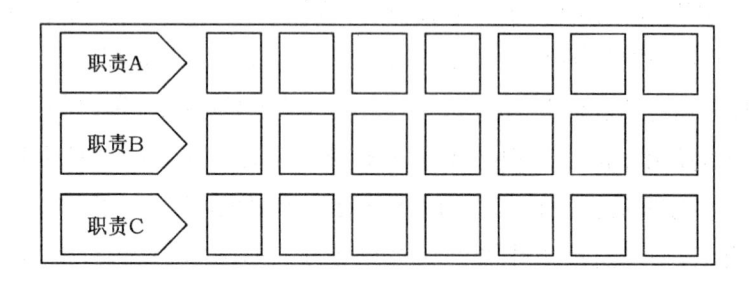

图 13.2 DACUM 表的基本格式

"任务"分别称为"能力领域"和"专项能力",这种不一致的背后是秉持的"输入能力观"和"输出能力观"的差异所在(Burke,1989)。这种差异背后是 DACUM 的基本哲学假设,即关注实践者在工作中究竟"做什么",而非纠结于这些实践者该具备"哪些抽象的能力"。当然,因为聚焦于具体的任务,而执行任务的环境有可能发生变化,因此,应用该方法开发出来的 DACUM 表需要在每一段时间后进行持续更新。另外,DACUM 工作坊的产出中除了 DACUM 表,还产出一张研究表,这张表中主要由以下 4 个部分构成:一般知识和技能的列表;员工特质的列表;工具、设备、必需品和材料的列表;未来趋势的列表。

根据诺顿(Norton,1997)的介绍,DACUM 工作坊开展的一般程序过程如下:

1. 向专家委员会正式介绍 DACUM 的过程。

2. 对整个工作或岗位进行最初的头脑风暴。

3. 开发"组织结构图",并在图中定位要分析的岗位;确定所有的岗位职责(通常为 6~12 个)。

4. 通过"头脑风暴"确定每个职责的具体任务。

5. 确定所有的岗位任务(通常为 75~125 个)。

6. 委员会对于所有的职责和任务都达成明确共识。

7. 复审并精炼所有的职责和任务。

8. 对所有的职责和任务进行合并排序。

9. 确定岗位所需的一般知识和技能。
10. 确定岗位所需的重要员工特质。
11. 确定工作中所需使用的工具、设备、必需品和材料。
12. 确定未来可能会影响员工的趋势或重要事宜。
13. 罗列和确定报告中的所有缩略词及不常用的术语。
14. 整理报告,在大家都同意的情况下,分发给所有的参与者。

第二节 管理开发对 DACUM 法的挑战

DACUM 法虽然在职业教育和技术培训领域有着广泛的应用,但总体上,正如何兴国(2012)认为的那样,"DACUM 法更加适合岗位分工明确、技能初级的岗位培训,让学习者短期内快速掌握操作技能"。这是否意味着 DACUM 法只能局限于低端的技能培训领域,而不能在高端的软能力发展的领域有所拓展和建树呢?带着这个问题,笔者在项目咨询的实践中证实了 DACUM 法的可拓展性。本研究是一项将职业教育方法、教学设计的理论应用于管理人员开发的跨界性实践。因此,从本质上来说,本研究是一项行动研究。

管理人员开发的实质是"组织有意识地为管理人员(潜在的管理者)提供学习、成长和变革的机会,其目的在于,希望借此使主要管理者具备有效开展工作所必需的技能"(Werner & DeSimone,2008)。管理岗位的工作具有复杂性和多样性的特点,如需要协调组织的各部分、应对多种变化、与多个环境层次进行互动等。

对管理岗位的工作所进行的研究可分为 3 种取向:第一种是工作的特征取向,该取向以创新领导力研究中心(Center for Creative Leadership,CCL)的 McCall 等的研究为代表。第二种是管理者的任务和角色取向,该取向以明茨伯格(Mintzberg,1973/2012)的研究为代表,他在其成名作《管理工作的本质》一书中,把管理者的角色分为 3 大类 10 种角色,即人际关系类(名义领袖、领导者和联络官)、信息传递类(监控者、传播者和发言者)、决策制定类(创业者、故障排除者、资源调配者和谈判者)。无论是特征还是角色,它们之间都存在着相互依赖的共构关系,这两种取向的分析并不能为管理开发提供明确的指导,都只停留在现象的层面。第三种取向体现于不同的管理要素如何与其他的管理要素相互联系的过程模式(Process Model)。这方面以对素质模型(也称胜任力模型)的研究为代表,但舍恩菲尔德和斯蒂格(Schoenfeldt & Steger,1990)仍缺乏实证研究支持素质模型的效度。

鉴于以上管理工作研究的分析,该项目在设计时,为了克服DACUM法本身的缺陷,即在面对复杂性的任务时,管理者的责任并不好明确界定,DACUM法仍要求用"动宾结构的短语"对任务进行描述则显得过于简化,仅仅靠工作坊期间的头脑风暴,很难让项目组成员获得对复杂性任务的深刻理解。因此,需要多种数据收集方法,如现场观察、深度访谈、行业文档分析和公司管理体系分析等,并在DACUM工作坊之前对访谈资料进行充分分析,以初步得出结构化的知识体系。

由于每一个组织所面对的环境和挑战皆不相同,因此,一项有效的管理(人员)开发项目应该对组织的特殊性进行充分的分析,并根据实际情况调整项目方案的设计。"行动研究是实践者为提高新的行动的效果而对其进行的系统性的研究……一项行动研究项目的质量取决于该项目在多大程度上满足实践者当前的和当地的需求……"(Gall et al.,2007)。作为一项行动研究,本研究是在为客户(组织)提供岗位分析的咨询服务过程中,通过设计和改进DACUM法在实践中的应用程序,以提高该方法在对要求具备高级能力的岗位进行工作分析时的有效性。

在考虑管理岗位的诸多因素之后,为弥补DACUM的先天不足,本研究汲取了典型职业工作任务分析法的优点。典型职业工作任务分析法即BAG法,是由德国不来梅大学技术与教育研究所开发的课程开发方法。典型职业工作任务分析法的基本逻辑是,从职业工作领域的"行动领域"转化到"学习领域",再通过适当的学习情境具体化每个学习任务(姜大源,2007)。因此,在项目设计中,我们整合了如何挖掘工作过程中深层次知识和技能的措施、如何为工作任务具体化学习情境的措施,并在对受访者的访谈中,重点关注其在整个职业生涯发展过程中的典型关键事件。该项目的实施过程主要分为以下几个阶段:第一阶段,DACUM工作坊前准备;第二阶段,DACUM工作坊;第三阶段,确定任务排序;第四阶段,关键典型任务的层次分析;第五阶段,建立关键事件库;第六阶段,编写培训大纲。下面具体按这个时间展开顺序对该项目的实施过程以及相应的有针对性的改进措施进行"叙事"。在这里,笔者申明一点:项目之初的设计,不可能一蹴而就式地执行即可,更不可能预料到项目中的各种情况,整个阶段计划需要根据实际情况进行重新考虑和调整,而且各个阶段之间存在着交互式设计的关系。

第三节 项目实施的环节和措施

一、项目背景

笔者于2013年底接受客户的委托,希望帮助他们开发针对项目总经理的发展项目。通过与客户的多次沟通,最后明确了客户需求,并共同协商出"项目方案":首先通过DACUM工作坊确定管理岗位的职责和任务,然后通过教学设计开发和落实具体的课程信息。笔者在这个咨询过程中,不断帮助客户解决疑问和提供咨询,在前期主持了DACUM工作坊之后,确定出整体框架,再通过与客户协作开发一门"落地"的课程,并协助解答相关问题,在这个协作过程中需要教会客户应用该方法,从而为其可以独立进行课程的开发做好准备。该项目各阶段的实际工作量如表13.1所示。

表 13.1　　　　　　　　　　项目各阶段的实际工作量

项目阶段	工作天数
DACUM 工作坊前的筹备	8 天
DACUM 工作坊	3 天
对报告中的任务进行确认性排序	2 天
对关键典型任务进行层次分析	10 天
用关键事件法收集关键任务的相关"成功故事"	8 天
确定关键任务的培训大纲	4 天

二、第一阶段：DACUM 工作坊前准备

在召开 DACUM 工作坊之前需要做充分的准备，包括对行业中该职位的调查、熟悉同类企业的岗位描述、了解客户组织的管理体系和规章制度等。围绕着工作坊的准备程度这个问题，笔者认为，作为整个工作坊的引导师，决不能是一个纯粹的"白板"，引导师不仅需要准备，而且要在前期进行充分的调研。如图 13.3 所示，本项目在 DACUM 工作坊之前，围绕目标岗位采取以下 4 个步骤的行动。

面对面访谈 ⇨ 文本转录 ⇨ 编码分析 ⇨ 确定原型

图 13.3　DACUM 工作坊前准备的步骤

在面对面访谈的步骤中，项目团队对 4 位项目总经理进行了深度访谈，每人访谈超过两小时，并对他们的上级副总裁进行了一个小时的访谈。因为这些项目总经理时间很紧，项目团队需要配合受访者方便的时间，项目团队也需要经过长时间的旅途，到异地项目现场进行现场观察和访谈。我们提前准备好了访谈提纲，但在实际访谈过程中，我们会根据受访者的回应灵活调整问题的顺序，并进行深度挖掘式的提问。

在文本转录的步骤中，项目团队通过转录访谈、誊录观察和摘记文件

等资料"文本化"的手段为每次访谈建立了原始资料库。为提高访谈的有效性,我们对所有访谈进行了完整准确的转录,因此转录的工作量很大。所有访谈、观察等资料收集工作都有笔者和客户负责人共同参与,而转录则由项目助理来完成,再由项目核心成员做接下来的深入分析。

在编码分析的步骤中,项目团队对转录的文本进行"二级编码":第一级是对"原始资料"进行聚焦式的开放编码,在此过程中逐渐从文本中形成节点和类别(归纳的过程),即逐渐从资料文本到"任务"节点的编码过程;第二级是根据内容和性质的相近程度对各个"任务"节点进行整理和归类,即从"任务"节点归为"职责"节点的类别化过程。

在确定原型的步骤中,项目团队将多个受访者的编码结果进行比较和汇总,做合并同类项的操作。最终在工作坊召开之前就初步形成了一份关于该岗位的 DACUM 表"原型"。该原型在接下来的 DACUM 工作坊中将作为促进师心中的原始地图,仍须尽量不影响工作坊参与者的观点。该原型将在工作坊讨论中迎接检验和调整。

三、第二阶段:DACUM 工作坊

接下来就是 DACUM 工作坊了。这次工作坊在客户的积极配合下,我们邀请到了 8 位项目总经理来参加,这些实际的工作者构成了专家委员会。我们的经验是,工作坊的参与者中不能出现参与者的上级或领导,因为这些领导的出现会形成"群体动力",干扰自由发言的质量。

整个工作坊持续进行了两天。整个工作坊的时间安排如下:首先对项目目的、成员、背景和过程等进行介绍;然后介绍 DACUM 方法的原理和程序;接下来由笔者引导工作坊的参与者一起进入"确认职责和任务"的"头脑风暴"阶段,在这个阶段,首先确定职责范畴,然后确定每个职责下的任务,最后不断将这些任务进行改进和调整,并为任务排序确定某种顺序。本项目任务排序以事件发生的时间顺序为主,其次按重要性程度和难度顺序。

如上文所述,DACUM 工作坊的另一份产出是包含了"一般知识和技

能的列表""员工特质的列表""工具、设备、必需品和材料的列表""未来趋势的列表"4个组成部分的一张列表。这同样也需要促进师引导参与者一起进行"头脑风暴"。经过激烈的争论和争辩之后,所有参与者对DACUM墙上的标签都达成共识,最终这次工作坊也形成了该岗位的DACUM表(见图13.4)。

职责	任务				
A 协调总部	A-1 跟进产品定位与设计方案	A-2 跟进设计出图	A-3 推进专项技术方案审批	A-4 管理设计变更	A-5 催促定标
	A-6 催促核价	A-7 催促合同(成本)	A-8 催促招采	A-9 跟进结算、争议解决	A-10 催促三点一线方案
	A-11 催促决策	A-12 主持"上单"	A-13 沟通人员架构、聘用、晋升、加薪	A-14 沟通营销方案、定价	A-15 沟通项目开发计划
	A-16 协调资金往来				
B 管理团队	B-1 组建团队	B-2 构建团队愿景	B-3 建立共同价值观	B-4 设立团队目标	B-5 营造团队氛围
	B-6 提升员工绩效	B-7 规划员工职业发展	B-8 提供培训机会	B-9 辅导下属	

图 13.4 项目中 DACUM 表的局部

在 DACUM 工作坊的组织过程中,对于该项目中的管理类岗位,需要将一些元素进行适应性变化,本项目中把原本的"工具"调整为"认知类支持工具",把原本的"技能"调整为"能力素质要求"等。

在整个工作坊的讨论过程中,引导师的作用非常关键。引导师需要对参与者的意见保持较好的敏感性,包括言语沟通和非言语沟通;引导师需要保持热情和耐心,并能有效鼓励参与者;引导师需要充分认同参与者群体讨论的价值,并着重在于过程引导;引导师需要有效倾听,并把内容和过程适当结合起来。

四、第三阶段：确定任务排序

基于 DACUM 工作坊的研究报告，接下来项目团队对该岗位涉及的所有任务进行优先性排序。如图 13.5 所示，主要分为以下 3 个步骤：问卷调研、结果分析和综合排序。

问卷调研 ⇒ 结果分析 ⇒ 综合排序

图 13.5 确定任务排序的步骤

在问卷调研的步骤中，项目团队对该岗位的所有任务根据 FIDES〔即"频度"(F)、"重要性"(I)、"难度"(D)、"需要经验的程度"(E)、"标准化要求的程度"(S)〕的 5 个维度进行调研问卷设计，并要求 10 名主题专家对这些任务进行打分。在工作坊结束后，我们要求所有参与者进行现场排序，选出他们认为最重要的 10 个任务。

在结果分析的步骤中，项目团队对该岗位上所有任务的评估分数进行数据分析，并与现场排序的结果进行比对。我们还邀请该岗位的直接领导对该问卷进行打分，并与总体结果进行差异化分析。

在综合排序的步骤中，我们根据"重要性"和"可培育度"两个维度，对每个任务进行坐标定位，并根据区域划分四大类的任务类型。项目团队根据项目计划，须"首选"出一个重要任务，以执行下一阶段的任务分析。根据数据统计结果，确定了一个任务（代号"C-1"），项目组接下来又与委员会专家进行沟通和访谈，最终确定将该任务作为第一个进行任务层次分析的典型工作任务。这里我们运用多种数据来源的"三角验证"来提高本研究的程序效度。

五、第四阶段：关键典型任务的层次分析

在确定了把"C-1"任务作为层次分析的第一个任务后，项目团队重新对 6 名项目总经理围绕"C-1"任务的范畴进行深入的一对一的面对面

访谈,并根据访谈内容初步确定这一典型关键任务的层次结构。对"C-1"任务的访谈结构如表13.2所示,在访谈过程中,需要把每个空格填满。

表13.2　　　　　　　　　　典型任务的访谈结构

过程	应用情境	绩效标准 (做出什么结果, 或做到什么程度)	KSA (所需的知识、 能力和态度)	子步骤
过程一				
过程二				
过程三				
过程四				
过程五				

在对该任务的访谈过程中,我们根据STAR原则,对该关键典型任务进行深入挖掘:情境(Situation):当时是一个怎样的情境?是什么因素引发了这样的情境?任务(Task):当时面临的主要任务是什么?为了达到什么结果和目标?行动(Action):您当时是怎么思考的?想要采取的动作是什么?结果(Result):这件事情最后的结果怎样?过程中还有其他事情发生吗?在每次访谈中,上一次访谈所形成的层次结构将成为该次访谈的基本框架。在对多个受访者的访谈过程中,该任务的层次结构经过迭代性的发展过程得到不断细化和丰满。根据工作过程的实际情况,该任务也区分为明确的子过程和绩效标准。

在我们的真实调研中,该任务的层次结构并不是对称的。由于每位项目总经理的项目经历及理念的差异性,在每次访谈中,项目总经理强调的重点也相应有所差异,而该层次结构涵盖了访谈中与该任务相关的所有内容和事件,层次结构得到了不断的完善和壮大,这为后续阶段中培训课程内容的开发积累了丰富的素材和依据。

六、第五阶段:建立关键事件库

从严格意义上来讲,为所选的关键典型任务建立关键事件库的过程,是与关键典型任务的层次分析同步交叉进行的。因为层次分析所得出的层次结构与关键事件库的主架构是一致对应的,这也就意味着为保持该层次结构和事件案例库建设的动态性,在更新案例库时,应同时建立与子任务之间的对应关系。

在对上一阶段的 6 名项目总经理进行访谈后,项目团队同样也做了文本转录和"多级"编码分析的工作。依靠这些资料库,项目团队利用编码体系从文本中提取关键事件,然后确定每个关键事件对应的任务结构中的子任务(或子步骤),再对应案例库框架进行案例入库编号。在接下来的关键事件案例中,我们为每个关键事件的编号分别为 S1、S2、S3 等,并为每个关键事件确定一个主题简介,以方便检索,最后把这些事件编号与子步骤的编号对应起来。为方便后续编写情境信息的完整性,关键事件案例保持了原始的访谈数据,并在编写中按内容需要进行适当调整编辑和保密处理。

七、第六阶段:编写培训大纲

根据项目合约的范畴,这一阶段将是本咨询项目的最后一个阶段,但我们都知道,从教学系统化设计的角度,这一阶段正是另一个项目的初始阶段。对于该任务总体学习目标和子学习目标的确定,我们依据该任务的性质、需求和编写学习目标的准则(如 ABCD 原则),对培训课程的目标进行详细的描述。根据上述阶段的层次结构确定该课程的学习模块的组成,并根据该任务的性质确定学习方式和考核方式,并根据第三阶段中对任务划分的四大类型,为每个类型的任务群相应匹配上学习策略和教学策略的建议,这里我们参考了诺伊(Noe,2007)对各种培训方式的比较。

鉴于该任务的非良构性,经过与主题专家、项目经理的共同磋商,共同决定了该任务在培训实施阶段的"教学策略",即通过完整的案例故事呈现,还原真实的现实情境,以问题为导向逐步描述完整的事件,并引导集体讨论。理论上来讲,一个完整的案例应该包括整个情境和背景信息、解决方案以及所采取行动的可能后果,从而提高教学材料的可读性和可信性。为此,我们基于层次分析和案例库,并与有关专家进行更深入和详细的访谈,最终为该任务编写了学员手册、讲师手册和授课材料。

第四节 项目反思

在行动研究的模式中,反思起着重要的作用。伯纳福德等(Burnaford et al.,2001)把反思作为行动研究的一个步骤,而高尔等(Gall et al.,2007)学者更深入地认为,反思贯穿了行动研究的整个过程。通过反思,实践研究者可以更好地思考工作的意义和价值。这里的反思虽出现了叙事的尾声,却是经受住整个过程考验的结晶,对实践者知识的公开可使实践免于被忽略,也是一种对所属职业的责任。笔者从实践导向的分析、行动研究和伙伴关系式咨询3个角度对本研究进行反思。

一、实践导向的分析

整个项目秉持着"以终为始"的原则,在整个数据收集过程中,我们采用了"关键事件法"收集"一手数据",并坚持从客户组织中的优秀项目总经理身上萃取有关该岗位的"实践智慧"。因此,最终形成的方案是一份定制化的、接地气的结果,这保证了其在后期实施和推广中具有易"落地"的接受性。这种实践导向的分析加强了实际工作与培训之间的联系。

本项目所开发的 DACUM 表可以作为能力本位的课程开发的"输入",由于严格的编码体系,该项目的资料可以与素质模型的构建进行无缝连接。在后期培训体系的设计中,把职业发展作为一个整体概念,结合组织发展、职业发展目标、工作分析、教学设计和成长评价等因素。实践是专业教育的核心,而非道具。实践在引导参与者如何专业思考的过程中起到重要作用,因此,本项目接下来的发展导向为:在实践导向下创设学员可以进入的实践情境。

二、行动研究

行动研究的根本目的是改进当下实践的效果,从这个意义上来说,本研究的研究结果得到了客户部门层面和集团层面的认可,具有较好的结果效度。在行动研究过程中,研究者需要帮助实践者建立更完整的理论体系,促进其使用理论工具的能力,并引导其共同以一种系统的方式收集数据、分析数据和解释数据。在本项目结束后,客户团队即可以对其他岗位独立进行此类项目实践。

上文的叙事虽是线性序列的陈述展开,但行动研究的过程不可能像"计划—行动和观察—反思—重新计划"的螺旋式循环那般井然有序(Stephen & Robin,2007)。整个项目过程需要根据实际情况进行重新考虑和调整,各个阶段之间存在着交互式的关系,项目进行到某个阶段,有时要往前看(回顾与检验),有时要往后看(预测与规划)。正如陈向明(2000)所认为的那样,知识的建构(反思)与检验(行动)之间的阶段是不可分割的,反思就是在行动中发生。

三、伙伴关系式咨询

咨询项目中,客户团队的配合度在一定程度上影响了项目的质量。在整个项目前后都需要与客户保持合作伙伴关系。合作伙伴关系是建立在信任之上的,合作伙伴关系的建立,需要在发现事实、规划和决策过程中进行有效的协作。

行动研究本身就具有合作性。在行动研究的合作模式中,"双方一起制订研究的总体计划和具体方案,共同商定研究结果的评价标准和方法"(Altrichter,1997)。这是一个"人们探求他们沟通、生产和社会组织的实践的过程……"(Stephen & Robin,2007)。该项目的各个阶段都设定了阶段性的项目成果,这保证项目成功建立了明确的里程碑。

另一方面,作为咨询顾问的研究者,必须在3种模式之间转换角色:第一种是专家模式,客户聘请顾问就是希望能获得专业信息和服务,当已明确了客户的需求之后,这时的顾问就是专家;第二种是医患模式,这时两者的关系如医生和病人的关系,顾问对于问题的诊断、方案的制定具有更大的权力;第三种则是过程咨询模式[这个概念最初由沙因(Schein)在1969年提出],这时主要是教给客户工具的使用方法,使客户在咨询结束后可以继续改进,因为客户是解决方案最好的判断者和执行者。当项目实施中涉及人际因素时,专家模式、医患模式和过程咨询模式之间的相互转换和相互作用促进了项目的推进,而咨询顾问则需要根据所遇问题的类别和性质判断并编写自己当下的"脚本"。整个行动研究的过程是一个不断与实践者、理论家和自我对话的过程。

参考文献

1. Burke, J. *Competency Based Education and Training*. The Falmer Press, 1989.

2. Burnaford, G. , Fishcher, J. , & Hobson, D. *Teachers Doing Research* (2nd ed.). Lawrence Erlbaum, 2001.

3. Norton, R. E. *DACUM Handbook*. Center on Education and Training for Employment, College Education, The Ohio State University, 1997.

4. Schein, E. H. *Process Consultation: Its Role in Organization Development*, Reading. Addison-Wesley, 1969.

5. Schoenfeldt, L. E. & Steger, J. A. Identification and Development of Management Talent. In G. R. Ferris & K. M. Rowland (Eds.), *Organizational Entry*, JAI Press, 1990.

6. Werner, J. M. & DeSimone, R. L. *Human Resource Development* (5th ed.). South-Western Cengage Learning, 2009.

7. 阿特莱奇特等:《行动研究方法导论——教师动手做研究》,夏林清等译,中国台湾远流出版事业股份有限公司1990年版。

8. 陈向明:《质的研究方法与社会科学研究》,教育科学出版社2000年版。

9. W. 迪克、L. 凯瑞、J. 凯瑞:《系统化教学设计》(第六版),庞维国等译,华东师范大学出版社2007年版。

10. J. P. 高尔、M. D. 高尔、W. R. 博格:《教育研究方法:实用指南》(第五版),屈书杰等译,北京大学出版社 2007 年版。

11. 何兴国:《DACUM 与工作过程导向课程开发方法比较研究》,《职教论坛》,2012,(27):9—71。

12. 姜大源:《当代德国职业教育主流教学思想研究:理论、实践与创新》,清华大学出版社 2007 年版。

13. 联合国教科文组织国际教育发展委员会编著:《学会生存》,教育科学出版社 1996 年版。

14. 明茨伯格:《管理工作的本质》,方海萍等译,中国人民大学出版社 2012 年版。

15. 雷蒙德·A. 诺伊:《雇员培训与开发》(第三版),徐芳译,中国人民大学出版社 2007 年版。

16. 诺曼·K. 邓津、伊冯娜·S. 林肯主编:《定性研究(第二卷):策略与艺术》,风笑天等译,重庆大学出版社 2007 年版。

17. 乔恩·M. 沃纳、兰迪·L. 德西蒙:《人力资源开发》(第 4 版),徐芳等译,中国人民大学出版社 2008 年版。

18. 徐国庆:《职业教育课程论》,华东师范大学出版社 2008 年版。

后记与致谢

本人不算机灵,但略有拙力。在绩效改进(绩效技术)这个方向上探索已有 20 年,漫漫长路,此刻停下脚步,回望过往足迹,拾起来点状的珠子(论文),用线串成一条链(此书)。

20 年前(2004 年)的燕赵大地上,傍晚时分,本人阅读一篇论文之后,心潮澎湃,顿时点燃了光亮和向往。心之所向!……清晰记得 2005 年,手捧刚买到的国内第一本介绍该领域的专著(《绩效技术概论》)时的欣喜与欢腾,当时笃志要跟随张祖忻教授学习。心向往之!……研究该领域,第一手资料匮乏是瓶颈之一,上海宝地恰提供了支持。犹记酷暑夏日里,骑着自行车往返上海图书馆的场景,闻着路边的烧饼飘香,人来人往,甚是热闹。上下求索!……硕士快毕业时,在一个不错的工作机会和一个难得的读博机会之间,我选了后者,博士求学之初,每月补贴八百,但每天能看书很开心,华东师范大学的学术氛围很好,经常骑着自行车蹭大师们的讲座。如沐春风!……博士毕业后在大学工作,逐渐领悟到:关于此方向的研究是不合申请纵向课题心意的,也意味着做此研究是无经济补偿和荣誉的。明知如此,亦不忍放弃。正如 20 年前这道光的一路指引,每当面对抉择时,回顾那刻则有了方向。明了取舍!……恰逢经济繁荣之时,走进公司进行产品和项目的咨询,坐在出租车和高铁上奔波于项目之间。用读书时历练的思维去设计方案,沉淀对该领域的领悟和思考,愈发感受到该领域的活力和效用。学以致用!……后来,为完成复旦管理学博士后的研究工作,不留遗憾,我推掉了在企业的咨询工作,专心回归学校。"博学而笃志,切问而近思"(复旦校训),我虽做不到,但努力的劲头还是有的！……再后来，我又重回大学的课堂，那个从实践中走回来的老师与骑着自行车去借书的少年相比，已退掉了更多的青涩，脱掉了更多的头发。蓦然回首，初心未改！

……

一路走来，步步艰辛，也充满乐趣，每段经历都是有意义的，都是可以回忆且满足的。

一路走来，得到很多的老师和朋友的帮助与提携，在此特表感谢！

感谢我的学术导师：张祖忻教授、黄健教授、芮明杰教授、李杰教授和雅各布斯教授等。

感谢实践界的专家：李仁根、苏丽莉、王成、李士辰、李雪珍、田川农、刘滨等。

感谢上海财经大学出版社在此书出版过程中给予的支持和协助。

我的研究生为相关章节提供了数据收集、分析和整理的工作：巩园园参与第一章；伍艳参与第三章；刘加恒、何佳绮参与第七章；何佳绮参与对全书格式的整理。在此一并感谢！